Mike Bickle
Den meine Seele liebt

Mike Bickle

Den meine Seele liebt

Ein Studium des Hohelieds

Kapitel 1 bis 5,1

Die amerikanische Originalausgabe erschien unter den Titel:
Song of Songs bei Friends of the Bridegroom, Kansas City, USA.

2. Auflage 2016

Aus dem Amerikanischen übersetzt von Doris Geitz
Bearbeitet von Detlev Simon

Umschlag: joussenkarlicek, DE-Schorndorf
Druck: CPI books GmbH, Leck
Printed in the EU

Best.-Nr. 147325
ISBN 978-3-935703-25-3

Asaph, Postfach 2889, D-58478 Lüdenscheid
asaph@asaph.de – www.asaph.de

Vorbemerkung des Verlags

Wohl jeder Bibelleser kennt Zeiten, in denen er von dem einen oder anderen Buch der Bibel ganz besonders „gepackt“ wurde. Mike Bickle beschreibt in diesem Buch, wie es ihm mit dem Buch „Hohelied“, dem „Lieder der Lieder“, erging. Aus dem anfänglichen Gepacktsein wurde für ihn ein Lebensinhalt. Er verspürte den Auftrag Gottes, die Botschaft des Hohelieds der heutigen Generation zugänglich zu machen. In der Vorbereitung darauf hat er unzählige Kommentare und Auslegungen zu diesem Buch gelesen, sich mit verschiedenen Schulen und Ansichten auseinander gesetzt. Das Ergebnis war nicht ein weiterer gelehriger Kommentar, sondern ein „geistliches Arbeitsbuch“, das dem Leser ermöglichen soll, selbst in der Tiefe zu erfahren, worum es im Hohelied letztlich geht: um eine Offenbarung der uneingeschränkten, maß- und selbstlosen Liebe Gottes zu seiner „Braut“, der Gemeinde – mit dem Ziel, dass diese mit der jungen Frau im Hohelied antwortet: „Er ist der, den meine Seele liebt.“

Als Arbeitsmittel ist dieses Buch darauf angelegt, es als Hilfe zum intensiven Studium zu nutzen. Entsprechend eignet es sich weniger dazu, „in einem Rutsch“ durchgelesen zu werden. Mike Bickle gibt in der Einführung einige Tipps, wie er sich vorstellt, dass dieses Buch am sinnvollsten genutzt werden kann.

Neben dem persönlichen Studium eignet sich das Buch vor allem zur Vorbereitung von Hauskreisen und anderen Bibelstudiengruppen, nicht zuletzt wegen der didaktisch sinnvollen Aufbereitung des Stoffs in „kleinen Happen“.

Dieser Band behandelt die Kapitel 1 bis 5,1 des Hohelieds, einem Folgeband wird die Erklärung der zweiten Hälfte vorbehalten sein. Diese Unterteilung (die der Autor übrigens auch in der amerikanischen Ausgabe vorgenommen hat) ist nicht willkürlich, auch liegt sie nicht nur in dem Wunsch begründet, den Umfang dieses Buches in Grenzen zu halten; die Zweiteilung hat auch, wie der Leser sehen wird, inhaltliche Gründe.

Als Bibelübersetzung wurde zumeist die Revidierte Elberfelder Bibel benutzt, manchmal machte es der amerikanische Text jedoch nötig, auf andere Übersetzungen zurückzugreifen.

Bei Bibelstellenangaben, die sich auf den Text des Hoheliedes beziehen, wurde auf die Voranstellung der Abkürzung („Hl.", „Hohel." etc.) verzichtet, andere Bibelstellen wurden in gewohnter Weise abgekürzt.

Inhalt

Kursbeschreibung

Die acht Kapitel dieses Liebesliedes schildern das geistliche Werben des Königs Jesus um seine Braut, die Gemeinde. Mike Bickle hat zehn Jahre mit Studium, Forschung und Gebet verbracht, wobei er das Hohelied Wort für Wort, Zeile für Zeile durchging. Das Hohelied offenbart das leidenschaftliche Verlangen Gottes nach seiner noch unreifen Braut. Das Wissen darum, dass Gottes Sehnsucht uns gilt und er seine Schönheit in uns gelegt hat, verleiht der noch nicht so gereiften Gemeinde Kraft, in die Brautliebe zu Jesus hineinzuwachsen.

Das Lied beschreibt die geistlichen Phasen, die jeder Gläubige durchlebt. Das biblische Muster, das wir in dem Hohelied Salomos erkennen, hilft uns zu verstehen, wo wir uns in dem Bemühen, in eine tiefere Liebe zu Jesus zu wachsen, befinden. Eine praktische Auswirkung dieses Studiums liegt darin zu sehen, wie der Heilige Geist möchte, dass wir in diesen einzelnen Phasen reagieren. Wenn wir jede Zeile der Schrift mit geistlichem Verständnis „zu Gott zurückbeten", wird unsere emotionale Beschaffenheit verändert. Mike Bickle ermutigt jeden Gläubigen, dieses Lied ernsthaft zu studieren; daraus kann sich eine Gebetssprache entwickeln, die dem tiefsten Sehnen des menschlichen Herzens entspricht.

Kapitel 1

Einführung in das Hohelied Salomos

I. Einführung

A. In den Lektionen 1 und 2 liegt das Hauptaugenmerk darauf, Verständnis zu wecken, indem Informationen über den Kontext sowie Prinzipien der Auslegung und ein Überblick über das Hohelied vermittelt werden. Die folgenden Lektionen zielen hauptsächlich auf das Herz, dass es inspiriert wird.

B. In dieser Lektion stelle ich eine „Straßenkarte" zur Verfügung, um Verständnis für das Gesamtbild zu vermitteln. Wir werden uns auch einige Prinzipien anschauen, wie man das Hohelied auslegt.

C. In der nächsten Lektion gewinnen wir einen Überblick über das ganze Buch, um ein Gespür für die gesamte Reise zu bekommen, von der im Hohelied gesprochen wird. Das wird den Kontext für die gesamte Geschichte vermitteln.

II. Auslegung

Es gibt viele Auslegungsmöglichkeiten des Hohelieds. Wir sprechen jedoch nur die beiden wichtigsten an. Jede hat verschiedene Anwendungsmöglichkeiten. Ich habe herausgefunden, dass sie praktisch alle gültig und erbauend sind. Die kreative Fähigkeit Gottes zeigt sich hier, wenn es auf verschiedenen Interpretationsebenen und mit tiefem Einblick spricht. Wir sollten Gottes Geist in diesem biblischen Buch nicht einschränken.

A. Natürliche Interpretation – der erste Gedanke zeigt eine tatsächliche menschliche Liebesgeschichte zwischen dem König Salomo und seiner Braut, der Sulamitin. Es ist eine natürlich-menschliche Liebesgeschichte, die auf biblischen Prinzipien basiert. Sie wurde geschrieben, um der Liebe in einer Ehe die Ehre zu geben und sie mehr zu inspirieren. Es ist eine wunderbare Geschichte, die symbolische Prinzipien über die Schönheit einer Liebe in der Ehe zeigt. Es gibt viele ausgezeichnete Kommentare, die von diesem Gesichtspunkt aus schreiben.

1. Die natürliche Interpretation wurde in den letzten hundert Jahren sehr bekannt. Während der vorhergehenden 2800 Jahre (seit Salomo, ca. 900 vor Christus) gab es nur wenige Kommentare, die von dieser Sichtweise ausgingen, doch glaube ich, dass es eine sehr kraftvolle, wichtige Auslegungsmöglichkeit ist.

2. Es gibt zwei Hauptlinien, wenn wir das Buch als natürliche Liebesgeschichte betrachten:

   a. Die bekannteste zeigt ein junges Mädchen, das von dem gut aussehenden und reichen König Salomo umworben wird. Im Lauf der Geschichte gewinnt er schließlich ihr Herz.

   b. Die andere Interpretation ist die eines frommen jungen Mädchens, das einen armen Hirtenjungen aus ihrem Heimatort liebt. Eines Tages kam der König Salomo an ihrem Weinberg vorbei und sah ihre außergewöhnliche Schönheit. Daraufhin versuchte er, sie von ihrer Treue zu dem Hirten abzubringen. Sie jedoch blieb dem armen Hirten treu, auch in der Versuchung, die durch die Gegenwart des Königs Salomo mit seinem Reichtum und seiner Macht kamen.

3. Mein Freund Jack Deere schrieb einen langen Kommentar zum Hohelied als eine natürliche Liebesgeschichte als Doktorarbeit – sehr eindrucksvoll!

B. Allegorische Auslegung – eine Geschichte, die völlig symbolisch ist, ohne irgendwelche historische Tatsachen als Basis. Die natürlichen Details sind nicht von Belang. Bekannte Allegorien sind zum Beispiel die „Narnia"-Geschichten oder „Der Zauberer von Oz". Eine Allegorie ist einfach nur ausgedacht, letztlich Fiktion.

1. Diese Sicht besagt, dass Salomo ein Liebeslied geschrieben hat, um die geistliche Wahrheit über die Liebesbeziehung zum kommenden Messias zu beschreiben.

2. Es ist die bekannteste Interpretationsweise, die 1900 Jahre in der Kirchengeschichte vorgeherrscht hat und die auch von den Rabbinern vertreten wurde.

3. Die Bibel selbst bestätigt die grundsätzliche Gültigkeit allegorischer Auslegung. In Galater 4 spricht Paulus allegorisch von Dingen, die mit Hagar und Sara geschahen. Es gibt noch andere Belege in der Bibel für allegorische Auslegung.

C. Allegorische Auslegungen sind wichtig und hilfreich, solange wir sie nur dazu benutzen, eine Wahrheit zu illustrieren, die durch das NT hindurch bestätigt wird. Allegorien sollten dazu benutzt werden, eine Wahrheit lebendig und leichter verständlich zu machen.

1. Allegorische Interpretationen sollten Wahrheiten illustrieren, die von Matthäus bis zur Offenbarung dargelegt sind, besonders in den paulinischen Briefen. Ich war sehr penibel darin, jede der Wahrheiten in diesen Allegorien zu den soliden paulinischen Offenbarungen zurückzuverfolgen.

2. Wir verneinen die Annahme, dass der allegorischen Auslegungsmethode eine Vorrangstellung zukommt.

   a. Das war viele Jahre lang ein gängiger Fehler, den schon die Kirchenväter machten.

   b. Wenn man alles nur allegorisch betrachtet, ähnelt man einem Schiff auf See, das keinen Anker hat, doch dieser Anker muss tief in den Grund apostolischer Lehre hineinreichen.

D. Ich glaube, dass diese Liebeslyrik Gefühle ausdrückt, die sich auf ein wirkliches Umwerben beziehen, das in Salomos Leben stattfand. Trotzdem werden wir auch die allegorische Auslegung in dieses Studium einbeziehen.

E. Dem Hohelied wurden, mit Ausnahme des Römerbriefs, während der gesamten Kirchengeschichte mehr Kommentare gewidmet als irgendeinem anderen Buch der Bibel. Lange Zeit war es eines der bekanntesten Bücher.

1. Das Hohelied war besonders im Mittelalter des 12. bis 16. Jahrhunderts bekannt.

2. In den letzten einhundert Jahren wurde ihm nicht viel Beachtung geschenkt. Das, was darüber geschrieben wurde, bezog sich auf die natürliche Beziehung zwischen Ehemann und Ehefrau, was natürlich auch von Bedeutung ist.

3. Mein Gebet ist, dass der Herr dieses biblische Buch für die Generation, in der er wiederkommt, in einer besonderen Weise lebendig macht.

F. Der Leser sollte sich nicht selbst dadurch einschränken, dass er nur die Sicht, mit der er vertraut ist, zulässt. Das Lesen sollte in einer Haltung der Anbetung geschehen.

1. Man sollte keine Gedanken der Ablehnung denen gegenüber zulassen, die bei der Auslegung dieses einmaligen Liebeslieds zu einer anderen Einsicht gelangt sind.

2. Eine solche Haltung stünde im Gegensatz zu Geist und Sinn dieses Buches, das ja Liebe bewirken will. Traurigerweise habe ich erlebt, dass Menschen von diesem herrlichen Liebeslied in die Anbetung geführt wurden, aber dann kritisch anderen gegenüber wurden.

3. Es ist wichtig, das anzunehmen, was Gott hier sagt, und zwar in einer Weise, die den ehrt, der eine andere Sicht hat.

G. Ich empfehle dem Leser das Hohelied zu seiner Leidenschaft zu machen. Für mich ist es so etwas wie ein „Hobby“. Es ist nicht nur zu meiner Berufung geworden, sondern dient auch zu meiner persönlichen heiligen Erholung und Entspannung.

1. Ich habe etwa 140 Kommentare über dieses biblische Buch aus der ganzen Welt zusammengetragen. Dadurch hatte ich die Chance, mein Verständnis darüber zu erweitern. Ich möchte noch einmal darauf hinweisen, dass es verschiedene gültige Auslegungsmöglichkeiten gibt.

2. Wenn ich Hinweise wie „Die Gelehrten sagten dieses oder jenes“ benutze, beziehe mich dabei auf verschiedene, unterschiedliche Kommentare.

III. Die allegorische Interpretation: Drei grundsätzliche Vorgehensweisen

A. Es gibt viele „Schulen“ allegorischer Auslegung, die manchmal zu abwegigen und seltsamen Ergebnissen kamen. Einige davon kann man nur als Irrlehre bezeichnen.

Es gibt jedoch drei anerkannte Wege, Allegorie zu benutzen, die dem Herrn Ehre machen.

B. Die Beziehung zwischen Gott als Bräutigam und dem natürlichen Israel als Braut wird klar im AT gelehrt (Jer 2,2; Hos 2,16-20; Hes 16,8-14, 20-21, 32, 38; Jes 54,5-6). So interpretierten Gläubige des AT dieses Buch und gewannen Ermutigung aus dem Bewusstsein der tiefen Bräutigamsliebe Gottes zu Israel.

1. Einige jüdische Rabbis interpretierten das Hohelied sogar bis in unsere Zeit hinein allegorisch, einige von einem messianischen Gesichtspunkt aus, ohne jedoch etwas über die Person Jesu zu wissen.

    a. Die jüdischen Rabbis glaubten an Gott und schrieben nur von dem Gesichtspunkt aus, dass die Braut das natürliche Israel ist. Es finden sich einige gute Einsichten bei ihnen. Das Hohelied wurde etwa 900 Jahre vor Christus geschrieben, deshalb haben die Rabbis es beinahe 3000 Jahre lang so interpretiert, dass Jahwe, der himmlische Bräutigam, in einer Liebesbeziehung zu Israel als seiner Braut steht.

    b. Israels vorrangige Interpretation war allegorisch. Es wurde nicht viel darüber gesprochen, dass es sich dabei auch um eine natürliche Ehebeziehung handeln könnte. Es gibt einige hilfreiche Kommentare von Rabbis, die das Wissen darüber von den Vorfahren übernommen hatten und seit Generationen diese Tradition hochhielten. Ein faszinierendes Studium!

2. Es wird eine große Erweckung im natürlichen Israel geben. Der Heilige Geist wird explosionsartig die Kraft Gottes freisetzen, damit Israel zu Jesus findet. Mein Gebet und meine Überzeugung sind, dass Gott das Hohelied als Teil seiner Strategie benutzt, diese Ernte einzuholen.

C. Die Beziehung zwischen Jesus und der Gemeinde Christi (Offb 19,7-9; 21,9; Eph 5,23-25; 2. Kor 11,1-2).

1. Eine allgemeine allegorische Interpretation des Hohelieds ist, die Braut Christi als die universelle Gemeinde in der Geschichte zu sehen; jede Generation hat „sich selbst bereit gemacht" (Offb 19,7).

   a. Viele katholische Kommentare übernehmen diese Interpretation der Gemeinde-Braut.

   b. Ich beschreibe diesen Gedanken der Braut Christi als ganze Gemeinde in der Kirchengeschichte.

2. Das wurde meistens von der frühen Gemeinde bis etwa zum 16. Jahrhundert in der katholischen Kirche so gesehen. Sie interpretierten das Hohelied meist in der Weise, dass die Braut der Leib Christi ist. Zugegeben, einige haben ihren Fokus auf dem einzelnen Gläubigen gehabt, aber die meisten sprachen doch von der allgemeinen Kirche.

D. In diesem Kurs wollen wir die Beziehung zwischen Jesus und dem einzelnen Gläubigen studieren, die das Fortschreiten der geistlichen Entwicklung bis zur Reife beschreibt.

E. Das Hauptaugenmerk des Studiums liegt darauf, das Buch als ein allegorisches Liebeslied zwischen Jesus und dem einzelnen Gläubigen als seine Braut zu interpretieren. Diese Vorgehensweise bietet praktische geistliche Einsicht für jedes persönliche Leben, wenn wir es darauf beziehen, wie wir in der persönlichen Leidenschaft für Jesus wachsen.

F. Ein Wort der Warnung: Es ist wichtig zu verstehen, dass einige Gruppierungen die Braut als einen sehr kleinen und geistlichen Elite-Rest innerhalb des großen Leibes Christi ansehen. Ich glaube das aus verschiedenen Gründen nicht. Ich glaube, die Braut ist die gesamte Gemeinde. Im Himmel werden alle Gläubigen in der Liebe gereift sein. Einige werden diesseits stärker vorwärts gehen, aber auf der anderen Seite der Ewigkeit wird der Heilige Geist sein Werk zur Vollendung bringen.

IV. Vier Gründe, warum alle Gläubigen in der Braut einbezogen sind

A. Die Reife der Braut ist die Frucht von Jesu Gebet, seiner Fürbitte.

„***Und ich habe ihnen deinen Namen kundgetan und werde ihn kundtun, dass die Liebe, mit der du mich geliebt hast, in ihnen sei und ich in ihnen***" (Joh 17,26).

1. Jesus betet für ein Volk, das ihn liebt, wie der Vater ihn liebt. Die Reife der Braut basiert tatsächlich auf der Fürbitte Jesu und des Vaters Eifer für Jesus. Erst danach zählt unsere Antwort der Hingabe.

2. Dabei geht es mehr um die Macht Gottes als um unsere. Es geht darum, dass der Vater seinem Sohn versprochen hat, dass schwache Menschen mit dem Heiligen Geist gesalbt werden, so dass sie ihm freiwillig auf eine übernatürliche Weise lieben werden.

3. Jesu Fürbitte basierte auf dem Willen des Vaters.

B. Die Kraft der völligen Offenbarung im Himmel wird die Braut verwandeln. Seine unverhüllte Herrlichkeit im Himmel ist ein erfolgreiches Mittel der Verwandlung des erlösten Herzens. Diese Enthüllung seiner Herrlichkeit wird manchmal die „herrliche Vision" oder die „Vision der Schönheit Gottes" genannt. Sie ist eine weitere Garantie, dass die bräutliche Verwandlung aller Gläubigen in der Ewigkeit stattfinden wird. Um Gottes Schönheit begegnen zu können, müssen wir verwandelt werden.

„... wir wissen, dass wir, wenn es offenbar werden wird, ihm gleich sein werden, denn wir werden ihn sehen, wie er ist" (1. Joh 3,2).

1. Alle Gläubigen werden im Himmel die Herrlichkeit Jesu Christi sehen.

   a. Wenn wir ihn sehen, werden wir in sein Bild umgestaltet. Wir alle werden an dem Tag außergewöhnlich hingegeben sein, weil wir alle ihn in seiner Fülle sehen.

   b. Es geht darum, wie mächtig er ist, nicht darum, wie mächtig wir sind.

2. Vorsicht – wenn wir zu sehr damit beschäftigt sind zu messen, wie viel geistliche Reife wir schon auf der Erde erreicht haben, dann werden wir von Jesus weggezogen.

C. Drittens, was die Braut wesentlich in ihrer Bestimmung bestätigt, ist das Herz Gottes, das von ihr in Beschlag genommen wurde. Das ist ein sehr wichtige Aussage.

„Du hast mir das Herz genommen, meine Schwester, liebe Braut, du hast mir das Herz genommen mit einem einzigen Blick deiner Augen, mit einer einzigen Kette an deinem Hals" (4,9).

1. Das „eingenommene" Herz umarmt jeden, der freiwillig Ja sagt zur Gnade Gottes.

2. Er ist von ihr eingenommen. Sein Herz ist total erfreut über zerbrochene, gefallene Menschen.

3. Er ist nicht von einer Gruppe im Leib Christi mehr eingenommen und gefesselt als von einer anderen.

4. Gottes Herz ist über jeden entzückt, der den Namen seines Sohnes nennt, nicht nur über die, die geistlich gereift sind während ihrer kurzen Zeit auf Erden. Die bräutliche Wirklichkeit ist eine hervorragende ewige Wirklichkeit, deren Auswirkung so viel bedeutender ist als unsere Fähigkeit, in die geistliche Fülle zu kommen während unseres kurzen Aufenthaltes auf Erden. Wenn etwa ein Fünfjähriger einen Fehler macht, dann versucht der Vater doch nicht, ihn von seinem Erbe auszuschließen, das ihn erwartet, wenn er erwachsen ist.

D. Viertens: Im Himmel wird es nur ein Volk geben, nicht zwei verschiedene Klassen von Gläubigen. Jesus betete, dass sein Volk miteinander vereint sein soll, wie der Vater mit dem Sohn. Ich glaube, dass all die Gebete um Einheit in der Schrift beantwortet werden, und dass es nur ein Volk gibt, das für immer vereint ist.

„... auf dass sie alle eins sind, wie du, Vater in mir und ich in dir; dass sie auch so in uns vereint sind, damit die Welt glaubt, dass du mich gesandt hast“ (Joh 17,21).

E. Ich bitte den Leser, nicht verärgert zu sein über die „Überrest-Braut“-Gruppen, die sich vom Leib Christi isoliert haben. Einige dieser Gruppen haben sich „auf die Berge“ zurückgezogen und warten auf Jesu Wiederkunft.

1. Wir müssen uns freuen, dass sie an die Braut glauben und Jesus mit ganzem Herzen nachfolgen. Ich richte mein Augenmerk nicht darauf, dass sie glauben, sie seien die einzigen, die zur Braut gehören.

2. Wir alls müssen darauf achten, dass wir nicht selber zum Opfer des „Braut-Stolzes“ werden. Lasst euch jedoch nicht von kleinen Gruppen abschrecken, die denken, sie seien die Elite-Gruppe oder die Elite-Braut. Sie missverstehen die Art, wie Jesus zerbrochene Menschen erlöst.

F. Eine Arbeits-Definition für „Braut“ ist eine reife bräutliche Partnerschaft oder geistliche Reife. Im Himmel werden wir alle eine reife bräutliche Beziehung haben. Das Ziel ist jedoch, schon vor dem Himmel als Braut zu leben. Das ist geistliche Reife.

1. Wir beten, dass wir so lieben können, wie eine Braut liebt, während wir noch hier auf Erden sind. Wir werden im Himmel alle lieben wie eine Braut, aber viele wollen Christus schon jetzt als Braut lieben, weil das ja unser Endziel ist. Das liegt in den „Genen“ eines jeden Wiedergeborenen verankert.

2. Wir werden in die volle Ehegemeinschaft mit Jesus kommen, niemand kann das verhindern. Gott hat sich diesem Ziel verpflichtet. Es ist jedoch Gottes Sehnen, dass die bräutliche Partnerschaft schon jetzt beginnt.

V. Wie wir bei diesem Studium vorgehen

A. Ich glaube, dass jede der eben erwähnten Sichtweisen sorgfältiges Studium und Anwendung erfordert. In diesem Studium aber soll unser Fokus auf die Prinzipien gerichtet sein, die dem Einzelnen helfen, in der persönlichen Leidenschaft für Jesus zu wachsen.

B. Das Hohelied wird manchmal auch Lied der Lieder genannt. Das lateinische Hauptwort *canticum* bedeutet „Lied“. Das „Lied der Lieder“ ist eines in einer Serie von Liedern.

1. Die lateinische Vulgata war eine bekannte Übersetzung der Bibel, die im 4. Jahrhundert erstellt wurde, Hieronimus fertigte diese Übersetzung an.

2. Wenn ihr einen älteren Kommentar lest, seht ihr die Bezeichnung „Lied der Lieder“. Während einiger Ge-

nerationen wurden sie einfach das „Lied Salomos" genannt.

3. Jede der folgenden Bezeichnungen kann gelten und ist gleichwertig: Lied, Hohelied, Lied der Lieder oder Lied des Salomo.

C. Dieses Lied wurde wahrscheinlich vor Salomos geistlichem Niedergang geschrieben (1. Kö 11,3-4). Deshalb liegt das ungefähre Datum der Niederschrift um 900-950 vor Christus.

D. In den frühen Jahren Salomos, als er König von Israel war, hatte er einen frischen und dynamischen Wandel mit Gott.

1. Das kann man auch sehen, als Gott ihm in einem Traum begegnete und ihn prüfte. Der Herr sagte: „Bitte von mir, was du willst." Er bat um Weisheit und der Herr gab ihm eine übernatürliche Fülle an Weisheit (1. Kö 3). Diese Antwort gefiel dem Herrn und dadurch erhielt Salomo das größte Maß an Weisheit, das Gott jemals einer Person zugeteilt hat.

2. Ich glaube, dieses wunderschöne Lied entstand aus dieser einmaligen übernatürlichen Zuteilung von Weisheit. Das Lied wurde während dieser Heimsuchung geschrieben. Die Weisheit Gottes regierte in seiner Seele.

3. Ich glaube jedoch nicht, dass er die Fülle dieses Liedes auf Jesus und seine Braut angewendet verstand.

VI. Der Heilige Geist verherrlicht Jesus im Lied der Lieder (Joh 17,26)

A. Ich habe schon die allgemeine Vorsicht gegenüber der allegorischen Interpretation der Schrift erwähnt, die in der Kirchengeschichte manchmal etwas rücksichtslos benutzt wurde. In diesem Studium aber glaube ich, dass der Heilige Geist ganz besonders über Jesus und seine Braut spricht.

1. Der Heilige Geist ist erfüllt mit der Sehnsucht nach der Person Jesu. Jesus ist auf seinem Herzen in allem, was der Heilige Geist tut. Es erscheint mir unmöglich, dass der Heilige Geist ein Buch in der Bibel schreibt, ohne dass Jesus das vorrangige Thema ist. Jesus ist überall zu sehen, vom 1. Mose bis Offenbarung. *In allem*, was er tut, ist es das Anliegen des Geistes, unsere Herzen für Jesus gefangen zu nehmen (Joh 16,14).

2. Jesus spricht selber zu den Jüngern auf der Straße nach Emmaus von *allen* Schriftstellen. Er erklärte alles, was die Propheten über ihn gesagt hatten, angefangen bei Moses (Luk 24,27). Ich nehme das Wort „alle“ wörtlich, was bedeutet, dass er durch jedes der 39 Bücher des AT ging, während er zu den Jüngern über sich sprach.

B. Wir glauben, dass der Heilige Geist die ganze Heilige Schrift inspiriert hat (2. Tim 3,16). Mit entschiedener Treue wacht er eifersüchtig über Menschen, dass sie gefüllt sind mit Liebe zu Jesus (Joh 16,14; 17,26).

1. Er liebt Jesus leidenschaftlich. So wenig ich auch vom Geist weiß, eines ist klar: dass er darauf ausgerichtet ist, *ihn* zu verherrlichen.

2. Ich glaube, schon ein wenig Verständnis über die Person des Heiligen Geistes führt euch zu der Überzeugung, dass alles, was er schreibt, dazu dient, das menschliche Herz zu Jesus Christus zu ziehen. Sicher kann es noch andere Interpretations- und Bedeutungsebenen geben, doch das große Ziel ist immer, das menschliche Herz mit der Leidenschaft für Jesus zu erfüllen.

C. Der Heilige Geist unterhält eine intensive Freundschaft mit Jesus Christus. Der Heilige Geist liebt ihn. Sie sind beide der unerschaffene Gott, wie der Vater es ist. Sie waren von Ewigkeit her zusammen. Die Tiefe ihrer Liebe geht weiter und weiter. Die Freundschaft des Heiligen Geistes mit Jesus ist eine kraftvolle Wirklichkeit. Ich möchte so gerne, dass er uns mehr darüber erzählt. Er hat eine ewige Freundschaft mit Jesus. Sie dauert für immer an, tief und unaufhörlich.

VII. Die drei Hauptcharaktere dieses Buches

A. König Salomo wird in der allegorischen Interpretation als der Typus des triumphierenden, auferstandenen Christus dargestellt, Herr der Herren, König der Könige. Jesus ist der wirkliche König, Salomo ist nur ein Abbild.

B. Die sulamitische Frau wird dargestellt als ein Bild der Braut Christi, die in die volle Reife eintritt.

1. Sie wird als ein junges Mädchen eingeführt, die zur reifen Braut wird. Zuerst sehen wir sie als Mädchen und später als Braut. Sie wird zur Braut, als sie geistliche Reife bekommt, was dann in der Mitte des Hoheliedes berichtet wird (4,8). Sie beginnt in diesem Buch als ein unreifes Mädchen. Sie ist eifrig, aber unreif. Am Ende des Buches ist sie die reife Braut, erfüllt mit Herrlichkeit.

2. Der Name Sulamit wird nur einmal im Hohelied erwähnt (7,1). Shunam war ein Dorf in Israel, einige Kilometer nördlich von Jesreel gelegen. Das Mädchen lebte in Shunam, davon leitete sich der Name Sulamit ab.

C. Die „Töchter von Jerusalem“ ist eine Gruppe, die regelmäßig im Hohelied auftaucht. Sie wird nie ganz klar definiert. Aber wenn wir studieren, was sie sagen und tun, erkennen wir, dass sie Jesus lieben, aber niemals das gleiche Maß an Intimität und Reife erlangen wie die Braut. Sie werden meistens durch geistliche Taubheit und Passivität charakterisiert. Dennoch besitzen sie einen wissbegierigen und aufrichtigen Geist, Jesus zu suchen. Sie stellen oft Fragen und denken darüber nach, was die Braut so eifrig macht.

1. Diese Gruppe scheint sich auf jene zu beziehen, die wiedergeboren sind. Sie lieben den König auf eine aufrichtige, aber unreife Weise. Es gibt Zeiten, da wollen sie ihm sogar nahe sein, doch werden sie gewissermaßen als geistlich „eingelullt" und passiv dargestellt. Deshalb scheinen sie den Zustand unreifer Gläubiger im Allgemeinen zu personifizieren. Ich würde nicht gerne eine Klasse von Christen in der Kirche als die „Töchter von Jerusalem" bezeichnen. Vielmehr personifizieren sie einen geistlichen Zustand und nicht eine tatsächliche Gruppe von Gläubigen.

2. Viele Kommentatoren in der Kirchengeschichte stimmen dem zu. Auch sie ziehen den logischen Schluss, dass die „Töchter von Jerusalem" einen geistlichen Zustand derer repräsentieren, die Gott lieben, aber durch geistliche Passivität und Verhüllung behindert werden (Eph 4,13-16).

3. Diese Töchter von Jerusalem schauen sich die Braut regelmäßig an. Sie empfinden sie als schön, als jemanden, die den Wohlgeruch Christi an sich trägt. Sie wollen bei ihr sein.

VIII. Vergleich von Prediger und Hohelied

A. Salomo schrieb auch das Buch Prediger. Letzteres wurde geschrieben, um die Sinnlosigkeit der Vergänglichkeit des Lebens „unter der Sonne" oder unter den natürlichen Umständen (Leben ohne Gehorsam Gott gegenüber) zu offenbaren. Der Prediger betont, wie unmöglich es ist, wirklich erfüllt zu sein – selbst durch die erstrebenswertesten Umstände. So spricht das Buch über die endlose Wanderung eines Mannes, der keine Ruhe in Gott finden kann. Prediger zielt auf den Verstand, der das Leben auf praktische Weise verstehen lernt. Das Hohelied zielt auf das Herz, das in eine leidenschaftliche Intimität mit Gott hineinwächst.

B. Das Hohelied offenbart die wahre Freude des Lebens, die ohne besondere äußere Umstände erlangt werden kann. Es betont, wie bedeutend und erfüllend das Leben ist, wenn unsere einzige verzehrende Leidenschaft die ist, ihn zu lieben und den herrlichen Herrn Jesus zu kennen. Das ist die einzige Art echter Erfüllung. Wenn das Buch Prediger richtig verstanden wird, führt es uns dazu, dass die Inbrunst erweckt wird, mit der die Reise vom Hohelied 1,5 beginnt. Prediger ist auf manche Weise eine wichtige Vorbereitung für das Hohelied, denn es ist schwer, inbrünstig die Fülle des Lebens in Jesus zu suchen, ohne zu erkennen, wie sinnlos es ist, diese Fülle ohne Jesus zu finden.

1. Prediger spricht von einem Leben ohne Ruhe und Erfüllung, das nur auf weltlichen Erfahrungen, Erkenntnissen und Selbstbehauptung basiert. Das Hohelied spricht davon, in die Ruhe und totale Erfüllung einzutreten durch Demut, Unterordnung und dem Zuteilwerden göttlicher Liebe. Prediger spricht davon, die besten Dinge zu suchen, die es im irdischen Leben zu finden gibt, während das Hohelied davon spricht, die besten Dinge zu suchen, die es im himmlischen Leben gibt.

2. Die Botschaft vom Prediger lautet: „Egal wie gut die Umstände sind, wenn du nicht danach trachtest, Gott mit ganzem Herzen zu lieben, dann bleibt dein Herz leer.“ Die Botschaft ist, dass das Leben nicht funktioniert, wenn du nicht die Wahrheiten des Hohelieds lebst.

3. Nichts kann den menschlichen Geist stillen, weil wir dazu geschaffen wurden, in einer Beziehung mit dem

himmlischen Bräutigam zu sein. Du wirst niemals die tiefsten Dinge des Lebens schmecken, wenn du nicht den Gott des Hohelieds suchst.

C. Die jüdischen Väter setzten die Sprüche in Bezug zum Vorhof des Tempels, den Prediger bezogen sie auf den Innenhof und das Hohelied auf das Allerheiligste.

VIII. Mein persönlicher Auftrag und meine Reise mit dem Hohelied

A. Warum dieses Buch für mich so wichtig ist

1. Im Juli 1988 sprach der Herr während meiner Zeit des Gebets auf ungewöhnliche Weise zu mir. Der Heilige Geist machte mir das Wort aus Johannes 17,26 sehr lebendig. Er offenbarte sich mir mit hörbarer Stimme. Ganz praktisch ging es darum, dass er die Wahrheiten von Hohelied 8,6-7 in der Gemeinde weltweit in dieser Generation etablieren wollte.

2. Der Herr hat mir klar gezeigt, dass sich der Fokus meines Dienstes für den Rest meines Lebens um das Thema von Hohelied 8,6-7 drehen soll. Dabei geht es auch um die Themen, dass das erste Gebot wieder an die erste Stelle gerückt wird, und die Offenbarung der Schönheit von Bräutigam und Braut.

3. Ich glaube, auch andere sind vom Herrn zu diesem Dienst berufen. Einige werden für eine Weile darin in der Öffentlichkeit dienen und andere für den Rest ihres Lebens. Erwarte nicht, diese Botschaften von einer anderen Person zu erhalten, denn nur der Herr kann es deinem Herzen mitteilen. Du brauchst keine geheimnisvolle hörbare Stimme dazu, um ein Gespür für den Auftrag dieser Dienstausrichtung zu erhalten.

A. Meine erste Reaktion

- Verwirrung
- Verblüffung
- Zögern

B. Meine zweite Reaktion

- Annahme – dieser Ruf war gut, weil er von Gott kam
- Eifriges Studium des Hohelieds, zunächst ohne viel Verständnis oder Freude

C. Meine dritte Reaktion

- Große Freude
- Viel Enthusiasmus, um andere aufzurufen, das Hohelied zur Priorität ihres Lebens zu machen

Kapitel 2

Begegnung mit Jesus in dem größten prophetischen Lied

I. Zweck des Studiums: das Muster von Johannes 17,26 offenbaren

A. Im Hohelied führt der Heilige Geist die Prinzipien auf, die notwendig sind bei dem Prozess, in eine tiefe Leidenschaft für Jesus zu wachsen.

1. Dieses Buch gibt ein göttliches Beispiel, wie man in eine heilige Leidenschaft hineinwächst. Es ist ein vollkommenes Beispiel, durch ein Liebeslied des Heiligen Geistes übermittelt. Es kann nicht mehr verbessert werden! Meine und deine Interpretation kann noch verbessert werden, aber dieses Buch ist eine perfekte Beschreibung des Herzens Gottes bezüglich der Reife und Entwicklung einer Leidenschaft.

2. Es legt göttliche Prinzipien geistlicher Reife dar.

3. Es hilft uns, klar unseren geistlichen Fortschritt zu erkennen. Ich glaube, dass die Liebe und Leidenschaft für Jesus in unserem Herzen beim Studium dieses Buches vertieft wird.

4. Mein Gebet ist, dass der Heilige Geist die große Liebe zu Jesus in unsere Herzen hineinlegt, die er und der Vater für Jesus haben (Joh 17,26).

B. Zweck dieses Studiums ist, das Wesen von Johannes 17,26 klarzulegen. Das ist das große Gebet Jesu.

1. Diese acht Kapitel des Liebesliedes entwickeln praktisch, was Johannes 17,26 bedeutet.

2. Unser Ziel ist es, dieses heilige Muster klarer zu erkennen und praktisch umzusetzen.

3. Das Hohelied hilft uns zu erkennen, dass er mit uns allen nach genau dem gleichen Prinzip verfährt. Ja, es gibt Unterschiede in der Ausführung, weil wir alle unterschiedliche Bedürfnisse in unserem Herzen haben.

4. Gott gebraucht dieselben Prinzipien, um jeden von uns zu trainieren, und wenn wir entdecken, dass unsere Schwierigkeiten von allen Menschen des Volkes Gottes geteilt werden, dann fühlen wir uns nicht so alleine.

C. Dieses Buch offenbart die göttliche Linie in dem Prozess heiliger Leidenschaft. Es berührt alle wichtigen Themen des Ratschlusses Gottes, die nötig sind, um in diese Leidenschaft für Jesus hineinzuwachsen.

1. Es ist ein unverdorbenes Liebeslied, das sich über acht Kapitel erstreckt und zu reifer Leidenschaft führt.

2. Wir finden hier sehr klar alle wesentlichen Prinzipien, in denen wir uns üben und durch die wir uns zubereiten lassen müssen.

3. Die Ordnung und Reihenfolge des Fortschreitens sind bemerkenswert.

4. Je mehr ich es studiere, desto mehr bin ich von der Bedeutung dieses Buches überzeugt.

D. Verständnis ist eine Quelle des Lebens (Spr 16,22). Das Beispiel hier wird die Dinge unseres Lebens klären und den Finger auf das legen, was er auch bei uns tun möchte.

1. Wir werden auch besser zugerüstet, die Gezeiten unseres Lebens zu erkennen. Die daraus resultierende Erkenntnis hilft uns, in unserer geistlichen Reife voranzukommen.

2. Oftmals wird man sich im Hohelied gleichzeitig an zwei verschiedenen Plätzen wiederfinden. In verschiedenen Phasen unseres Lebens gehen wir vor und zurück zu den unterschiedlichen Orten der Prüfung und Segnungen, die hier in dem Hohelied beschrieben sind.

E. Öffne die geheimen Plätze deines Herzens und Geistes für das tiefe Erforschen des Heiligen Geistes, der alles offenbar macht, damit du zu ihm, dem Haupt, hinwachsen kannst. Das erfordert ein langes und liebendes Meditieren über diesem Teil der Schrift – und zwar mit einem offenen und ehrlichen Herzen. Bete, dass er dich ihm nachzieht, bis du völlig willig bist, mit ihm in vollkommenem Gehorsam zu laufen (Hohelied 1,4).

II. Begegnung mit Jesus: Tagebuch führen und betendes Lesen

A. Unser Herz Gott übergeben und von ihm empfangen.

B. Das Folgende ist eine praktische Hilfe, wie wir unser Herz Gott übergeben können, um von ihm zu empfangen. Damit zeigen wir, wie wir dieses Liebeslied als Sprungbrett benutzen, damit unser Herz inspiriert wird. Es ist ein Weg, um unsere Hingabe an den Herrn auszudrücken:

1. Wenn wir die Schriftstellen lesen, sollten wir sie zu Gott zurück beten.

2. Schreibe alles auf, was Gott in dein Herz legt. Der Gedanke ist, die Abschnitte der Bibel in einen Dialog mit Jesus umzugestalten.

C. In der Bibel finde ich zwei große Kategorien der Wahrheit, die mit Meditation, also mit betendem Nachdenken, zusammenhängen.

   1. Wahrheit, die uns ermahnt zu „glauben"

   2. Wahrheit, die uns ermahnt zu „gehorchen"

D. Wahrheiten, die uns zum „Glauben" ermahnen

   1. Wir reagieren, indem wir ihm für eine spezielle Wahrheit danken.

      a. Der Heilige Geist wird unser Herz zu bestimmten Gelegenheiten durch einfache Danksagungen für spezielle Wahrheiten erweichen.

      b. Nimm dir Zeit, Dank zu sagen. Übereile dabei nichts. Wir müssen geduldig sein und langsam in unserem Herzen zu Gott reden.

   2. Wir reagieren, indem wir ihn bitten, uns diese Wahrheit noch mehr zu offenbaren.

      a. Wenn der Herr etwa verkündet, dass sein Herz von seiner Schwester, seiner Braut, gefangen genommen ist, dann reagieren wir, indem wir ihn bitten, uns noch mehr Offenbarung über diese Wahrheit in unser Herz zu legen.

      b. Sei ausdauernd. Bitte ihn, die Augen deines Herzens zu öffnen, so wie Paulus in Epheser 1,17-18 betet. Der Heilige Geist wird dein Verständnis und deine Einsicht allmählich stärken.

   3. Wenn du etwa den Abschnitt liest, wo die Braut zu Jesus sagt: „Deine Liebe ist besser als Wein" (4,10), dann halte inne und sage: „Danke Jesus, dass deine Liebe

wirklich besser ist als der Wein weltlicher Vergnügungen."

4. Dann unternimm den nächsten Schritt und sage: „Offenbare mir diese Wahrheit. Gib mir den Geist der Offenbarung über diese Wahrheit, dass deine Liebe besser ist als aller Wein, den die Welt zu bieten hat."

E. Wahrheiten, die uns zum „Gehorsam" ermahnen

So ermahnt der Herr z. B. die Braut im Gehorsam aufzustehen, um ihm auf die Berge der Schwierigkeiten und Risiken zu folgen, fordert sie auf, die „Bequemlichkeitszone" zu verlassen (2,8-10). Der Heilige Geist ermahnt uns, solch einer Wahrheit zu gehorchen.

1. Gib dich selber entschlossen dem Gehorsam Jesus gegenüber hin, so wie es in diesen Passagen beschrieben wird. Sprich die Absicht deines Herzens, dieser Wahrheit zu gehorchen, vor Jesus aus. Wenn wir solche Entschlüsse in Liebe fassen, wird unser Gehorsam im Laufe der Zeit gefestigt werden.

2. Bitte den Herrn, dein Herz zu stärken, um bestimmten Wahrheiten zu gehorchen. Solche Bitten um göttliche Hilfe werden im Laufe der Zeit ein Wachstum an Gnade zur Folge haben.

3. In Passagen, wo wir aufgefordert werden, Jesus zu den Bergen der Schwierigkeiten und Risiken zu folgen, halte an und sage: „Ich stelle mich dieser Herausforderung, die du mir vorlegst, im Gehorsam." Dann mache den nächsten Schritt und sage: „Gib mir durch deinen Geist Kraft zu gehorchen."

F. Nimm dir Zeit, die Gedanken, Gebete und Meditationen aufzuschreiben, während du „betend liest". Möge der Vater die Liebe, die er für seinen Sohn hat, in dich legen, während du das Hohelied zu einem Liebesgebet machst.

1. Die einfache Übung des Aufschreibens deiner Gedanken wird dir helfen, dieses wunderbare Lied in einen herrlichen Gebetsdialog zwischen deinem Herzen und Jesus zu verwandeln. Nur so kann man voll davon profitieren.

2. Besorgt bin ich darüber, dass einige das Hohelied lesen, ohne es in einen Gebetsdialog mit Jesus umzuwandeln. Es ist mehr als nur eine intellektuelle Übung. Dieses Lied hat uns so viel mehr zu geben. Den Intellekt zu informieren ist nur der Start, so als wenn man in einem guten Restaurant die Speisekarte studiert. Doch das Ziel ist, hinterher das Essen zu genießen.

III. Acht Offenbarungen über Jesus im Hohelied

A. Jesus offenbart hier acht verschiedene Facetten seiner Persönlichkeit. Jede von ihnen zeigt einen besonderen Aspekt der Beziehung zu seiner Braut.

B. Jesaja verkündete das Wunder und die Schönheit Jesu mit vier Namen: Ratgeber, Allmächtiger Gott, Friedefürst, Ewiger Vater (Jesaja 9,6). Jeder Name spricht von der Art, wie Jesus in Beziehung zu uns steht. Jedes Mal, wenn Gott sich selber benennt, offenbart er uns etwas darüber, in welch einer Beziehung er zu uns stehen möchte. Jeder Titel offenbart also eine gewaltige Wahrheit.

C. Die Cherubime (Hes 1) und Serafime (Offb 4) sind zwei verschiedene Gruppen der höchsten Wesen um den Thron Gottes. Jede Gruppe zeigt vier verschiedene Gesichter: das eines Menschen, eines Löwen, eines Kalbs (oder Ochsen) und eines fliegenden Adlers. Jede offenbart Facetten Jesu. Beide Gruppen werden „die vier lebendigen Wesen" genannt.

D. Acht Offenbarungen über die Schönheit und Wunder Jesu im Hohelied

1. Wenn wir die vier Gesichter in Jesaja 9,6 (Ratgeber, Allmächtiger Gott, Ewiger Vater, Friedefürst) mit den vier Gesichtern Jesu in Hesekiel 1,10 und Offenbarung 4,7 in Verbindung bringen (Gesicht eines Menschen, Löwen, Kalbs, Adlers), dann sehen wir die Schönheit Gottes in noch großartigerer Weise.

2. Die acht Gesichter Jesu im Hohelied sind diese:

   a. der ratgebende Hirte (1,8)
   b. der liebevolle, herzliche Vater (1,12-2,6)
   c. der souveräne König (2,8-9)
   d. der zuverlässige Erretter (3,6-8)
   e. der himmlische Bräutigam (4,1-15)
   f. der leidende Diener (5,2)
   g. der majestätische Gott (5,10-16)
   h. das verzehrende Feuer (8,6-7)

E. Gesicht eines Ochsen als der „Wunderbare Ratgeber" und leidende Diener (1,8-11 und 5,2-7)

1. Der ratgebende Hirte dient der Braut (1,7-11); beachte die Sprache eines Hirten (1,8-11)

2. Der leidende Diener ruft die Braut, mit ihm zu gehen (5,2-7); die Last des Kreuzes (5,2)

F. Gesicht eines Löwen als Friedefürst und souveräner König (2,8-9 und 3,6-11)

1. Souveräner König, beachte die Sprache der Autorität („über alle Berge" etc.)

2. Friedefürst (3,6-11), sicherer Erretter, der Frieden und Sicherheit bringt (3,6-10), beachte den Sprachgebrauch des Schutzes (Disziplin und Sicherheit)

G. Gesicht eines Menschen als himmlischer Bräutigam, der das Herz des ewigen Vaters offenbart (1,12-2,7; 4,1-15,1)

1. Herz des Vaters (1,12-2,7)

Der liebende Vater garantiert die Sicherheit der Freude; beachte die Sprache des Vaters, als er sie zum Bankett führt (Lukas 15,20), und seine Umarmung (2,6).

2. Himmlischer Bräutigam

Die bedeutendste Offenbarung im Hohelied (4,1-15; 6,4-5); beachte die Sprache der bräutlichen Liebe (7,5-10).

3. Zwei verschiedene Ausdrücke des himmlischen Bräutigams in Kapitel 4

    a. das prophetische Herz des himmlischen Bräutigams (4,1-5)

    b. das gefangen genommene Herz des himmlischen Bräutigams (4,8-15)

H. Gesicht eines Adlers als allmächtiger Gott und verzehrendes Feuer (5,10-16; 8,6-7)

1. der majestätische Gott (5,10-16); beachte die Sprache von Pracht und Bewunderung

2. das verzehrende Feuer (8,6-7; 5. Mo 4,24); verzehrendes Feuer eines eifersüchtigen Gottes (8,5-7); beachte die Sprache der feurigen, übernatürlichen Liebe.

IV. Das größte prophetische Lied

„Das Lied der Lieder, von Salomo“ (Hohelied 1,1).

A. „Das Lied der Lieder“

1. Salomon schrieb 1005 Lieder (vergl. 1. Kö 4,32). Er war ein sehr versierter und begabter Schreiber. Dies ist sein

bestes Lied. Es beschreibt die Vorzüglichkeit Jesu als König der Könige und Herr der Herren, der im Allerheiligsten wohnt.

a. Diese biblischen Abschnitte bedienen sich des Superlativs. Salomo redet in den Sprüchen über die Nichtigkeit, hier jedoch geht es um den höchstmöglichen Superlativ.

b. Wenn Salomo vom „Lied der Lieder" schreibt, bezeichnet das in der hebräischen Sprache das Höchste des Höchsten. Es gibt kein größeres, gewaltigeres Lied als dieses. Der Heilige Geist stellt es auf eine Ebene mit dem König der Könige, dem Herrn der Herren, dem Heiligen der Heiligen.

2. Von diesem Lied wird in den höchsten Tönen gesprochen. Ich glaube, es ist das größte Lied, das je von einem Erlösten geschrieben wurde. Deshalb glaube ich, dass es auch das größte prophetische Lied ist, das je der Gemeinde gegeben wurde.

3. Es gibt 23 Gebete/Lieder in der Offenbarung. Mindestens zehn von ihnen kann man als Lieder ansehen. Ich nenne sie die „Top Ten des Himmels".

a. Meine Theorie ist, dass Johannes uns nur die Titel der Lieder gab, die im Himmel gesungen werden. Es ist möglich, dass die Lieder selber länger sind.

b. Der Geist Gottes lässt kleine Bruchstücke von den ewigen Liedern, die ständig im Himmel gesungen werden, in den Geist seines Volkes fallen.

c. Es ist großartig, wenn uns eines solcher Lieder gegeben wird. Es sind Lieder aus dem Herzen Gottes.

d. Der Himmel ist voller Lieder, doch dieses ist in unserer Zeit das größte von allen.

4. Ich glaube, dieses Lied überragt sogar noch die aus der Offenbarung. Es liegt große Kraft in diesem Liebeslied.

   a. So, wie die Lieder aus der Offenbarung nur Hinweise auf die volle Bedeutung der Lieder im Himmel sind, so glaube ich, dass dieses Liebeslied auch nur ein Hinweis auf die Fülle des Liedes ist, das im Herzen Gottes klingt.

   b. Ich glaube, es liegt eine unglaubliche Bedeutung hinter jedem Satz des Hohelieds. Ich freue mich darauf, einmal die Fülle zu erkennen, wenn ich im Himmel bin.

B. Der Zweck prophetischer Lieder ist, das Herz Jesu zu offenbaren. Sie sprechen von der Schönheit, Pracht und Majestät seiner Person. Johannes sagt: „Das Zeugnis Jesu ist der Geist der Prophetie" (Offb 19,10).

1. Wusstest du, dass Jesus ein Zeugnis hat? Was meine ich damit? Es ist das, was in seinem Herzen ist. Dieses Zeugnis findet sein Zentrum im Kreuz, schließt aber auch mit ein, was er denkt und empfindet über das, was noch in der Zukunft geschehen wird. Das Zeugnis Jesu offenbart die Dinge, die in seinem Herzen pulsieren.

2. Jesus hat ein Zeugnis, das er den Nationen proklamieren will. Es offenbart, was er denkt, empfindet und tut in Vergangenheit, Gegenwart und Zukunft. In Gottes Ökonomie sind sie alle in einer ewigen Gegenwart zusammengefasst.

C. Die Heiligen der Endzeit sind auf einem See aus Glas um den Thron Gottes versammelt, sie singen zwei Lieder. Sie kommen aus dem letzten Angriff Satans als Sieger hervor und stehen in dieser großen Stunde der Geschichte dort und singen das Lied des Mose und das Lied des Lammes.

„Sie singen das Lied des Mose, des Dieners Gottes, und das Lied des Lammes: ‚Groß und wunderbar sind deine Werke, Herr Gott, allmächtiger! Gerecht und wahr sind deine Wege, oh König der Heiligen!'" (Offb 15,3)

1. Das Lied des Mose ist in der Bibel aufgezeichnet (2. Mo 15,1-21; 5. Mo 31,30-32,47)

2. Sie wurden zu Märtyrern, aber sie waren siegreich; das bedeutet, sie hatten eine unsterbliche Liebe, die größer war als alles, was sie auf Erden liebten. Das heißt nicht, dass sie das Martyrium vermieden haben. Sie waren siegreich darin, dass sie ihre Liebe inmitten des Martyriums nicht verloren haben.

3. Der Heilige Geist ist auf dem See aus Glas wie Feuer, er inspiriert und gibt den Heiligen Kraft zu extravaganter Anbetung. Sie anbeten, vermischt mit loderndem Feuer, welches die Kraft Gottes ist, der ihre Anbetung inspiriert.

D. Jesus, das Lamm Gottes, hat ein Lied, genannt „das Lied des Lammes".

1. Jesus ist das Wort Gottes, das Fleisch wurde, und sein Name ist „das Wort Gottes" – Joh 1,1,14; Offb 19,13.

2. Ich glaube, dass der Eine, genannt das Wort Gottes, sein Lied im geschriebenen Wort Gottes ausgedrückt und geschrieben hat.

3. Gibt es ein größeres Lied als das Lied des Lammes für seine Braut? Ich kann mir keins vorstellen.

4. Ich schließe daraus, dass das Lied des Lammes, das er über seiner Braut singt, durch den Heiligen Geist das größte Lied genannt werden konnte.

a. Frage: Wenn das Lied des Mose in der Heiligen Schrift aufgeschrieben ist, kann es sein, dass das Lied des Lammes auch dort zu finden ist?

b. Ist es möglich, dass das Lied des Lammes auch in der Heiligen Schrift aufgezeichnet ist? Ich kann es mir nicht vorstellen, dass nur Moses Lied aufgeschrieben wurde, nicht jedoch das Lied des Lammes.

5. Ist das Lied des Lammes das größte Lied aller Lieder, oder ist es möglich, dass ein anderes Lied größer ist als das Lied des Lammes für seine Braut?

a. Die Braut Christi wird in der Heiligen Schrift als des Lammes Frau bezeichnet (Offb 19,7-9; 21,9). Ist das Lied des Lammes für die Frau des Lammes? Ich glaube es. Ich kann mir nicht vorstellen, dass Jesu Lied über sein Volk nur an zweiter Stelle der größten Lieder steht.

b. Meine Theorie ist, dass das Lied des Lammes und „das größte Lied" dasselbe ist.

E. Jesus singt viele verschiedene Lieder über seiner Gemeinde durch Menschen, die durch den Heiligen Geist inspiriert sind. Jesus sagte zu dem Vater:

„Ich will deinen Namen meinen Brüdern kundtun; in der Mitte der Versammlung will ich dir Loblieder singen" (Heb 2,12).

1. Dieser Abschnitt wurde für die Gemeinde des NT geschrieben, inspiriert durch den Heiligen Geist. Er gibt Einblick darüber, dass Jesus mitten in einer Versammlung singt, die vom Heilige Geist geleitet ist.

2. Wie wird er es singen?

a. Zunächst wird es direkt an seine Brüder gerichtet sein.

b. Dann wird er vom Herzen Gottes singen – Dinge, die ganz zielgerichtet Gott preisen.

c. Drittens singt er inmitten der Versammlung des Volkes Gottes.

3. Wie singt Jesus mitten in der Versammlung?

a. Einmal durch spontanen prophetischen Gesang. Mit anderen Worten: Der Heilige Geist inspiriert eine Person, ein Wort Gottes in Form eines spontanen Gesangs zu überbringen.

b. Ein anderer Weg ist durch ein Lied, das schon vorher von jemandem geschrieben wurde.

4. Der Sohn Gottes hat viele Lieder, die er in der Versammlung über seinem Volk singt. Ich glaube, es gibt ein Lied, das er besonders liebt.

F. Jesus wäscht seine Braut mit dem Wort Gottes, dazu gebraucht er es von 1. Mose bis zur Offenbarung. Paulus, der Apostel, beschreibt, wie Jesus die Schrift benutzt, um seine Braut zu heiligen (besonders, indem er sich auf das AT bezieht): „... damit er sie heiligt und reinigt durch das Waschen mit Wasser durch das Wort“ (Eph 5,26).

G. Wenn Jesu Hauptmittel das Reinigen durch das Wort ist, und da er sich selbst als den beschreibt, der über seinem Volk zu dem Vater singt (Heb 2,12), dann stellt sich die Frage: Wie viel mehr wird Jesus das „Lied aller Lieder“ gebrauchen, um sein geliebtes Volk zu liebkosen und zu umwerben, besonders am Ende der Zeiten?

H. Ich glaube, es werden unzählig viele neue Lieder in unserer Zeit geschrieben werden, die dieses einzigartige Thema des Hohelieds einfangen und ausdrücken werden.

1. Mein Gebet und meine Überzeugung ist, dass in dieser letzten Generation ein neues Interesse am Hohelied geweckt wird. Der Heilige Geist wird dieses Lied neu bekannt machen. Dazu wird er Männer und Frauen erwecken, jung und alt, die es proklamieren, singen, schreiben und in der Fürbitte an Gott „zurückbeten", bis weltweit eine Erweckung heiliger Leidenschaft ausbrechen wird.

2. Wir sind jetzt schon Zeuge einer bedeutenden Zunahme neuer Lieder, die vom Thema „Braut" handeln, welche die Schönheit Jesu erheben, wie sie im Hohelied beschrieben wird.

I. Handreichungen für Liederschreiber

1. Im Folgenden finden sich einige praktische Ratschläge für Liederschreiber. Ich glaube, es ist nicht gut, nur einfach die Sätze des Hohelieds zu singen, man sollte vielmehr ihre Bedeutung interpretieren. Da viele Verse in einer symbolischen Sprache geschrieben sind, werden alle, die diese Symbolik des Hohelieds noch nicht studiert haben, nicht in der Lage sein, viel Gewinn aus diesen neuen Liedern zu ziehen.

2. Liedschreiber müssen zuerst selber verstehen und dann die Symbolik interpretieren, die sie besingen, damit andere wirklich auferbaut werden.

3. Sie sollten nur kleine Abschnitte des Hohelieds als Material für ein neues Lied nehmen, das sie unter der Inspiration des Heiligen Geistes schreiben. Sie sollten bedenken, dass dies Lied uns in acht höchst zusammengeballten Kapiteln anvertraut wurde.

a. Es ist das längste und intensivste Lied der ganzen Bibel, sehr „komprimiert“, von hoher Dichte. Der Herr hat eine Menge wichtiger Wahrheit in die Sätze hineingesteckt. Dadurch wird es zu einer sehr konzentrierten Form der Offenbarung.

b. Der Herr möchte seinen Liedschreibern kleine Portionen anvertrauen, um bestimmte Aspekte in jedem neuen Lied einzufangen.

c. Ein Satz des Hohelieds kann sich zu vielen Gedanken ausbreiten. Jeder Satz ist gefüllt mit Kraft. Am besten ist es, die großen Abschnitte in kleine neue Lieder zu zerlegen, statt zu versuchen, viele Verse in ein Lied zu packen. Dann werden die Zuhörer in der Lage sein zu verstehen und sich daran zu erfreuen.

3. Ich ermutige die Sänger, einige wichtige Sätze zu nehmen und darin eine der Bedeutungen, die der Heilige Geist vermitteln will, zu erkennen. Diese Bedeutung entwickle weiter und singe sie. Nimm einfach ein oder zwei Gedanken und benutze dabei ein wenig die Sprache, doch dabei interpretiere sie so, dass andere sie verstehen.

4. Es wird unzählige neue prophetische Lieder geben, die nur kleine Splitter aus der Größe und der Pracht des phantastischen Hohelieds darstellen.

5. Auf einer Konferenz sagte ein Mann: „Der Herr hat mächtig zu uns in England gesprochen, dass er uns das Hohelied offenbaren will.“ Ich war überglücklich, als ich ihn das sagen hörte.

6. Eins meiner vorrangigen Gebete ist, den Herrn zu bitten, 10.000 Prediger, Schreiber und Sänger zu inspirieren, Männer und Frauen, jung und alt, dass sie diese Botschaft nehmen und damit durch die Straßen laufen.

V. Der einzigartige Fokus dieses Liedes

A. Die generelle Absicht dieses Buches ist, das Herz der Menschen durch das größte prophetische Lied, das es je gab, gefangen zu nehmen.

1. Eine konzentrierte Offenbarung der leidenschaftlichen Liebe in der Person Jesu, besonders seiner Freude und Zuneigung für schwache, aber aufrichtige Gläubige.

2. Einblick in die Schönheit Jesu, besonders als Bräutigam-König.

3. Die Offenbarung der einzigartigen Schönheit und Liebenswürdigkeit des einzelnen Gläubigen, (sogar in geistlicher Unreife – so sieht er uns!).

4. Die Offenbarung der Ehre und Schönheit der gesamten Gemeinde durch die Geschichte hindurch.

5. Prinzipien, die sich besonders darauf beziehen, in das erste Gebot hineinzuwachsen und eine reife, bräutliche Partnerschaft mit Jesus zu entwickeln.

B. Obwohl das Hohelied uns nichts lehrt, was nicht auch an vielen anderen Stellen der Bibel steht, liegt seine Einzigartigkeit darin, wie zielgerichtet und konzentriert sich diese Wahrheiten präsentieren. Diese Konzentration schafft eine Intensität, die sonst nirgends in der Bibel zu finden ist.

1. Jedes der Prinzipien, die wir noch genauer untersuchen, finden wir auch außerhalb des Hohelieds. Ich würde keiner Lehre glauben, wenn sie nur im Hohelied zu finden wäre. Diese Wahrheiten sind fest gegründet in der Heiligen Schrift – von 1. Mose bis Offenbarung.

2. Doch der Fokus macht das Hohelied so einzigartig. Die Tatsache als solche, dass Gottes Herz von uns gefangen

genommen ist, ist nicht einmalig, doch die Art und Weise, wie es ausgedrückt ist im Hohelied, ist einmalig.

C. Unsere Seele enthält viele verschiedene emotionale Aspekte. Einige Aspekte unseres Herzens können nur durch das göttliche poetische Umwerben berührt werden. Wir wurden in solcher Weise geschaffen, dass diese göttlich-romantische Sprache der Liebe unser tiefstes Inneres so berührt, wie uns andere Aspekte der Wahrheit Gottes nicht berühren können.

D. Ein Teil unseres Seins wurde so geschaffen, dass es am ehesten auf solch eine konzentrierte Offenbarung seiner Leidenschaft reagiert. Andere Teile reagieren mehr auf das Kreuz, dessen Bedeutung nicht ausgeschöpft werden kann.

E. Gott möchte unser ganzes Herz berühren. Jesus sagte: „Du sollst den Herrn, deinen Gott, lieben mit ganzem Herzen“ (Matth 22,37). Das ganze Herz ist wie ein Diamant, der verschiedene Seiten hat. Es ist, als wenn er einen heiligen Laserstrahl der Offenbarung seiner leidenschaftlichen Liebe auf uns richten würde.

1. Der Gedanke, dass Jesus ein starkes Verlangen nach seinem irdischen Volk hat, erscheint zunächst unrealistisch und unmöglich. Der Gedanke, dass Jesus solch eine Vielfalt an Emotionen hat, erscheint für viele von uns sehr schwierig. Einige können sich nur einen Gott „da ganz oben“ vorstellen, der sich emotional nicht einmischt, es sei denn, wir sündigen. Doch bedenke, wir haben nur deshalb solch starke unterschiedliche Emotionen, weil er sie hat.

2. Wir sind so daran gewöhnt, Gott durch unsere eigene Brille zu betrachten. Manchmal bedarf es harter Arbeit und Anstrengung, unsere Sinne für die Wahrheit Jesu zu erneuern.

VI. Ein dreifaches Erbe – Psalm 2,11-12

A. Psalm 2 ist ein bekannter messianischer Psalm. In den Versen 7-9 beschreibt David das Gebet Jesu für sein Erbe. Dann, in den Versen 11-12, schreibt er über Jesu dreifaches Erbe: ein Volk, das zittert, sich freut und den Sohn Gottes küsst. Das ist eine der knappsten und klarsten Beschreibungen des Herzens einer reifen Braut (*zittern*: angesichts der Majestät und der Schönheit; *sich freuen*: zu sehen, was wir durch sein Kreuz erlangt haben; *küssen*: eine emotionale Seite unserer Erlösung).

B. Drei Aspekte unserer Erlösung

1. *Zittern* – wir zittern, weil wir die ewige Majestät und Pracht Jesu als Bräutigam, König und Richter sehen. Betrachten wir diese Wahrheiten, zittern wir vor ihm. Dieses „Zittern" ist eine sehr bedeutende Seite unserer Erlösung.

2. *Sich freuen* – wir freuen uns, wenn wir sehen, wer wir in Christus sind und wenn wir die rechtliche und praktische Seite unserer Erlösung erkennen. Wir freuen uns, den Segen des Kreuzes zu entdecken, wenn wir anderen in unseren Gaben dienen.

3. *Küssen* – es gibt eine emotionale und leidenschaftliche Seite unserer Erlösung, bei der unsere Herzen angesichts seiner Schönheit in Brand geraten, wobei wir befähigt werden, das erste Gebot zu erfüllen.

C. Drei wichtige Bücher der Bibel, die auf diese drei Seiten unserer Erlösung ausgerichtet sind

1. *Offenbarung* – die majestätische ewige Seite, die uns vor unserem ewigen Gott erzittern lässt.

2. *Römerbrief* – die rechtliche Seite, die uns dazu bringt, uns über unseren Segen zu freuen.

3. *Hohelied* – die leidenschaftlich-emotionale Seite, die uns befähigt, das erste Gebot wieder an die erste Stelle zu setzen.

D. Leider sind die meisten Gruppen von Christen nur auf eine der drei Seiten unserer Erlösung ausgerichtet. Manche gehen sogar so weit, sich von den anderen zu entfremden. Wir wollen jedoch alle drei Seiten erleben, damit wir ein Volk werden, das *zittert*, *sich freut* und *den Sohn küsst*.

1. Es gibt unausgewogene Heiligkeitsgruppen, die nur vor dem Herrn „zittern“ und dabei die Elemente der Freude und des „Küssens“ ablehnen. Sie stehen in der Gefahr der Gesetzlichkeit und eines krankhaften Heiligungsstrebens.

2. Andere unausgewogene Gruppen, die vor allem in charismatischen Gemeinden und in solchen zu finden sind, die nur auf die Freude ausgerichtet sind, lehnen das „Zittern“ und „Küssen“ ab. Sie stehen in der Gefahr der Fleischlichkeit und der Kompromisse, während sie ein glückliches Leben in Gott suchen.

3. Andere Gruppen, besonders unter den Mönchen im Mittelalter und gewissen puritanischen Gruppen des 17. Jahrhunderts, fokussieren darauf den Sohn zu küssen und lehnen dabei die Aspekte der Freude und des Zitterns angesichts der Erlösung ab. Sie stehen in der Gefahr, sich zu sehr abzusondern und asketisch zu werden, während sie ein Leben in der Einheit mit Gott anstreben.

E. Zusammenfassung: Wir glauben, dass der Heilige Geist uns mit einer ausreichenden Offenbarung und mit einer Freisetzung von Kraft am inwendigen Menschen beschenken will, um die Braut auszurüsten, damit sie alle drei Seiten der Erlösung lebt und so in das Erbe eintritt, das der Vater seinem Sohn versprochen hat.

Kapitel 3

Der göttliche Kuss: Das Muster des Braut-Gedankens in seinen sieben Ausprägungen

I. Überblick

A. Was beinhaltet das Muster des Braut-Gedankens?

B. Diese Lektion beschreibt den 7-fachen göttlichen Kuss. Das ist Grundlage zu dem Thema des Lebens als Braut, auch für alle, die Gott ernsthaft suchen. Ich glaube, es repräsentiert die prophetische Sehnsucht des Heiligen Geistes nach dem gesamten Leib Christi in dieser Generation. Ziel dieser Lektion ist, ein grundsätzliches Verständnis zu vermitteln. Wenn diese Prinzipien einmal verfestigt sind, dann können wir schneller durch das Hohelied gehen.

C. Das hervorstechende Thema des Hohelieds ist die Zuneigung Gottes. Das macht das Hohelied so einmalig, diese Offenbarung der Liebe Gottes. Es muss unsere Priorität werden, über Gottes emotionalen Fähigkeit zu meditieren; beginnt man einmal, das zu sehen, erkennt man sie überall in der Bibel.

1. Ein eifriges Studium darüber dient auch unserer eigenen emotionalen Gesundheit. Wir werden verändert, wenn wir verstehen, wie Gott über uns denkt und fühlt, ganz besonders in unserer Schwachheit. Es wird uns dazu bringen, zu ihm zu laufen statt von ihm weg.

2. Die Offenbarung seiner Liebe und Freude an uns erweckt wiederum in uns geistliche Freude. Diese Freude befähigt uns, Jesus zu genießen, uns an ihm zu erfreuen, unsere Liebe wird dabei zu ihm zurückfließen. Wir lieben ihn, weil er uns zuerst geliebt hat (1. Joh 4,19). Deshalb erfreuen wir uns an ihm, weil er sich an uns zuerst erfreut.

II. Erweckt zu neuer Inbrunst: Die Sehnsucht nach dem Brautkuss (1,2a)

A. Während der acht Kapitel des Hohelieds entfaltet sich all das, was den göttlichen Kuss ausmacht. Das ist das Thema des Lebens der Braut. Es ist eigentlich das Thema eines jeden, der Gott sucht. Wir brauchen nicht die Worte „Lass ihn mich küssen" zu benutzen. Im Grundsatz ist das jedoch das Ziel des Heiligen Geistes für jeden Gläubigen.

B. Der göttliche Kuss ist eine Metapher für die Intimität mit Jesus.

1. Stell dir darunter nicht vor, dass du Jesus auf den Mund küsst. Das hat Gott damit nicht im Sinn. Ich denke eher an Gottes feurige Hand, wie sie mein Herz berührt und es aufweckt, um meine Fähigkeit zu erweitern, mich ihm mehr hinzugeben und von ihm mehr zu empfangen.

2. Einmal kommt jemand zu mir und sagt: „Ich kann mir nicht vorstellen, wie Jesus mich auf den Mund küsst." Ich sage: „Gut, denn das sollst du auch gar nicht!" Es ist nur ein Bild von dem, was Gott mit dem menschlichen Geist machen will. Der göttliche Kuss beinhaltet Gottes Einladung an „Gelegenheitschristen", auf eine tiefere Art und Weise mit ihm umzugehen.

C. „Der Kuss des Mundes“ unterscheidet sich von anderen Küssen in der Bibel. Das Wort Gottes beschreibt mehrere Arten von Küssen:

1. der Kuss auf die Hand eines Freundes

2. der Kuss auf den Fuß eines Dieners

3. der Kuss eines Feindes wie Judas, der Jesus mit einem Kuss verriet

4. der Kuss eines Ehepaares, von dem in der Sprache romantischer Liebe berichtet wird

III. Die Küsse von Gottes Wort

A. Die „Küsse von Gottes Mund“ stehen in Verbindung mit „den Worten, die aus dem Mund Gottes kommen“. Mit anderen Worten: Es spricht von der Heiligen Schrift selber, die unsere Herzen weich macht und in der Liebe Gottes Kraft schenkt, dadurch, dass der Heilige Geist das Wort Gottes freisetzt. Jesus zitiert während der Zeit seiner Versuchung in der Wüste 5. Mose 8,3. Die Schrift ist das Wort, das von Gottes Mund hervorgeht.

Jesus sagt: „Es steht geschrieben: Der Mensch lebt nicht vom Brot allein, sondern von einem jeglichen Wort, das aus dem Mund Gottes hervorgeht“ (Matth 4,4).

B. 3000 Jahre lang haben die Rabbis diese Verse als den „Kuss des Wortes Gottes“ angesehen. Es ist in Ordnung, das so zu interpretieren.

C. Wir müssen sehr vorsichtig sein und der Heiligen Schrift erlauben, dass sie eine gesunde Grenze bildet zu Erfahrungen der Intimität mit ihm. Es ist sehr wichtig, dass wir die „Küsse seines Wortes“ suchen und nicht subjektive Küsse unserer Vorstellung, die nicht in der Schrift gegründet sind, sondern seelischen und gefühlsmäßigen Ursprungs sind.

1. Es hindert die Menschen, weil es sie von der ursprünglichen heiligen Leidenschaft abhält.

2. Und bringt einen schlechten Ruf, so dass man die bräutliche Botschaft des Hohelieds nicht hören will.

3. Das wiederum macht uns verletzlich für Verführungen.

IV. Der göttliche Kuss: Eine Sicht über die Braut im Königreich entwickeln

A. Der göttliche Kuss spricht von sieben geistlichen Prinzipien, die sich im Evangelium widerspiegeln, die uns ausrüsten, dieses „bräutliche Muster“ des Königreichs Gottes zu erleben und zu verstehen. Es wird uns durch den Heilige Geist befähigen, das heilige Umwerben zu verstehen, wenn er uns Jesus als unseren Bräutigam-König offenbart. Dieser Kuss zeigt, wie der Heilige Geist durch das Wort wirkt, um unsere Fähigkeit auf siebenfache spezifische Weise zu erweitern. Diese sieben Manifestationen des Heiligen Geistes werden angewandt auf die drei wichtigen Metaphern des „heiligen Umwerbens“, die sich durch das Hohelied ziehen: der göttliche Kuss (1,2), das göttliche Siegel (8,6) und die göttliche Umarmung (2,5; 8,4).

B. Diese sieben Dimensionen können auf verschiedene Weise in unserem Leben angewandt werden. Die Küsse stehen, wie auch die „Salben“, im Plural.

1. Sie sind unterschiedlich in ihrer Qualität.

2. Sie haben verschiedenartige Auswirkungen auf das Herz.

3. Sie sind vielfältig in dem, was sie bewirken.

C. Diese sieben Dimensionen der bräutlichen Denkweise sprechen sehr klar zu uns.

1. Sieben Sehnsüchte des Herzens, die sich auf sieben Anlagen des menschlichen Geistes beziehen. Sie führen zu ihren siebenfachen höchsten Freuden der Erfüllung, emotionaler Heilung und Ganzheit.

2. Es sind sieben „bräutliche Realitäten" des Königreichs Gottes.

3. Sie sprechen von sieben Grundprämissen des prophetischen Handelns des Heiligen Geistes.

D. Die bräutliche Denkweise ist so wichtig, weil wir dadurch den größten Nutzen aus dem Hohelied ziehen.

1. Auf unserem Weg, das erste Gebot wieder an die erste Stelle unseres Lebens zu setzen.

2. In unserer Fähigkeit, die größte emotionale Krise in der menschlichen Geschichte durchzustehen.

   a. Die intensivste Phase der Sünde

   b. Die stärkste Freisetzung des Okkulten

   c. Um allen Ärger zu überwinden von der scheinbaren Widersprüchlichkeit des Bräutigam-Königs, der diese Endzeit-Gerichte freisetzt.

E. Endzeitliche Prämisse

1. Die Endzeitgeneration als die Bräutigamsgeneration mit dem bräutlichen Paradigma.

   a. Jesus war der erste, der das bräutliche Paradigma der Gemeinde vorstellte bei seiner letzten Predigt, bevor er ans Kreuz ging (Matth 22,1-13).

b. Johannes der Täufer war mit seinem persönlichen Dienst der erste im Sinne des bräutlichen Paradigmas (Joh 3,29).

c. Der Apostel Johannes weist auf die weltumfassende Bedeutung des bräutlichen Schemas in der Generation, in der der Herr wiederkehrt, hin (Offb 22,17; siehe Hos 2,16).

2. Die letzte Generation wird die größte emotionale Zerbrochenheit der Geschichte erleben. Jedoch sogar die stärkste sexuelle Perversion kann im Zusammenhang mit dem bräutlichen Schema des Königreichs Gottes geheilt werden. Jesus als Haupt und Lenker der Geschichte erklärt, dass Gesetzlosigkeit und kalte Herzen (welches die Gefühle hinter den Aktionen einschließt) die Erde dominieren werden. Betrachte folgende Schriftstellen: Matth 24,10-14; 2. Tim 3,1-5; 1. Tim 4,1-3; 2. Petr 2). Bedenke sieben negative emotionale Zustände:

   1. Ärger (Wut, Verwundetsein)
   2. Kalte Liebe
      (Selbstsüchtigkeit; das unterdrückte kalte Herz)
   3. Gesetzlosigkeit (Rebellion)
   4. Betrug (zerbrochene Beziehungen)
   5. Hass (Bitterkeit, Unversöhnlichkeit)
   6. Sexuelle Perversion
   7. Okkulte Bindungen

F. Das bräutliche Muster wurde von Gott für die letzte Generation vorbehalten, um die Gemeinde zu befähigen, die kälteste, gesetzloseste, furchtbarste, dämonischste und sexuell perverseste Phase der Geschichte zu überwinden.

V. Das bräutliche Paradigma des Königreichs – sieben Dimensionen

A. Die erste Sehnsucht ist, fasziniert zu sein von etwas. Sie wird gestillt durch die Offenbarung der Schönheit des Bräutigam-Königs. Wir brauchen es, etwas zu bewundern und in Ehrfurcht zu staunen. Die Macht, innerlich tief bewegt zu sein, kennen wir alle. Alle weltliche Unterhaltung zielt genau auf dieses Bedürfnis ab, aber das schädigt zumeist unsere Herzen (Ps 27,4; Jes 4,2; Ps 145,5).

Das bräutliche Muster wird uns auf übernatürliche Weise Kraft verleihen, denn unsere Herzen werden mit überfließender Freude erfüllt werden. Um wirklich zu Höchstleistungen zu kommen, müssen wir von etwas fasziniert sein.

1. Die weltliche Unterhaltungsbranche setzt auf dieses menschliche Bedürfnis. Sie nutzt unser Herz aus und zerstört es, wenn wir auf die falsche Weise daran teilhaben.

2. Wir können uns an den Tiefen Gottes erfreuen: Seine unendliche Schönheit, seine Herrlichkeit und sein geheimnisvolles Sein. Der Heilige Geist wird beschrieben als jemand, der die Tiefen der Schönheit und Herrlichkeit Gottes erforscht.

   „Was das Auge nicht gesehen hat, noch das Ohr gehört, was auch in keines Menschen Herzen eingedrungen ist, Dinge, die Gott für jene vorbereitet hat, die ihn lieben. Aber Gott hat sie uns durch den Heilige Geist offenbart. Denn der Geist durchforscht alle Dinge, ja, auch die tiefen Dinge Gottes ...“ (1. Kor 2,9-10)

3. Wir sind eingeladen, mit dem Heiligen Geist Schätze zu jagen, und zwar die, die Gott wohlweislich in den Tiefen seines Herzens verborgen hat. Das ist die intensivste Schatzsuche, die man sich überhaupt vorstellen kann. Wir benötigen Gottes Aktivität in uns, um Gott kennen

zu lernen. Es gibt nichts Begeisternderes, als wenn Gott sich selbst dem menschlichen Geist offenbart. Wenn Gott, der Heilige Geist, Jesus unserem Herzen offenbart, dann findet etwas Mächtiges in unserer Gefühlswelt statt.

4. Sogar kleine Zeichen dieser Tiefe nehmen uns schon gefangen und begeistern das menschliche Herz. Der Heilige Geist garantiert eine Einsicht in Gottes große Majestät und Herrlichkeit.

B. Die zweite Sehnsucht, die, etwas zu besitzen und schön zu sein, wird durch die Offenbarung der göttlichen Schönheit gestillt, die in die Erlösten gelegt ist. Gottes Schönheit wird uns aufgrund des höchsten Auftrags vermittelt (Jes 61,3; Ps 90,17; 149,4). Unsere Kultur legt es auf physische Schönheit an, wenn sie versucht, diese Sehnsucht auf falsche Weise zu stillen.

„***... ihnen Schönheit statt Asche zu geben, das Öl der Freude statt Trauerkleider***“ (Jes 6,13).

„***Lass die Schönheit des Herrn unseres Gottes über uns sein, und festige das Werk unserer Hände; ja, festige das Werk unserer Hände***“ (Ps 90,17).

C. Die dritte Sehnsucht, groß und erfolgreich zu sein, wird durch die Offenbarung gestillt, dass wir als Erlöste mit Jesus zu seiner Rechten sitzen werden. Wir werden königlich leben – für immer und immer und immer –, denn wir sind königlichen Geschlechts. Das hilft uns zu einem besseren Verständnis unseres jetzigen Lebens. Wir besitzen schon jetzt unermessliche Reichtümer. Durch Dankbarkeit demgegenüber erlangen wir Demut.

1. Wir sehnen uns nach Würde und Ehre. Wir sind schon jetzt in höchste Regierungspositionen in der Schöpfung eingesetzt und haben äußerst wichtige Aufgaben. Das

werden wir noch mehr erfahren (Offb 3,21; Hohel. 6,8). Jesus setzt seine Braut auf den Thron.

2. Wir werden mit ihm zusammen regieren (Offb 3,21). Wir teilen seinen Thron und regieren über das gesamte ewige Reich, das Königreich Gottes. Er sagte: „Wie ich überwunden habe und auf meines Vaters Thron sitze, so werdet ihr auch überwinden und mit mir auf meinem Thron sitzen.“ Er sitzt auf dem Thron des Vaters, und wir sitzen mit ihm auf seinem Thron.

3. Wir werden im Himmel unter der Königsherrschaft leben. Wir sind königlich. Wir haben in die Königswelt und in den Reichtum „eingeheiratet“. Wir werden unvorstellbaren Reichtum besitzen. Wir werden ewig unter Aristokraten leben. Die Demut der Braut beruht auf Dankbarkeit und Liebeskummer.

D. Die vierte Sehnsucht nach Intimität ohne Scham wird durch die Offenbarung der Liebe des himmlischen Bräutigams gestillt. Wir sind dazu eingeladen, uns umfangen zu lassen von der Liebe des Bräutigams, um eine Intimität mit Gott zu erleben wie sonst niemand in der Schöpfung. Die Braut erlebt diese gegenseitige tiefe Liebe. Jesus offenbart mit viel Zuneigung heilige Geheimnisse.

„‚Deshalb wird ein Mann Vater und Mutter verlassen und seinem Weibe anhangen, und die zwei werden ein Fleisch sein‘. Das ist ein großes Geheimnis, ich aber rede von Christus und der Gemeinde“ (Eph 5,31-32).

„Denn jetzt sehen wir wie in einem Spiegel, verschwommen, aber dann von Angesicht zu Angesicht. Jetzt nur teilweise, aber dann werde ich erkennen, so wie auch ich erkannt bin“ (1. Kor 13,12).

„... denn wir wissen, dass, wenn er offenbar ist, werden wir sein wie er, denn wir werden ihn sehen, wie er ist“ (1. Joh 3,2).

1. Um ihn wirklich intim zu kennen, vertraut er uns Geheimnisse seiner unerschöpflichen Schönheit an. Sogar die Engel werden zurücktreten und voller Staunen zusehen, wenn wir an solche Geheimnisse herangeführt werden.

2. Völlig erkannt zu sein ohne Scham – keine Furcht mehr zu haben verlassen zu werden. Er wird uns vertraut sein. Wir werden das Geheimnis des Lebens kennen lernen.

   Er kennt uns vollkommen und bedeckt uns auch dann, wenn wir sündigen. Er ist mit uns in großer Vertrautheit, auch wenn wir groß und populär sind. Seine Vertrautheit ist in unserem Herzen. Er kennt unsere Sehnsüchte, unsere Träume ...

3. Zuneigung des Bräutigams Jesus erleben (Eph 3,17-19). Der Heilige Geist möchte, dass wir diese tiefe Zuneigung des Herzens Gottes erleben, das zu einem Empfinden tiefer Intimität führt.

   a. Dieses Feuer der Liebe manifestiert sich so, dass unsere Herzen weich werden, damit wir empfinden, was er empfindet. Unsere Herzen sind von Natur aus hart, stumpf und unsensibel dem gegenüber, was Gott empfindet. Es gibt nichts Kostbareres und kein höheres Vergnügen als befähigt zu werden, so zu empfinden, wie Gott es tut.

   b. Das Hauptgebet der Sulamitin ist, mehr in der Lage zu sein, diese leidenschaftliche Zuneigung von Jesus zu erleben. Das ist eins der bedeutendsten Gebete in unserer Stillen Zeit. Wir beten: „Vater, lass deinen Sohn mich küssen. Lass ihn seine Hand auf mein Herz legen. Erweitere meine Fähigkeit, die Liebe Jesu zu spüren.“ Manchmal, wenn wir in der Gemeinde Gott anbeten, egal welches Lied gerade gesungen wird, dann halte ich inne und bete: „Vater, lass ihn mich küssen. Lass deinen Sohn meine Fähigkeit erweitern, seine Liebe zu empfangen."

4. Intimität in unserem Leben – er kennt alle unsere Geheimnisse, die Stellen, die andern unbekannt, von ihnen unbemerkt und missverstanden sind.

   „Freue dich mit denen, die sich freuen ... weine mit denen, die trauern" (Rö 12,15).

   a. Intimität und Nähe in unserem Schmerz und inneren Kämpfen.
      Er kennt unsere Sünde und Scham. Er ist mit uns durch jede Sünde unseres Lebens gegangen. Er behandelt uns ehrenvoll darin. Er vergibt uns, spürt unseren Schmerz im Versagen und schützt uns, dass die Mehrheit unserer Sünden nicht an die Öffentlichkeit kommen. Und er glaubt an uns.

   b. Intimität und Nähe in unserem Sieg und Wohlergehen.
      Er kennt unsere wahre Größe und das volle Maß unserer geistlichen Identität. Er sieht die Größe unserer Ehrbarkeit. Er teilt unsere Freude, wenn wir in Schwierigkeiten Sieg haben.

   c. Intimität und Nähe in den Leidenschaften unseres Herzens.
      Er kennt die Tiefen unserer Sehnsüchte, Träume und Absichten, Gutes zu tun.

E. Die fünfte Sehnsucht, die nach der Gewissheit, angenommen und gewollt zu sein (das Gegenteil von Ablehnung), wird gestillt durch die Offenbarung des vollendeten Werks am Kreuz und durch Gottes emotionale Fähigkeiten. Die Braut spürt, dass sie gewollt ist, dass er ihr nachgeht, sie sucht und Freude an ihr hat. Er geht uns nach und freut sich an uns als Person. Als er uns vergab, hatte er Freude an uns.

„Und er stand auf und ging zu seinem Vater. Aber als er noch weit entfernt war, sah ihn sein Vater und hatte Erbarmen und rannte und fiel ihm um den Hals und küsste ihn“ (Luk 15,20).

„Wer von euch hat hundert Schafe, und wenn er eins verlöre, würde nicht ... gehen, um das eine zu finden, das verloren ist? Und wenn er es gefunden hat, legt er es auf seine Schulter in großer Freude“ (Luk 15,4-5).

„Oder welche Frau, die ein Silberstück hat und es verliert, ... würde es nicht sorgfältig suchen, bis sie es findet? Dann sagt sie: Freut euch mit mir, denn ich habe das Stück gefunden, das verloren war! Genauso, sage ich euch, wird Freude sein in der Gegenwart der Engel Gottes über einen Sünder, der Buße tut“ (Luk 15,8-10).

1. Viele Gläubige haben noch nicht erlebt, dass Gott sich wirklich an ihnen erfreut. Er möchte uns diese Fähigkeit schenken, dass wir empfinden, wie wir von ihm genossen werden, und er, Jesus, sich an uns erfreut, sogar in unserer Schwachheit.

2. Diese eine Wahrheit wird unser Leben umkrempeln. Aber die Mächte der Finsternis verdunkeln diese Wahrheit im Herzen des Volkes Gottes. Diese eine Wahrheit wird uns in Brand setzen. Das ist sozusagen Benzin im Motor, der Kraftstoff, der uns in unserem Wachstum hilft.

F. Die sechste Sehnsucht, alles mit ganzem Herzen zu tun und leidenschaftlich zu sein, wird gestillt, indem uns diese göttliche Liebe in unsere Herzen gelegt wird und wir ihrer teilhaftig werden. Wir sehnen uns sehr danach, uns mit aller Kraft an jemanden zu verlieren und die Freude zu erleben, „vor Liebe ganz krank zu sein“. Alle irdischen Wunden diesbezüglich benutzt er, um uns in diese Liebe zu ziehen.

„... ***dass die Liebe, mit der du mich geliebt hast, auch in ihnen sei*** ...“ (Joh 17,26)

„... ***die Liebe Gottes ist ausgegossen in unsere Herzen durch den Heiligen Geist*** ...“ (Rö 5,5)

1. Wir sehnen uns danach, die tiefste Zuneigung unseres Herzens an Gott zu verschenken (ihn wiederzulieben; Matth 22,37). Wir möchten unsere Fähigkeit erweitert sehen, Gott diese tiefe Liebe geben zu können.

2. Der Ruf nach den Küssen ist ein gegenseitiger. Die Braut möchte befähigt werden, Gott ihr ganzes Herz zu geben. Es bedarf Gottes selbst, um Gott zu lieben. Wir benötigen seine Kraft, um ihn zu lieben. Es ist begeisternd zu sehen, wie Gott selbst uns seine Kraft gibt, ihn wiederzulieben. Es ist sein Vergnügen und seine Verantwortung, uns diese göttliche Liebe zu vermitteln. Es ist eine übernatürliche Fähigkeit, das Tiefste unseres Herzens ihm wiederzugeben und die Freude des Liebeskummers zu kennen.

3. Wenn sie betet: „Lass mich die Küsse deines Mundes erleben“, dann bittet sie um Hilfe, damit sie ihr Herz ganz Gott übergeben kann. Es liegt in unserer Natur, dass wir Langeweile, Passivität, Untreue und Kompromisse verabscheuen.

4. Wir können nicht glücklich sein, bis wir uns selber leidenschaftlich ihm hingegeben haben. Die Liebe ist einfach nicht zufrieden, solange sie nicht diesen Weg des wechselseitigen Gebens und Nehmens gefunden hat. Denke an die Person, die du am meisten in diesem Leben liebst. Du wirst nie zufrieden sein, bis du ihr deine Liebe erzeigen konntest.

G. Die Sehnsucht, etwas wirklich tief und bleibend in andern zu bewirken, wird gestillt durch die Salbung zum Dienst, der in der Ewigkeit seine Belohnung erhalten wird. Wir teilen gerne Dinge mit anderen, damit sie sich freuen. Es macht uns Freude, etwas Bedeutendes beizutragen und Wichtiges zu teilen. Wir möchten gerne die Antwort bringen, die Veränderung im Leben anderer bewirkt.

„... wer einem dieser Geringen ... nur ein Glas kaltes Wasser gibt im Namen eines Jüngers, wahrlich, ich sage euch, er wird seinen Lohn nicht verlieren“ (Matth 10,42).

„Ich habe keine größere Freude, als wenn ich höre, dass meine Kinder in der Wahrheit leben“ (3. Joh 4).

1. Sie sehnt sich nach der Gnade, mit Jesus in reifer Liebespartnerschaft zu leben und mit ihm zu laufen. Er möchte, dass wir mit ihm als Partner eingejocht sind im Dienst des großen Auftrags, den der Vater ihm gegeben hat, nämlich die Völker zu Jüngern zu machen.

2. Das definiert unser Leben ganz wesentlich.

VI. Der göttliche Kuss: Der vordringlichste Wunsch der Braut

A. Salomos wichtigste Bitte

1. In den frühen Jahren als König von Israel lebte Salomo ein dynamisches, frisches Leben mit Gott. Dieser besuchte ihn einmal in einem Traum und prüfte ihn. Der Herr bot Salomo Folgendes an: „Bitte von mir, was du auch willst.“ Er bat um Weisheit, und der Herr gab ihm eine übernatürliche Weisheit (1. Kö 3). Es gefiel dem Herrn sehr, was er in diesem Traum antwortete, und er gab ihm das größte Maß an Weisheit, das Gott jemals einem Menschen hat zukommen lassen.

2. Ich glaube, dieses wunderbare Lied entsprang dieser einmaligen, übernatürlichen Weisheit. Vielleicht wurde es sogar geschrieben, als er von dieser Heimsuchung

aufwachte. Die Weisheit Gottes regierte in dem Moment seine Seele.

3. Das Angebot sollte Salomos Herz prüfen und es offenbaren.

B. Salomos vorrangigste Bitte galt der Salbung mit Weisheit. Er begehrte sie mehr als Reichtum, Ehre und langes Leben.

C. Ähnlich fragt der Herr den Leib Christi, alles gemäß seinem Willens zu bitten (Mk 11,23). Ich stelle mir vor, wie die Braut in der Gegenwart Gottes, des Vaters, steht und um das bittet, was sie am meisten wünscht: „Lass ihn mich küssen." Das ist ihre erste, vornehmlichste Bitte.

D. Das Hohelied beginnt mit dem Appell an den Vater

1. als demjenigen, der Autorität über den himmlischen König hat

2. der den Friedefürst beauftragte

3. der seinen Lauf für Zeit und Ewigkeit bestimmte

E. Die vorrangigste Bitte der Braut zielt auf den göttlichen Kuss

1. Indem sie um den Kuss bittet, drückt sie ihre Sehnsucht aus. Nach ihm verlangt es sie mehr als nach Macht, Ruhm und irdischen Tröstungen. Es offenbart ihren geistlichen Hunger nach mehr von Gott. Neue, heilige Sehnsüchte sind in ihr wach geworden. Sie hat Sehnsucht nach den sieben Dimensionen des Lebens mit Jesus, die immer mehr ihre Gedanken und Empfindungen bestimmen.

2. Ob die Leiterschaft der Gemeinde in der letzten Generation den prophetischen Test besteht, zeigt sich dann, wenn man sieht, worum sie am meisten bitten.

VII. Der göttliche Kuss und das göttliche Siegel

A. Die Reise der Braut beginnt mit der Sehnsucht nach einem Kuss und endet damit, dass sie ein Siegel feuriger Liebe erhält (8,6). Die drei hauptsächlichen Metaphern für das göttliche Umwerben sind der göttliche Kuss (1,2), das göttliche Siegel (8,6) und die göttliche Umarmung (2,5; 8,4). Ihr Schrei nach einem Kuss mündet darin, ein Siegel übernatürlicher Liebe auf ihrem Herzen zu empfangen. Sie will den Kuss, und Gott antwortet damit, dass er ihr Herz mit der einzigartigen Flamme der Liebe Gottes versiegelt. Am Ende dieses Werdegangs heiliger Leidenschaft entflammt ihr Herz mit der Liebe Gottes. Dieser Kuss schließt das menschliche Herz auf.

   a. Es ist absolut notwendig, das Herz aufzuschließen oder, anders ausgedrückt, ein sehendes und empfangendes Herz zu haben, um verändert zu werden.

   b. Dies ist eine ganz bestimmte Bitte und keine allgemeine. Sie bittet um einen ganz spezifischen Aspekt der Gnade Gottes. Eine allgemeine Bitte um Gnade hätte sich auf andere wichtige Dinge bezogen wie zum Beispiel mehr Wachstum im Dienst, Beziehungen, Leiterschaftsprinzipien, apostolische Strategien oder allgemeine theologische Erkenntnisse.

B. Der Kuss wird eingeleitet mit der Bitte um diesen Kuss und endet schließlich in einem Siegel. Diese beiden Begriffe beschreiben einen Geist der Offenbarung, der in ein Herz kommt, das fähig ist wahrzunehmen (Eph. 1,17; 2. Thess 3,5).

C. Die dreifache Salbung des göttlichen Kusses

1. Die Salbung, zu empfangen (Eph 1,17) – Offenbarung des siebenfachen bräutlichen Paradigmas

2. Die Salbung, zu lieben (Eph 3,16) – ein Herz voller Liebe, das vom Heiligen Geist geleitet ist

3. Die Salbung, bekannt zu machen (Eph 3,8) – um mit Kraft zu kommunizieren

D. Zusammenfassung

Der Kuss der Offenbarung schließt das Herz durch eine besondere Offenbarung der Schönheit von Bräutigam und Braut auf. Er befähigt den Glaubenden, in einer neuen Sphäre des Verstehens zu leben. Die Bitte lautet: „Schließe mein Herz auf, besonders für die Offenbarung der Schönheit von Braut und Bräutigam" und führt schließlich zu der Romanze des Evangeliums als idealem Kontext, um das erste Gebot und den Missionsauftrag bestmöglich auszuführen.

VIII. Der göttliche Kuss – das Kultivieren göttlicher Absichten

A. Wir müssen unterscheiden zwischen unserem Vorhaben, Jesus leidenschaftlich zu suchen, und der Erlangung geistlicher Reife. Unsere Absichten reden von dem Schrei unseres Geistes oder davon, worauf unser Herz gerichtet ist. Das ist auch das höchste Ziel im Leben der Sulamitin. Ich möchte dazu ermutigen, den Herrn zuversichtlich um diese Gnade zu bitten so lange auf den Herrn zu warten, bis er wirklich das erste Ziel und der Sinn unseres Lebens wird.

1. Wenn unsere Absichten gemäß dem Wort Gottes die richtigen Prioritäten haben, dann werden wir zur rechten Zeit zur Reife gelangen.

2. Als Lehrer versuche ich die Menschen zu motivieren, dass sie ihre Absichten mit dem Wort Gottes in Übereinstimmung bringen. Das Problem ist, dass manche ihr Hauptaugenmerk darauf legen, den Grad ihrer persönlichen Reife zu messen, während sie doch lieber auf das Streben ihres Herzens achten sollten. Wenn wir uns immer den Puls fühlen, checken, wie sehr wir zur Reife gekommen sind, dann werden wir in zweierlei Hinsicht geistlich verwundbar.

   a. Wenn wir dabei gut wegkommen, dann werden wir stolz angesichts unserer Reife.

   b. Wenn wir versagen, dann sind wir beschämt, wollen aufgeben. Der Herr möchte nicht, dass wir uns an unserem Erfolg ausrichten. Dann landen wir nämlich, je nachdem, im Stolz oder in der Selbstverdammnis. Viele schauen nur auf das Maß ihres Wachstums. Es geht um eine tiefere Liebe – das Messen überlass ruhig dem Herrn!

3. Das Hauptaugenmerk im Wort Gottes liegt darauf, dass die Menschen auf die Schönheit Jesu ausgerichtet sind und dass sie mit den Absichten ihres Herzens richtig liegen, darauf, völlig zu gehorchen – damit überlassen wir die Verantwortung für den Erfolg dem Herrn.

4. Gott möchte, dass wir über die Schönheit Jesu nachdenken, während wir unser Herz auf Gehorsam ausrichten. Dann wird er selber es in uns bewirken, zur rechten Zeit zur Reife zu kommen.

5. Der Schrei nach seinem siebenfachen Kuss ist eine Frage unserer Herzensabsichten. Und darüber sollten wir uns gleich zu Beginn unserer Reise klar werden.

B. In 1,2-4 beschreibt die Sulamitin ihre Absichten und legt ihre geistlichen Ziele dar. Gott definiert unser Leben nach dem, was wir möchten, nicht nach dem, was wir schon erreicht haben. Ob wir verstehen, wie Gott unser Leben betrachtet, entscheidet, wie wir über uns selber denken und fühlen. Er sieht den Samen, der anfängt, in unserem Geist aufzugehen. Er sieht den Schrei eines willigen Geistes, und wenn das Fleisch noch so schwach ist (Matth 26,41). Wir dagegen sind so auf unser schwaches Fleisch ausgerichtet und übersehen dabei völlig unseren willigen Geist. Aber Gott sieht, *dass* unser Geist willig ist. Das ist die Herrlichkeit des Hohelieds. Er sieht und definiert uns nach unseren Herzensabsichten.

C. In Zeiten der Versuchung gibt es ein Bekenntnis, das wir vor dem Herrn aussprechen können, dann, wenn unsere Seele geprüft wird. Wir sagen: „Nein, ich werde mich nicht passiv der Sünde hingeben. Das Bekenntnis meines Herzens ist: *Vater, lass ihn mich küssen.* Das ist, was mein Leben ausmacht, die Küsse Gottes. Das ist, wer ich wirklich bin.“ Das ist die kraftvolle Wahrheit, die wir in der geistlichen Kampfführung anwenden können, wenn der Feind sich gegen uns wendet.

D. Auch in Zeiten, wenn Menschen uns schlecht behandeln, ist es wichtig. Wir können diesen Vers gebrauchen und erklären: „Ich lebe für die Küsse von Gottes Mund. In meinem Leben geht es nicht primär darum, berühmt zu sein. Es geht vielmehr darum, Gottes Küsse zu empfangen.“

E. Jesu Erbe ist eine Braut, die sich nach seinem siebenfachen Kuss sehnt – freiwillige, reife bräutliche Liebe. Der Heilige Geist umwirbt Menschen und zieht sie dahin, sich freiwillig an den Herrn Jesus zu verlieren. Das ist sein Verlangen. Er empfängt die Braut als ein Geschenk vom Vater und als Belohnung für seine Leiden. Der größte Preis aller Zeitalter ist der, dass Jesus Christus eine Braut bekommt, die sich nach der Tiefe seines Herzens sehnt.

F. Sie sehnt sich nach seinem Kuss, weil sie nicht länger mit ihren ersten Erfahrungen der Errettung zufrieden ist. Sie hat einen tieferen Hunger danach, Jesus mehr zu lieben, so wie es in Joh 17,26 verheißen ist. Wenn Gott eine neue Vision für Joh 17,26 in uns erweckt, dann ist eine tiefe Unzufriedenheit unvermeidlich. Diese Unzufriedenheit ist wertvoll. Sie ist eine Gabe des Heiligen Geistes.

IX. Das dreifache Verlangen nach seinem Kuss

A. Das Verlangen und die Absicht der Braut, die Küsse Jesu zu empfangen, berührt drei wichtige Realitäten des Lebens.

1. Es ist ein prophetisches Sehnen nach dem, was Gott auf Erden tut.

2. Es ist ein philosophisches Sehnen, das, wenn es gestillt wird, uns Antwort gibt, warum wir überhaupt auf dem Planeten Erde und in der Ewigkeit leben.

3. Es ist ein großes psychologisches Sehnen, das uns zeigt, wie unser Herz funktioniert. Es verschafft uns Einblick darüber, wie wir glücklich werden können.

B. Das größte prophetische Sehnen

1. Es ist das größte prophetische Sehnen auf Erden. Ich glaube, das ist zurzeit *das* prophetische Thema des Heiligen Geistes in der Gemeinde.

2. Der Heilige Geist erweckt ein neues Sehnen im Herzen des Volkes Gottes. Der Dienst an andern allein stellt unsere Herzen nicht zufrieden. Der Leib Christi wird niemals wirklich zufrieden sein – außer durch die Küsse seines Mundes. Das Sehnen des Heiligen Geistes ist es, die Herzen der Menschen völlig für den Sohn Gottes einzunehmen.

3. In 5. Mo 30,6 sagt Gott zu Moses, das er selbst die Herzen der Menschen beschneiden will, sodass sie Gott mit ihrem ganzen Herzen lieben können. Ich glaube, diese Verheißung findet jetzt ihre Erfüllung. Gott wird ein Volk haben, das ihn mit all seiner Kraft lieben wird (Joh 17,26). Die Sehnsucht nach den „Küssen" steht auf dem Zeitplan des Heiligen Geistes ganz oben. Dadurch bekommt das erste Gebot im Leib Christi wieder den ersten Platz. Das erste Gebot ist das Sehnen, von ganzem Herzen zu lieben. Der Heilige Geist erweckt ein neues Sehnen in den Herzen des Gottes Volkes.

4. Meine Theorie ist (ich kann das nicht beweisen), dass der Heilige Geist dieses Sehnen mit solch einer Leidenschaft, Dringlichkeit, solch einem Eifer und einer Entschlossenheit des Herzens in der Endzeitgemeinde erwecken wird, dass sie mit dem Ruf der Braut ausrufen wird: „Komm!" (Offb 22,17). Es ist die Braut. Es ist das Volk Gottes, nicht als Armee, nicht als Familie, nicht einmal als Königreich. Nicht als ein Tempel oder eine Priesterschaft. Es ist das Volk Gottes mit der Identität einer Braut, die ausruft: „Komm!" Und das wird er beantworten. Ich stelle mir vor, wie der Vater diesen Ruf hört und sagt: „Geh und beantworte den Schrei ihres Herzens." Er kommt, wenn es der Ruf einer Braut ist.

C. Das größte philosophische Sehnen

1. Es ist das größte philosophische Sehnen

   a. Es ist *die* Definition von Erfolg, *die* Definition von Sinn und Zweck. Wir haben schon „absoluten" Erfolg, wenn wir Liebhaber Gottes sind – egal, was wir sonst noch tun.

   b. Es ist unser Erbe, Liebhaber Gottes zu sein. Gott hat uns einfach so geschaffen. Wenn dies meine Hauptdefinition von Erfolg ist, dann kann ich auch sonst im Leben erfolgreich sein. Wenn wir wissen, dass wir vom Herrn geliebt sind, und es unser Sehnen ist, solche zu sein, die Gott lieben, dann sind wir erfolgreich im absoluten Sinn.

2. Erfolgreich zu sein hängt nicht davon ab, was sonst jemand für uns tut. Wenn wir geliebt sind und selbst lieben, wenn das unsere Identität ist, dann sind wir erfolgreich. Wenn du geliebt bist und Gott liebst, dann hast du den absoluten Erfolg.

3. Wir mögen durch Zeiten gehen, wo wir Schwierigkeiten in Beziehungen oder im finanziellen Bereich haben, wo unser Dienst fehlschlägt, vielleicht fallen wir sogar in Sünde und verursachen einen Skandal. Doch egal, wie die Umstände sind, wir dürfen wissen, dass es etwas Größeres im Leben gibt. Wir sind geliebt und wir sind Liebende, das ist unsere Identität. Egal, was auf Erden geschieht, dann sind wir erfolgreich. Wir haben einen Rechtstitel auf ein (wirklich) erfolgreiches Leben.

4. Der Räuber am Kreuz war am Ende auch erfolgreich. Weil er wusste, dass Gott ihn ein wenig liebte, sagte er: „Denke an mich!" In ihm rührte sich dieser leise Schrei des Glaubens, und das hat funktioniert. Er hat gewonnen.

D. Das größte psychologische Sehnen

1. Drittens – es ist das größte psychologische Sehnen. Es beschreibt, wodurch das menschliche Herz zur Zufriedenheit kommt, wie es Glück erlebt. Gott hat die menschliche Seele so geschaffen, dass das Erleben der Liebe Gottes durch die Offenbarung des Geistes die erfreulichste und vergnüglichste Erfahrung ist, die einem Menschen widerfahren kann. Es gibt nichts Begeisternderes für den Menschen als wenn der Heilige Geist dem menschlichen Geist die Küsse Gottes offenbart. Der Mensch wurde geschaffen, um Gott mit ganzem Herzen zu lieben. In der Seelsorge können wir die

Menschen nur zur Ganzheitlichkeit, zum Heilsein führen, wenn sie Gott von ganzem Herzen nachjagen. Anders geht es einfach nicht. Wir sind so geschaffen. Wir sind mit der Sehnsucht nach dem Kuss seines Mundes geschaffen.

2. In Matthäus 22,37 sagte Jesus: „Du sollst Gott, deinen Herrn, lieben mit deinem ganzen Herzen." Jesus wusste, dass wir dazu geschaffen sind, Gott leidenschaftlich zu lieben. Wenn wir Gott nicht mit einem leidenschaftlichen Herzen lieben, dann gerät unser emotionales Leben aus der Balance. Es funktioniert nicht mehr. Jesus ist der Urgrund und Schöpfer des menschlichen Herzens. Wir funktionieren nicht mehr richtig, wenn wir uns nicht danach ausstrecken, Gott leidenschaftlich zu lieben. Wir wurden ja gemacht, um leidenschaftliche Liebhaber Gottes zu sein. Jagen wir diesem Lebensstil nicht nach, funktioniert unser Leben emotional nicht richtig. Wir sind nicht so angelegt, dass wir unser Heil- und Ganzsein außerhalb von Gott erlangen könnten. Nur wenn wir ihm von ganzem Herzen nachjagen, leben wir richtig.

3. Wenn du nichts hast, für das es sich zu sterben lohnt, dann hast du auch nichts, wofür sich dein Leben lohnt. So einfach hat Gott das menschliche Herz geschaffen. So viele Menschen (der Leib Christi eingeschlossen) sterben an Langeweile, weil sie nicht verstanden haben, dass wir dazu geschaffen wurden, leidenschaftliche Liebhaber Gottes zu sein. Hingabe und Gehorsam sind wichtiger als unsere Finanzen, unser Ruf, unsere Bequemlichkeit und unsere Sexualität.

    a. Es geht nicht einfach nur darum, dass wir leidenschaftlich lieben sollen, es ist vielmehr eine Grundvoraussetzung, damit wir überhaupt richtig funktionieren können.

b. Die Macht der Küsse Gottes, die uns gefangen nehmen, müssen wir erst noch erkennen. Weil das noch nicht geschehen ist, deshalb macht der Leib Christi so viele Kompromisse. Diese Küsse machen uns treu in Bezug auf Geld, Sexualität und Erfolg.

c. Dies ist die zugespitzte Bitte, dieses „geküsste", von Gott berührte Herz zu erleben, das unseren Geist für die große Liebesgeschichte des Evangeliums erweckt, persönliche Intimität mit Gott zu erleben statt nur ganz allgemein geistlich zu wachsen. Das aufgeschlossene, erweckte Herz der Liebe steht im Kontrast zu dem betäubten, unterdrückten Herzen von 8,7. Jesus beschreibt in Lukas 21,26 Herzen, die aus Furcht versagen und gelähmt werden. Dieser Kuss von Gottes himmlischem Prinzen, dem Bräutigam-König, ist ein Kuss, der das verschlossene Herz einer schlafenden Braut, die einen Geist der Laodizäer hat, aufweckt (Offb 3,17).

X. Im göttlichen Kuss Ruhe finden

A. Es gibt für den Gläubigen zwei Arten von Ruhe

1. Die erste geistliche Ruhe erhalten wir durch das Wissen, dass uns vergeben ist. Wir ruhen in der Vergebung durch das vollendete Werk am Kreuz. Wir können niemals erfassen, was der Vater für uns in Christus Jesus getan hat. Die Strafe ist bezahlt, die Schuld erlassen.

2. Die zweite geistliche Ruhe finden wir in dem Bewusstsein, dass alles, was in uns ist, dem Herrn geweiht ist. Das bezieht sich auf die Motivation unseres Herzens. Wir ruhen in der engen Gemeinschaft durch den Heiligen Geist. Das ist die Ruhe der Intimität, die mehr als das Wissen um die Vergebung beinhaltet.

B. Ruhen in enger Beziehung

1. Es ist das Bewusstsein, dass du alles ungeteilten Herzens tust. Es gibt keine Ruhe, wenn wir uns nicht für die höchste Bestimmung unseres Lebens entscheiden, welche die intime Beziehung zu Gott darstellt. Augustinus (354-430 n. Chr.) war einer der besten Theologen, die je gelebt haben. Einer seiner berühmten Aussprüche ist: „Der Mensch kommt nicht eher zur Ruhe, bis er seine Ruhe in dir, o Gott, findet." Der Mensch findet seine letztendliche Bestimmung darin, mit ganzem Herzen Gott hingegeben zu sein. Gott ist der einzige Ort der Ruhe. Augustinus beschrieb das Zur-Ruhe-Kommen mit Begriffen eines glücklichen Lebens. Er sprach über Gläubige, die sich immer noch zanken, obwohl ihnen doch vergeben ist. Der innere Aufruhr, den er ansprach, galt nicht der Frage, ob sie in den Himmel kommen oder nicht. Er galt der Frage, wie man das Herz glücklich macht. Unter seinesgleichen sah er so viel Hader, Schmerz und Angst.

2. Es gibt ein starkes Vakuum in uns, das wir versuchen, durch sexuelle Bindungen oder andere Abhängigkeiten zu füllen. Diese Dinge können uns deshalb so in ihren Bann ziehen, weil unsere Seele zur Leidenschaftlichkeit erschaffen wurde – aber eben eigentlich dazu, *Gott* leidenschaftlich zu lieben. Dieses Vakuum bleibt, wenn wir nicht ganz mit Gott ausgefüllt sind, wir bleiben dann offen für manch andere Abhängigkeiten. Der einzig sichere Platz für den Gläubigen findet sich dort, wo er sich von ganzem Herzen danach auszustreckt, ganz dem Herrn zu gehören.

C. Das Bild vom Konzertpianisten – Wenn das Publikum nur aus einem Einzigen besteht

1. Vor langer Zeit gab es in Europa einen großen Pianisten, der in einer der größten Konzerthallen ein Konzert vor 5000 Leuten gab. Er spielte eins seiner berühmtes-

ten Stücke. Die Menschen erhoben sich und applaudierten begeistert. Nach dem Konzert gab der Mann ein Interview. „Wie fühlt es sich an, in solch einem großen Auditorium einen derartigen Applaus zu bekommen? War das Ihre bisher größte Erfahrung dieser Art?“ Der Pianist antwortete: „Nein, ich mochte es, doch war das nicht das Wichtigste für mich. Als sie alle saßen, sah ich den einen Mann, so um die achtzig, ganz hinten in der Ecke auf dem Balkon, wo er immer sitzt. Er ist derjenige, der mich dreißig Jahre unterrichtet hat. *Er* ist der Meister. Als alle saßen, schaute er mich an und nickte mir zu. *Das* ist es, was mich am meisten erfreute. Als er nickte, sagte ich mir: *Ja, du hast dein Ziel erreicht.* Das gab mir mehr als die stehenden Ovationen von Tausenden.“

2. Mit anderen Worten: Er hatte gelernt, mit einer Zuhörerschaft zu leben, die nur aus einem Einzelnen bestand. Das Nicken des Meisters wahrzunehmen bedeutet uns unendlich viel mehr als alle Zustimmung der Massen – vorausgesetzt, wir haben ein Empfinden dafür. Der Pianist sagte: „Als der Meister mir zunickte, bedeutete es für mich mehr als der Applaus von Tausenden.“ Das nenne ich „ein Leben vor der Zuhörerschaft des Einen“. Die Sehnsucht nach den Küssen Gottes lässt sich damit vergleichen. Wenn diese Sehnsucht unser vorrangigster Lebensgrund wird, dann leben wir vor der Zuhörerschaft des Einen.

XI. Wie lässt er uns seinen Kuss zukommen?

A. Das Nachdenken über das Wort Gottes ist der erste Weg, über den wir seinen Kuss empfangen.

1. Dieses Nachdenken ist am wirksamsten, wenn wir das Wort in ein persönliches Gespräch mit Jesus verwandeln. Mir geht es hier nicht nur um Bibelstudium. Wir geben ihm vielmehr unser Herz und empfangen sein

Herz durch das Wort Gottes. Durch das betende Nachdenken über sein Wort weicht der Heilige Geist unsere Herzen auf. Es liegt darin, wenn das Wort Gottes unsere Herzen auf diese Weise küsst.

2. Die letzten 3000 Jahre haben die Rabbiner diesen Vers als die „Küsse des Wortes Gottes" bezeichnet. So wurden diese Verse in den Schulen der Rabbiner „der Kuss der Torah" genannt.

3. Mancher mag zu einem der berühmtesten Bibellehrer der Welt geworden sein – und hat dennoch ein kaltes Herz mit nur wenig Liebe zu Gott.

4. Einige denken, alles würde besser, wenn sie vollzeitig im Dienst für Jesus stehen. Sie vermuten, dann hätten sie jede Menge Zeit. Dennoch bekennen Pastoren oftmals, dass sie nur das Wort Gottes aufschlagen, um einen passenden Predigttext zu finden. Sie finden keine Zeit, es zu lesen, keine Zeit, Gott ihr Herz in Liebe entgegenzuhalten.

B. Die zweite Weise, auf die uns der Kuss Gottes erreicht, ist, wenn uns das Wort durch andere übermittelt wird. Er küsst uns durch das Wort und berührt uns durch Predigten, Lieder oder Zeugnisse anderer. Der Heilige Geist bewegt dabei unsere Herzen. Das mag nicht ganz so intensiv sein, aber wir empfangen immer noch seinen Kuss.

C. Die dritte Weise, auf die wir seinen Kuss empfangen können, ist die durch prophetische Offenbarung des Heiligen Geistes. Das mag nachts im Traum geschehen oder wenn man die Straße entlanggeht und das Wort Gottes plötzlich ins Herz kommt. Der Kuss kommt durch einen Traum oder eine Vision, wenn der Heilige Geist uns auf direkte Weise begegnet. Diese Art Träume waschen unseren Geist. Ich hatte einige solcher Träume. Sie rühren oft an ein reales Problem. Jahrelang hat uns vielleicht eine bestimmte Sache geschmerzt, doch dann gibt Gott plötzlich einen Traum, der unseren Geist wäscht und uns reinigt und heilt. Ich schätze diese Art der Küsse Gottes sehr, wenn er uns direkt übernatürlich begegnet.

D. Ein vierter Weg, auf dem uns sein Kuss erreicht, ist der über den Dienst anderer Menschen.

1. Wir erleben diesen Kuss, wenn jemand für uns betet und wir spüren, dass der Heilige Geist auf uns ruht.

2. Manchmal offenbaren uns Menschen durch einen Akt großer Freundlichkeit auf sehr starke Weise die Liebe Gottes.

3. Wir können auch die Umarmung Gottes einfach durch eine sehr gute Freundschaft erfahren. Hast du das schon mal erlebt, wenn jemand zur genau richtigen Zeit etwas getan hat? Und du dachtest: „Oh, das hat mein Herz berührt!“ Ich möchte dich ermutigen, dann zu sagen: „Danke für den Kuss.“ Diese kleinen Erfahrungen, wenn Dinge in Ordnung kommen, sind manchmal auch kleine Küsse Gottes.

Kapitel 4

Zusammenfassung des Hohelieds Salomos: Ein Überblick

Ziel dieser Lektion ist, einen allgemeinen Überblick über das gesamte Hohelied zu geben.

Anmerkung: Die 20 Untereinheiten dieses Überblicks entsprechen in Zählung und Bezeichnung den 20 tatsächlichen Lehrlektionen, aus denen der gesamte Kurs besteht.

I. Einführung in das Hohelied des Salomo

Das Hauptaugenmerk der ersten Lektion lag auf den grundsätzlichen Prinzipien, die notwendig sind, um das Hohelied auszulegen. Diese Studie interpretiert das Hohelied als ein allegorisches Liebeslied zwischen Jesus und dem einzelnen Gläubigen als seiner Braut.

II. Begegnung mit Jesus in dem größten prophetischen Lied

Das Hohelied offenbart das göttliche Muster für das Wachstum in heiliger Leidenschaft. Ein Sinn dieser Lektion war zu zeigen, wie man dieses Liebeslied als Sprungbrett benutzen kann, um tiefere Begegnungen mit Jesus zu erleben. Mehrere Prinzipien werden angegeben, die uns dabei helfen, das aufzuschreiben, was wir erkennen und erleben, während wir die Heilige Schrift betend lesen. Wir sehen die Absicht des Heiligen Geistes, uns wichtige Prinzipien zu vermitteln, um unseren geistlichen Werdegang mit größerer Klarheit zu erkennen. Ich glaube, dass das Hohelied das wichtigste prophetische Lied in der Kirchengeschichte ist.

III. Einführung in den göttlichen Kuss: Ein siebenfaches bräutliches Muster

Dieser Abschnitt beschreibt den siebenfachen göttlichen Kuss und seine Beziehung zu einem bräutlichen Muster des Königreichs.

IV. Überblick über das Hohelied – (dieses Kapitel)

A. Diese Lektion vermittelt eine kurze „Straßenkarte“, damit man ein Gespür für die Geschichte bekommt, die sich hier entwickelt.

B. Die ersten vier Kapitel befassen sich mit dem Erbe der Braut, das ihr in Jesus zufällt, die letzten vier Kapitel zielen auf Jesu Erbteil.

1. Gott will, dass wir verstehen, dass, während wir etwas von ihm zu erlangen suchen, er im Gegenzug auch etwas von uns möchte: unser ungeteiltes Herz.

2. Genau in der Mitte des Buches, bei den Versen 4,16 bis 5,1, vollzieht sich eine vollständige Änderung des Blickwinkels.

C. Die ersten vier Kapitel konzentrieren sich darauf, dass die Braut ihr Erbe in Christus erkennt und sich daran erfreut. Diese Kapitel betonen Gottes Herz, dem voller Erbarmen daran gelegen ist, sie zu gewinnen, damit sie ihn genießt und dadurch selber Freude daran hat. Die letzten vier Kapitel konzentrieren sich auf den anderen Grundpfeiler des Evangeliums: Er möchte, dass sie voller Leidenschaft für Jesus zur Herrlichkeit und Ehre Gottes lebt.

D. Es gibt acht unterschiedliche Offenbarungen über Jesus im Hohelied Salomos. Jedes der unterschiedlichen Gesichter der Schönheit Jesu ruft eine gewisse Antwort in der Braut hervor.

1. der Rat gebende Hirte (1,8)
2. der liebende Vater (1,12-2,6)
3. der souveräne König (2,8-9)
4. der sichere Erretter (3,6-8)
5. der himmlische Bräutigam (4,1-15), und zwar in zwei Ausprägungen:
   a. der prophetische Bräutigam
   b. der in Liebe zu seiner Braut entflammte Bräutigam
6. der leidende Diener (5,2)
7. der majestätische Gott (5,10-16)
8. das verzehrende Feuer (8,6-7)

V. Der göttliche Kuss und die Lebensvision der Braut (1,2-4)

A. Dieser Abschnitt ist eine Zusammenfassung der Theologie der Braut, wie sie in eine heilige Leidenschaft hineinwächst. Dieses Feuer der Liebe manifestiert sich darin, dass unsere Herzen weich und empfänglich werden. Das befähigt uns, etwas von dem zu spüren, was Gott fühlt, während er zunehmend den siebenfachen göttlichen Kuss freisetzt.

B. Die Braut spricht ihre zweifache Lebensvision aus: „Zieh mich dir nach, so wollen wir laufen." Sie möchte in die Intimität mit ihm hineingezogen werden und auch im Dienst mit ihm laufen (1,4).

   1. „Ziehen" spricht von der Intimität mit Jesus.

   2. „Laufen" spricht vom Dienst an andern.

VI. Ihre Reise beginnt mit einer geistlichen Krise (1,5-11)

A. Ihre erste Offenbarung von Jesus in dem Hohelied offenbart ihn als den fürsorglichen Hirten (1,8-9a). Hier beginnt ihre Reise mit dem Paradoxon der Gnade: Sie entdeckt, dass sie „dunkel“ in ihrem Herzen, aber doch liebenswert für Gott ist (1,5-6b).

„Schwarz bin ich und doch anmutig ...“ (1,5)

B. Ihre Reise beginnt mit einer geistlichen Krise von Sünde und Scham, doch gleichzeitig empfängt sie eine neue Offenbarung ihrer Schönheit in Gott, die aus der göttlichen Zuneigung fließt. Sie brennt für Gott, weil sie seine Liebe gesehen hat – und möchte jetzt seine Küsse. Von Eifer getrieben rennt sie los, landet aber schon bald in einer Sackgasse. Ihr Leben hat den ursprünglichen geistlichen Mittelpunkt verloren.

„Meinen eigenen Weinberg habe ich nicht gehütet“ (1,6).

C. Sie erlebt zwei sehr geläufige Dinge:

1. Ablehnung von Menschen

„Meiner Mutter Söhne fauchten mich an ...“ (1,6)

2. Scham über ihre eigene Sünde

„Seht mich nicht an, weil ich schwärzlich bin ... Meinen eigenen Weinberg habe ich nicht gehütet ... Wozu denn sollte ich wie eine Verschleierte sein ...?“ (1,6-7)

D. Verzweifelt sehnt sie sich danach, mehr von Jesus zu haben (1,7). Sie antwortet auf diese zweifache Krise auf die richtige Weise, indem sie nach mehr von Jesus verlangt. Sie ruft: „Ich muss dich haben, Gott. Ich will dich! Ich will *dich*!“ Ja, es ist wahr, sie ist vom Weg abgekommen, aber sie gewinnt Hoffnung, dass ihr Herz wieder brennen wird.

„Erzähle mir, du, den meine Seele liebt, wo weidest du? Wozu denn sollte ich wie eine Verschleierte sein bei den Herden deiner Gefährten?“ (1,7)

E. Jesu herrliche Antwort offenbart ihn als fürsorglichen Hirten (1,8).

„... du Schönste unter den Frauen ...“ (1,8)

1. Jesus antwortet, indem er sagt: „Ich liebe dich! Du bist wunderschön! Du bist genau die, die ich will!“ Das ist seine Antwort, voller Kraft! Sie fühlt sich schmutzig, hässlich, abgelehnt und voller Scham.

2. Er verhandelt mit ihr als der fürsorgliche Hirte. Das ist die erste Offenbarung von Jesus. Sie ruft nach Hilfe. Jesus gibt ihr diese überraschende und herrliche Antwort. Er sagt: „Du bist die Schönste unter den Frauen in der Schöpfung.“ Er benutzt Ausdrücke aus der Hirtensprache: Herde, Ziegen, Weinberge. Er offenbart sich als ein Hirte, der sie in ihrer Ablehnung und Scham sieht.

VII. Verständnis ihrer Identität im Licht der Schönheit Gottes (1,12-2,7)

A. Die zweite Offenbarung über Jesus im Hohelied offenbart ihn als König, der das liebende Herz des Vaters ausdrückt. Es erinnert an Lukas 15, wo der verlorene Sohn heimkommt zu seinem Vater, der im Festsaal eine Party für ihn ausrichtet. Der göttliche Hirte umarmt sie und steckt einen Ring an ihren Finger, genauso wie bei dem verlorenen Sohn. Es gibt viele Parallelen zwischen Lukas 15 und diesem Abschnitt im Hohelied.

B. Sie erlebt Freude, als sie die Schönheit des Königs und sein Verlangen nach ihr sieht. Dies ist eine begeisternde Zeit in ihrem Leben. Der Herr liebt sie und erfreut sich an ihr, sogar in ihrer Schwachheit.

1. Sie kommt zu einem tieferen Verständnis des Kreuzes (1,12a). Der König wird dargestellt, wie er im vollende-

ten Werk am Kreuz ruht und sie mit allem dem versorgt, was er ihr durch dieses Werk zugänglich gemacht hat. Er sitzt und lädt sie ein, mit ihm, dem König, an seinem Tisch zu speisen.

„In seinem Schatten zu sitzen gelüstet's mich" (2,3).

2. Sie sieht ihre Identität in seiner Schönheit, in dem, was er durch das Kreuz für sie zur Verfügung stellt.

C. Aus ihrem Geist strömt ein Duft aus als Bild der Anbetung und Bewunderung als Antwort auf die Versorgung des Königs.

„Solange der König bei seiner Tafelrunde weilt, gibt meine Narde ihren Duft" (1,12).

D. Sie hat eine erste Offenbarung der Schönheit und des Wohlgeruchs Jesu.

„Mein Freund ist mir ein Büschel Myrrhen ... eine Traube von Zypernblumen ..." (1,13-14)

E. Sie sieht ihre Identität im Licht dessen, was er am Kreuz getan hat. Er sagt: „Du bist die Schönste, meine Liebe." Er nährt sie mit der Offenbarung der Schönheit, die er ihr schenkt, und mit seiner leidenschaftlichen Liebe für sie. Sie ist erfreut darüber, dass Jesus sie als schön ansieht, obwohl er um ihre Sünde und Schwachheit weiß.

„Siehe, du bist schön, meine Freundin ..." (1,15).

F. Sie hat eine tiefere Offenbarung der Schönheit des Königs.

„Siehe, auch du bist schön, mein Geliebter" (1,16).

G. Sie erlebt eine neue, mächtige Offenbarung ihrer Identität in Christus. „Ich bin die Rose (andere üs. „Blume" oder

„Narzisse") von Scharon und eine Lilie im Tale" (2,1). Sie ist in den Augen Gottes eine wunderbare duftende Rose. Die Rose ist die Braut, die bekennt, wer sie ist, und ihre Schönheit in Gott kennt. Es ist ihre neue Identität.

„Ich bin eine Blume in Scharon und eine Lilie im Tal" (2,1).

H. Sie erkennt ihren einzigartigen Wert und ihre Schönheit für ihn

„Wie eine Lilie unter den Dornen, so ist meine Freundin unter den Mädchen" (2,2).

I. Sie empfindet tiefe Befriedigung über ihre neu entdeckten geistlichen Freuden. Sie erfreut sich der Gegenwart Gottes. Seine Frucht ist ihr so kostbar. Die Gemeinschaft des Heiligen Geistes ist so lieblich. Sie spürt das Vergnügen, Gottes Liebe zu erleben. Es gibt keine größere Freude für den Menschen, als wenn Gott seine Liebe und Schönheit dem menschlichen Geist offenbart. Sie liebt es, von Gott geliebt zu sein. Sie hat noch keine reife Liebe zu ihm. Er umwirbt sie und will sie dadurch zu einem Leben der Reife bewegen.

1. Irdisches Glück ist ihr Ziel. Jesus ist ihr ein Mittel zum Zweck und nicht das Ziel ihres Lebens. Er ist das Trittbrett zu ihrem Ziel, der irdischen Freude. Jedoch erlebt sie dieses Glück immer dann, wenn Gottes Gegenwart ihr nahe ist. Jesu „Glückseligkeit" ist noch nicht ihr höchstes Lebensziel. Vielmehr sieht sie ihn als hilfreichen Weg, ihr Glück zu sichern.

2. Das ist ihre geistliche Grundausrichtung, die sie jedoch noch nicht erkennt. Es ist wunderbar, die Freude der Gegenwart Gottes zu erleben, aber das ist noch nicht das Gleiche, als wenn wir in reifer bräutlicher Partnerschaft mit ihm leben. Diese Partnerschaft gehorcht, egal wie die Gefühle und Umstände sind.

J. Sie steht nicht. Sie sitzt und empfängt seine Gnade. Mit großem Entzücken sitzt sie in seinem Schatten. Sein Schatten, das ist die Versorgung durch das Kreuz, das die Liebe und Schönheit Gottes für sie freisetzt. Er brachte sie an seine Festtafel und erhob das Banner, das die Taten Gottes in ihrem Leben beschreibt, angefüllt mit der Liebe Gottes.

„In seinem Schatten zu sitzen gelüstet's mich ... Er hat mich ins Weinhaus (engl.: *in den Festsaal*) ***hineingeführt, und sein Zeichen*** (engl.: *sein Banner*) ***über mir ist Liebe***" (2,3-4).

K. Sie sehnt sich nach engerer Gemeinschaft (2,5). Sie ruft aus: „Erquicke mich! Erfrische mich! Ich bin krank vor Liebe! Gib mir mehr von deiner Gegenwart. Umarme mich, oh Gott!" Sie steht erst am Anfang ihrer Reise. Noch ist sie nicht reif. Als Einstieg erlebt sie, wie Gott sie in ihrer Schwachheit liebt. Diese Erfahrung lässt sie nach mehr schreien, lässt sie vor Liebe ganz krank werden.

„Stärkt mich ..., erquickt mich ..., denn ich bin krank vor Liebe" (2,5).

VIII. Heraus aus der Bequemlichkeit (2,8-17)

A. Die dritte Offenbarung von Jesus im Hohelied offenbart ihn als den souveränen König (2,8-9a). Sie sieht, wie er über die Berge und Hügel springt. So hat sie ihn noch nicht gesehen. Er offenbart sich als der Herr der Völker.

„Da ist die Stimme meines Freundes! Siehe, er kommt und hüpft über die Berge und springt über die Hügel. Mein Freund gleicht einer Gazelle oder einem jungen Hirsch" (2,8).

1. Die Berge sprechen von Hindernissen, auch von anderen negativen Dingen wie dämonischen Mächten etc. Er springt mühelos und hüpft wie eine Gazelle über jedes Hindernis. Er hat die Macht über alles.

2. In diesem Abschnitt erscheint er nicht als ein fürsorglicher Hirte oder liebender Vater, er kommt als souveräner König.

B. Jesus ruft sie aus ihrer Bequemlichkeitszone heraus (2,10), ruft sie heraus aus dem Boot (der Zone des Vorhersehbaren), um auf dem Wasser zu wandeln (Risiko). Er möchte Partnerschaft mit ihr. Der Vater hat Jesus ein Mandat gegeben, die Nationen zu Jüngern zu machen. Er möchte nicht nur, dass sie ihn in der Gebetskammer liebt, sondern er möchte, dass sie mit ihm kommt.

„Mein Geliebter ... spricht zu mir: ‚Mach dich auf, meine Freundin, meine Schöne, und komm!'" (2,10).

1. Sie muss aus dem Boot aussteigen und Jesus auf dem Wasser begegnen. Jesus hat Autorität über Sturm und Wellen.

2. Er möchte, dass sie ihn mitten in den Konflikten und Risiken liebt, immer gewiss, dass er für sie sorgt.

C. Er offenbart ihr, wie schön sie sogar in ihrer Unreife für ihn ist. Er möchte ihr Gesicht sehen und ihre Stimme hören, denn ihre „Stimme ist süß, und ihr Gesicht ist lieblich" (2,14).

D. Ihr schmerzvoller Kompromiss

„... wende dich (engl.: *kehre um*), ***mein Geliebter, gleiche einer Gazelle oder einem jungen Hirsch auf den zerklüfteten Bergen"*** (2,17).

1. Sie verweigert sich ihm, lässt ihn umkehren. Sie sagt: „Nein, ich kann deiner Bitte nicht folgen und mit auf die Berge kommen."

2. Aufgrund ihrer Unreife, Schwachheit und Furcht geht sie Kompromisse ein. Das ist keine Rebellion. Sie hat

Angst. Sie spürt, dass hundertprozentiger Gehorsam sie einiges kosten könnte.

3. Sie liebt ihn, hat aber nicht den Mut und die Kraft, ihm zu gehorchen. Die Risiken eines Lebens im Glauben scheinen ein zu großes Hindernis zu sein, als dass sie es überwinden könnte.

IX. Göttliche Züchtigung (3,1-5)

A. In dieser Lektion erlebt sie göttliche Züchtigung. Diese hat ihren Ursprung in der Zuneigung eines liebenden Vaters (s. Hebr. 12,5-12). Der Vater verspricht, uns von dem zu befreien, was uns gefangen hält. Der Vater liebt uns zu sehr, als dass er seiner noch unreifen Gemeinde erlauben könnte, weniger zu sein als die herrliche Braut des Herrn Jesus. Unsere Bestimmung ist es, mit ihm über die Höhen zu gehen.

   1. Er ist nicht verärgert über sie. Gottes Korrektur ist nicht das Gleiche wie Ablehnung. Korrektur wird oft mit Ablehnung verwechselt, seine Zurechtbringung ist eher das reine Gegenteil davon.

   2. Seine Korrektur drückt sein Sehnen nach unserer Reife aus. Es ist eine erlösende Korrektur, die aus Liebe kommt. Sie lädt uns ein, zu ihm zu kommen.

B. Gott verbirgt sein Angesicht vor ihr. Die Süße von Kapitel 2 ist nicht mehr da. Nachdem wir die Süße der Gegenwart Gottes erlebt haben, werden wir unser Leben lang unzufrieden sein ohne sie. Gottes spürbare Gegenwart ist zurückgezogen (3,1). Zum ersten Mal, nachdem sie ihre Reise in der Erkenntnis der Liebe und Schönheit Gottes begonnen hat, kann sie ihn nicht finden.

   „Auf meinem Lager zur Nachtzeit suchte ich ihn, den meine Seele liebt, ich suchte ihn und fand ihn nicht“ (3,1).

C. Nachdem wir die Lieblichkeit der Gegenwart Gottes erlebt haben, werden wir immer unzufrieden sein, wenn wir ohne sie leben. Das ist das Prinzip, was der Prophet Jeremia erfahren hat.

„***Herr, du hast mich überredet, und ich habe mich überreden lassen. Du bist mir zu stark gewesen und hast gewonnen, aber ich bin darüber zum Spott geworden täglich, und jedermann verlacht mich***" (Jer 20,7).

D. Endlich willigt sie ein, sich ‚zu erheben' und dem Ruf zu folgen, aus ihrem Bett aufzustehen. Doch sie ist noch nicht bereit, mit auf die Berge zu steigen (2,8), bis sie noch weiter zugerüstet ist. Erst dann, in 4,6, ist sie auch dazu bereit.

„***Aufstehn will ich denn, will die Stadt durchstreifen ...***" (3,2)

E. Als Antwort auf ihren Gehorsam kehrt Jesu spürbare Gegenwart sofort zurück (3,4). Was geschieht? Die Gegenwart Gottes kehrt zurück und sie findet ihn und beschließt tief in ihrem Herzen, nie wieder die Frische des Heiligen Geistes zu verlieren. Sie hat den Wert der Beziehung mit Jesus erkannt, und wie sehr er Gehorsam schätzt.

„***... da fand ich ihn, den meine Seele liebt. Ich ergriff ihn und ließ ihn nicht mehr los***" (3,4).

X. Eine neue Offenbarung von Jesus als einem zuverlässigen, treuen Erlöser (3,6-11)

A. Die vierte Offenbarung von Jesus im Hohelied offenbart ihn als den treuen Erlöser (3,6-7). Das erweist sich als ein Wendepunkt für das Mädchen. Die Tiefe der Hingabe, die sie in den Kapiteln 4-8 zeigt, entspringt aus diesem neuen Einblick in die sichere Führung des Herrn.

B. Jesus offenbart sich als jemand, der zuverlässig ist, wenn man ihm hundertprozentig gehorcht. Diese Offenbarung dient dazu, ihr Herz für ein tieferes Vertrauen zu Jesus zu gewinnen. Er zeigt sich ihr als der sichere Erretter, der Gott, der außergewöhnliche Vorkehrungen für ihre geistliche Sicherheit trifft.

C. Des Herrn Sänfte (3,7) spricht vom Evangelium. Wir dürfen uns geistlich sicher wissen in all dem, was das Evangelium für uns bereithält. Die Engel sind wie Gottes geübte „Schwertmänner“. Nichts kann dazwischenkommen, wenn Jesus es nicht hineinlässt. Wir sind absolut sicher mit ihm in der Sänfte des Evangeliums.

XI. Das prophetische Herz des himmlischen Bräutigams (4,1-8) – ausgerüstet für den geistlichen Kampf

A. Die fünfte Offenbarung über Jesus im Hohelied offenbart ihn als einen himmlischen Bräutigam. Dabei liegt die Betonung auf seinem prophetischen Herzen (4,1-8).

B. Prophetisch ruft er ihre „noch in Knospen liegenden“ Tugenden hervor. Er ruft Dinge, als wären sie schon da. Gott benennt uns gemäß unserer prophetischen Bestimmung. Er schaut in ihr Herz und sieht das Sehnen in ihrem Geist. Er definiert sie durch die Sehnsucht ihres Herzens. Er nennt sie schön, geweiht, mit Urteilskraft, geheiligt usw.

1. Gott benennt sein Volk gemäß der verborgenen Tugenden, die mit geistlicher Schönheit gefüllt sind. Er sieht den verborgenen Schrei seines Geistes.

2. Er beschreibt acht verschiedene Züge ihrer Schönheit, die er in ihrem Leben hervorkommen sieht (4,1-5). Obwohl sie noch schwach ist, sieht er, was sie werden wird. Alles, was wir dazu tun müssen, ist, es zu wollen. Das andere macht er.

C. Der himmlische Bräutigam rüstet sie für die geistliche Kriegsführung zu. Er versucht, sie davon zu überzeugen, wie schön sie für ihn ist. Es ist bedeutend, dass er das Wort „wunderschön“ in 4,7 benutzt. Es ist das erste Mal, dass er solch eine Aussage macht und den Satz „Kein Makel ist an dir“ dazu gebraucht.

„Siehe, schön bist du, meine Freundin. Siehe, du bist schön“ (4,1).

„Alles an dir ist schön, meine Freundin, und kein Makel ist an dir“ (4,7).

D. Das Leben totaler Hingabe ist grundlegend wichtig für einen gereiften Dienst (4,6). In 2,9-10 ruft er sie auf, mit ihm auf den Berg zu kommen. Ihre erste Antwort war, dass sie sich ihm verweigert – aus Furcht, ihr bequemes Umfeld zu verlassen. Jetzt jedoch gibt sie nach und geht mit auf den Berg. Diese Hingabe ist der Beginn eines zwar echten, aber noch nicht völligen Gehorsams. Es ist ein geistlicher Kampf.

„Ich will zum Myrrhenberg hingehen ...“ (4,6)

E. Das ist das erste Mal auf ihrer Reise, dass sie seine *Braut* genannt wird (4,8a). Diese Bezeichnung resultiert aus ihrer neuen Hingabe (V. 6), weil sie jetzt bereit ist, mit Jesus auf dem Myrrhenberg eine Partnerschaft einzugehen. Sie tut genau das, wozu sie von Anbeginn an berufen war. Die Braut ist im Grunde jemand, der in reifer Partnerschaft mit Jesus wandelt.

„Mit mir vom Libanon, meine Braut, mit mir vom Libanon sollst du kommen, sollst herabsteigen vom Gipfel des Amana, vom Gipfel des Senir und Hermon, weg von den Lagerstätten der Löwen, von den Bergen der Leoparden“ (4,8).

XII. Das geraubte Herz des himmlischen Bräutigams (4,9-5,1) – ausgerüstet mit dem Ja zum Kreuz

A. Die fünfte Offenbarung von Jesus offenbart ihn als einen himmlischen Bräutigam, dessen Herz völlig von ihr eingenommen ist und das nur für sie schlägt (4,9a). Jesus hat eine leidenschaftliche Zuneigung für seine Braut (4,9-10c). Sie wurde durch die Offenbarung seines für sie schlagenden Herzens dazu ausgerüstet, ein völliges Ja zum Kreuz zu haben.

„Du hast mir das Herz geraubt ..., meine Braut. Du hast mir das Herz geraubt mit einem einzigen Blick aus deinen Augen. Wie schön ist deine Liebe, meine Schwester, meine Braut! Wieviel köstlicher ist deine Liebe als Wein und der Duft deiner Salben als alle Balsamöle“ (4,9-10).

B. Jesus beschreibt seine Freude über ihren Charakter (4,10d-11).

C. Jesus gibt eine siebenfache Beschreibung der Braut (4,12-15).

D. Sie ruft sehnsüchtig nach einer vermehrten Salbung (4,16). Der Nordwind spricht von einem bitterkalten Wind im Winter. Der Südwind spricht von dem warmen, erfrischenden Wind des Sommers. Gott weiß, dass wir den Südwind brauchen, aber er weiß auch, dass der Nordwind zu unserer Reife nötig ist. Jetzt fürchtet sie sich nicht mehr vor den Prüfungen Gottes. Sie sagt: „Wach auf, Nordwind!“

„Wach auf, Nordwind, und komm, Südwind! Lass duften meinen Garten, lass strömen seine Balsamöle! Mein Geliebter komme in seinen Garten und esse seine köstlichen Früchte“ (4,16).

E. Das göttliche Erbe steht fest. „Lass meinen Geliebten in seinen Garten kommen.“ Wessen Garten ist es? Gehört er ihr oder ihm? Hier findet der Wechsel statt.

1. In den ersten vier Kapiteln war sie nur um ihr Erbe besorgt, in den letzten vier Kapiteln geht es ihr um sein Erbe.

2. In den ersten vier Kapiteln war es immer „ihr" Garten. In den letzten 4 Kapiteln ist es „sein" Garten. Sie betet: „Wehe durch meinen Garten und mache ihn zu deinem Garten."

3. Sie betet: „Lass seine Balsamöle strömen." Sie möchte, dass sein Duft aus ihrem Leben herausströmt. Dann fügt sie ihrem Gebet hinzu: „Ich möchte, dass du in deinen Garten kommst, um die köstlichen Früchte meines Lebens zu essen."

F. Jesus kommt in seinen Garten, um sein Erbe zu beanspruchen, seine Braut (5,1).

„Ich komme in meinen Garten, meine Schwester, meine Braut. Ich pflücke meine Myrrhe samt meinem Balsam, esse meine Wabe samt meinem Honig, trinke meinen Wein samt meiner Milch" (5,1).

1. Neunmal gebraucht er das besitzanzeigende Fürwort „mein". Er sagt: „Ich bin jetzt in *meinen* Garten gekommen, zu *meiner* Schwester, *meiner* Braut. Ich habe *meine* Gewürze gesammelt, *meine* Wabe, *meinen* Wein, *meine* Milch." Alles gehört ihm.

2. Sie hatte gerade gebetet: „Ich möchte euch beide, Nordwind und Südwind. Ich bin bereit, die schwierigen Umstände anzunehmen, die meine Partnerschaft mit Jesus zu größerer Reife führen. Ich möchte ganz dein sein." Das ganze Buch steht hier an seinem Wendepunkt. Er beantwortet das Gebet um die Nordwinde, durch die die Gewürze aus ihr strömen werden.

XIII. Der letzte zweifache Reifetest (5,2-8)

A. Die sechste Offenbarung von Jesus offenbart ihn als den leidenden Diener, als den Jesus von Gethsemane (5,2-8). Jetzt ist es der Jesus von Gethsemane, der sie einlädt, die Leiden des Christus mit zu erleiden.

„Horch, mein Geliebter klopft: ‚Öffne mir ... meine Freundin ... meine Vollkommene! Denn mein Kopf ist voller Tau, meine Locken voll von Tropfen der Nacht‘“ (5,2).

B. Sie steht vor der neuen Herausforderung, die Leiden des Christus zu teilen (5,2).

„Nun freue ich mich in den Leiden, die ich für euch leide, und erstatte an meinem Fleisch, was an den Leiden Christi noch fehlt, für seinen Leib, das ist die Gemeinde“ (Kol 1,24).

„Ihn möchte ich erkennen ... und die Gemeinschaft seiner Leiden und so seinem Tode gleichgestaltet werden“ (Phil 3,10).

„Denn ich bin überzeugt, dass dieser Zeit Leiden nicht ins Gewicht fallen gegenüber der Herrlichkeit, die an uns offenbart werden soll“ (Rö 8,18).

1. Der Jesus, der in der langen, einsamen Nacht im Garten ja sagt zum Kreuz, sagt jetzt: „Öffne dich mir und komm mit mir nach Gethsemane.“

2. Sie hat gerade gebetet: „Sende den Nordwind, damit mein Duft zunimmt.“ Jesus sendet jetzt den bitterkalten Nordwind der Gemeinschaft der Leiden.

C. Sie antwortet in völligem Gehorsam (5,3-5).

„Ich habe meinen Leibrock schon ausgezogen, wie sollte ich ihn wieder anziehen? Ich habe meine Füße gewaschen, wie soll ich sie wieder beschmutzen?“ (5,3)

1. Sie unterwirft sich ihm. Sie sagt: „Ich habe mein Kleid ausgezogen.“ Früher hat sie ihr eigenes Kleid getragen, jetzt aber trägt sie sein Kleid. Sie hat ihre Füße gewaschen, die sie sich auf ihren eigenen Wegen beschmutzt hatte, jetzt verpflichtet sie sich, sich nie wieder zu verunreinigen.

2. Sie erhebt sich sofort, weil sich ihr Herz vor Liebe nach ihm sehnt. Sie öffnet sich ihrem Geliebten. Der Griff des Riegels ihres Herzens trieft von Myrrhe. Das spricht davon, dass ihr Herz bereit ist, ihre tiefsten Wünsche für ihn in den Tod zu geben. Sie erlebt ihren ersten Leidenstest, er hat sich zurückgezogen (5,6).

   „... aber mein Geliebter hatte sich abgewandt, war weitergegangen. Ich war außer mir, dass er weg war. Ich suchte ihn, doch ich fand ihn nicht. Ich rief ihn, doch er antwortete mir nicht“ (5,6).

3. Zum zweiten Mal – nach 3,1 – verlässt sie Gottes Gegenwart. Der Grund liegt diesmal jedoch nicht in ihrem Ungehorsam (wie in 2,8-3,5), sondern in ihrem reifen Gehorsam. Einige Lehrer des Mittelalters nennen dies „die dunkle Nacht der Seele“.

4. Jesus möchte das Ziel ihres Lebens sein und nicht nur Trittbrett für irdische Freude und Selbstzufriedenheit.

D. Sie erlebt ihren zweiten Test des Leidens, der Verfolgung und Ablehnung (5,7).

„Es fanden mich die Wächter, die die Stadt durchstreifen.Sie schlugen mich, verwundeten mich. Die Wächter der Mauern nahmen mir meinen Überwurf weg“ (5,7).

1. Die Wächter schlugen und verwundeten sie.

2. Sie nahmen ihr den Schleier, ihre geistliche Bedeckung fort, sodass sie nicht länger im Leib dienen konnte.

E. Zusammenfassung: Der Herr erscheint ihr mit dem Ruf, ihn nach Gethsemane zu begleiten. Sie reagierte mit sofortigem Gehorsam. Er unterzog sie einem zweifachen Test, der sich auf ihr Gebet am Anfang ihrer Reise in 1,4 bezog.

   1. Das Gebet, in die Intimität mit ihm hineingenommen zu werden – und nun kann sie seine Gegenwart nicht spüren.

   2. Das Gebet, mit ihm im Dienst laufen zu dürfen – und nun wurde sie von den Ältesten zurückgewiesen und hat somit keinen Platz im Dienst.

F. Der Herr fragt sie: „Wirst du auch dann mir gehören, wenn die Dinge, die du dir ersehnst, zurückgehalten werden? Willst du auch dann mein sein, wenn du meine Gegenwart nicht spürst und Verheißungen nicht eintreffen?“ Sie antwortet: „Ja, ich gehöre dir, egal, was kommt“, gibt damit ihr „Ja“ auf der tiefsten Ebene der Liebe.

G. Sie antwortet in tiefer Demut und erkennt, wie sehr sie die anderen braucht (5,8). So bittet sie die um Hilfe, die weniger gereift sind als sie. Sie sagt: „Oh, ihr Töchter von Jerusalem, wenn ihr meinen Geliebten findet, sagt ihm, dass ich liebeskrank bin! Sagt ihm, dass ich nicht beleidigt bin. Ich liebe ihn, egal, was ist.“

   „Ich beschwöre euch, Töchter Jerusalems, wenn ihr meinen Geliebten findet, was wollt ihr ihm ausrichten? Dass ich krank bin vor Liebe“ (5,8).

XIV. Die Antwort der Braut auf den zweifachen Test (5,9-6,5)

A. Die siebente Offenbarung im Hohelied offenbart Jesus als den majestätischen Gott.

B. Die Töchter von Jerusalem stellten der Braut eine Frage (5,9): „Warum bist du so an ihn hingegeben, dass du uns beauftragst, ihn zu finden? Sieh dir doch an, was er mit dir gemacht hat. Er hat dich verlassen." Sie fragen: „Warum liebst du ihn so sehr? Was ist an ihm Besonderes?"

„Was hat dein Geliebter einem anderen Geliebten voraus, du Schönste unter den Frauen?" (5,9)

C. Die Braut sieht die majestätische Herrlichkeit Jesu (5,10-16). Sie macht eine der bedeutendsten Aussagen der Anbetung im ganzen Wort Gottes. In 5,10-16 legt sie der Gemeinde eine der herrlichsten Aussagen der Anbetung in den Mund. Sie spricht elf verschiedene Aspekte der Schönheit und des Wesens Gottes aus.

„Mein Geliebter ist weiß und rot, hervorragend unter Zehntausenden.
Sein HAUPT ist feines, gediegenes Gold ...
Seine LOCKEN sind Dattelrispen, schwarz wie der Rabe ...
Seine AUGEN wie Tauben an Wasserbächen ...
Seine ZÄHNE in Milch gebadet ...
Seine WANGEN wie ein Balsambeet ...
Seine LIPPEN Lilien ...
Seine ARME goldene Rollen ...
Sein LEIB ein Kunstwerk aus Elfenbein ...
Seine SCHENKEL Säulen aus Alabaster ...
Seine GESTALT wie der Libanon ...
Sein GAUMEN ist Süßigkeit ...
Alles an ihm ist begehrenswert. Dies ist mein Geliebter und das mein Freund, ihr Töchter Jerusalems" (5,10-16).

a. Sie spricht von seiner umfassenden Schönheit als „alles ist begehrenswert".

b. Sie spricht von ihm als ihrem Geliebten, so hat sie also ihre harten Prüfungen so interpretiert, dass diese die Reife ihrer Liebe erhöht haben.

c. Sie spricht von ihm als ihrem Freund. Nicht einer, der sie misshandelt, sondern der sie durch und durch verstanden hat.

D. Die Töchter Jerusalems stellen eine zweite Frage (6,1). Nachdem sie ihre außergewöhnliche Liebe und ihren tiefen Einblick in die Schönheit Jesu erkannt haben, ändern sie ihre Behauptung in 6,1. Statt wie in 5,9 zu fragen: „Was ist so Besonderes an ihm?“, lautet die Frage nun: „Wo ist er? Wir wollen ihn suchen. Auch wir möchten das finden, was du gefunden hast.“

„Wohin ist dein Geliebter gegangen, du Schönste unter den Frauen? Wohin hat dein Geliebter sich gewandt, dass wir ihn mit dir suchen?“ (6,1)

XV. Die majestätische Herrlichkeit Jesu

In dieser Lektion behandeln wir die Bedeutung der Attribute der majestätischen Herrlichkeit Jesu, die schon in Kapitel 14 vorgestellt wurden.

XVI. Jesus lobt sie nach der Zeit der Prüfung (6,4-10)

A. Jesus beschreibt die dreifache verborgene Herrlichkeit und Schönheit der Braut (6,4).

„Schön bist du, meine Freundin, wie Tirza, anmutig wie Jerusalem, Furcht erregend wie Kriegsscharen (das Engl. ergänzt hier: *mit Bannern*)“ (6,4).

1. Endlich bricht er das Schweigen, nachdem die Töchter Jerusalems mit ihr gesprochen haben. Jetzt, da die Zeit der Prüfung vorüber ist, lobt Jesus sie.

2. Er beschreibt ihre verborgene Schönheit. Er beschreibt, wie überwältigt sein Herz angesichts ihrer ist.

Jesus erklärt: „Oh, meine Liebe, du besitzt verborgene Herrlichkeit, darin bist du schön, lieblich und ehrfurchtgebietend."

B. Die Armee mit Bannern spricht von einer siegreichen Armee.

1. Früher kehrte eine siegreiche Armee mit Bannern zurück und marschierte die Straße hinunter. Die Banner solch einer Militärparade kündeten vom Sieg.

2. Er beschreibt sie als ebenso ehrfurchtgebietend wie eine Armee mit Bannern. Er sagt ihr, dass sie den Test gut bestanden hat. Sie hat die größten Feinde geschlagen, die, die in ihrer eigenen Seele waren. Die stärksten Mächte, die überwunden werden müssen, sind die Kräfte unseres eigenen Herzens, nicht die Dämonen um uns. Sie tritt vor ihn wie eine siegreiche Armee mit Bannern.

C. Nur die Braut kann Jesus überwinden (6,5).

„Wende deine Augen von mir ab, denn sie verwirren mich (engl.: *haben mich überwältigt*)" (6,5).

1. Ihre Augen der Hingabe haben das Herz Gottes überwunden. Er sagt: „Wende deinen Blick ab von mir." Das meint er nicht wörtlich, er spricht hier in der Sprache der Liebe. Ihre Augen der Hingabe haben das Herz Gottes mit Liebe überwältigt und besiegt. Das ist eine der großartigsten Passagen.

2. Alle Armeen der Hölle können Jesus Christus nicht bewältigen, aber die hingegebenen Augen des Volkes Gottes überwinden ihn, wenn sie ihm in Zeiten der Prüfung treu bleiben.

3. Es verleiht so viel Kraft, wenn wir verstehen, was im Herzen Gottes vor sich geht, wenn er sieht, dass wir

ihm auch in Zeiten treu bleiben, wo wir uns verlassen fühlen.

D. Jesus beschreibt die Reife der Braut (6,5c-7).

E. Jesus beschreibt das Hervorragende der Braut (8-9).

F. Der Heilige Geist beschreibt ihre Krone der Herrlichkeit (6,10).

XVII. Die Rechtfertigung der verfolgten Braut (6,11-7,9a)

A. Die Braut verpflichtet sich zu einem reifen Dienst an der ganzen Gemeinde (6,11).

B. Sie wird erfüllt von einer gereiften Liebe für Gottes Gemeinde (6,12). Die Braut hat eine aufopfernde Liebe, die aus ihrem Herzen fließt.

C. Sie erfährt eine offene Aufnahme seitens der Gläubigen in der Gemeinde (7,1a,b).

D. Die fleischlichen Gläubigen in der Gemeinde reagieren mit Feindschaft (7,1c,d). Die Heilige Schrift lehrt, dass aufopfernde Liebe für Jesus gewöhnlich dahin führt, dass man Verfolgung erntet.

E. Heilige mit geistlichem Durchblick rechtfertigen die Braut (7,1-5).

F. Die Braut wird von Jesus selber gerechtfertigt (7,6-9a).

XVIII. Die reife Partnerschaft der Braut mit Jesus (7,9b-8,4)

A. Bräutliche Partnerschaft drückt sich in mündigem Gehorsam Jesus gegenüber aus (7,9b-10).

B. Sie drückt diese bräutliche Partnerschaft in ihrer Bitte um mehr Kraft aus (7,11-13).

C. Sie drückt eine bräutliche Partnerschaft in ihrer Kühnheit im öffentlichen Dienst aus (8,1-2).

D. Sie drückt bräutliche Partnerschaft in ihrer vollkommenen Einheit aus (8,3-4).

XIX. Das Brautsiegel einer reifen Liebe (8,5-7)

Die achte Offenbarung Jesu im Hohelied offenbart ihn als ein verzehrendes Feuer (8,5-7). Das ist wohl die bekannteste Passage des Buches und auch sein Höhepunkt.

„Wer ist sie, die da heraufkommt aus der Wüste, an ihren Geliebten gelehnt? ... Leg mich wie ein Siegel an dein Herz ... Ihre Gluten sind Feuergluten, eine Flamme Jahs. Mächtige Wasser sind nicht in der Lage, die Liebe auszulöschen, und Ströme schwemmen sie nicht fort“ (8,5-7).

A. Jesus lädt sie ein, das Brautsiegel göttlicher Liebe zu empfangen. Das Buch beginnt mit einer Sehnsucht nach einem Kuss, es endet mit einem Siegel der Liebe, das ewige, unerschaffene Feuer Gottes, das auf dem menschlichen Herzen mit Liebe brennt.

B. Das Brautsiegel stattet die Herzen mit übernatürlicher Liebe aus. Diese Liebe ist stärker als die Flüsse von Verfolgung und die Wasser der Versuchung.

XX. Die letzte Fürbitte und Offenbarung der Braut (8,8-14)

A. Die letzte Fürbitte der Braut gilt der Gemeinde (8,8-9). Ihre Reise endet eigentlich in 8,5-7, was ihr Wachstum in der heiligen Leidenschaft anbetrifft. Jetzt betet sie für den

Rest der Gemeinde, dass sie auch dahin kommen möge, in dem zu leben, worin die Braut bereits lebt.

B. Jesus gibt seiner Braut einen letzten Auftrag (8,13).

„Die du wohnst in den Gärten, während die Gefährten deiner Stimme lauschen, lass mich hören" (8,13).

1. Er beschreibt seine Braut als jemanden, der in den „Gärten der Gemeinde" für die jungen Gläubigen sorgt. Jesus erkennt, dass viele in ihrem Gefolge ihrer Stimme zuhören. Diese jungen Leute schauen auf die Braut, hören ihr zu und sagen: „Ja, wir brauchen Hilfe. Bitte unterweise uns." Es ist viel verlangt, die tiefen Wahrheiten Gottes weiterzugeben. Dieser Dienst mag privater oder öffentlicher Art sein. Es gibt einen großen Bedarf bei denen, die auf geistliche Tiefe aus sind. Er erinnert sie daran, im Dienst unter all denen, die ihr zuhören wollen, nicht die Liebe aus dem Blick zu verlieren.

2. Er weist sie an, sich in ihrem blühenden Dienst nicht zu verzetteln, sodass keine Zeit für das Gebet mehr bleibt. „Lass mich deine Stimme hören." Er ermuntert sie zu treuem Gebet und zur Gemeinschaft mit Gott. Dieses Gebet hat zwei Ausdrucksformen:

   a. Das stille, andächtige Gebet – der Ruf zur Gemeinschaft mit Jesus. Er sagt: „Lass mich auch deine Stimme in Anbetung und Hingabe hören."

   b. Fürbittegebet – er sagt: „Lass mich deine Stimme in der Fürbitte hören. Rufe, bis ich die Fülle meiner Gegenwart sende."

C. Die Treue der Braut, bis zum Ende im Gebet auszuharren (8,14).

„Enteile, mein Geliebter, und tu es der Gazelle gleich oder dem jungen Hirschen auf den Balsambergen!“ (8,14)

1. Sie betet zu Jesus in den zwei Ausdrucksweisen, die oben beschrieben sind. Im stillen Gebet bittet sie sehnsüchtig um Jesu Nähe in ihrem Herzen, in der Fürbitte steht sie für die Gemeinde ein.

2. „Oh, Jesus, komm schnell zu mir und deiner Gemeinde.“ Wie die Gazelle in 2,8, die über die Berge springt, so soll Jesus kommen und die Mächte, menschliche oder dämonische, überwinden. „Komm schnell und erweise deine Autorität über alle Kräfte meines Herzens, der Gemeinde und in der Welt, die dir widerstehen.“

3. Die letzte Fürbitte der Braut schließlich gilt dem zweiten Kommen Jesu.

D. Dann betet sie: „Komm, du junger Hirsch, der du im Himmel auf den Balsambergen wohnst.“

„... der junge Hirsch auf den Balsambergen“ (8,14).

1. Durch das ganze Hohelied hindurch sprechen Gewürze von der duftenden Schönheit der Gottheit. Die Gewürz-(Balsam-)Berge jedoch weisen auf die ewige Stadt hin. Es ist die Stadt von unbegrenzter Schönheit und Herrlichkeit, ein Bild der ewigen Stadt, in der er lebt. Das weist auf viel mehr hin als ein Bündel Myrrhe, das sie in 1,13-14 erkannt hat. Er besitzt eine ganze Bergkette mit herrlich duftenden und kostbaren Gewürzen des Himmels.

2. Sie sagt: „Du bist der große Hirsch. Du bist der große Überwinder auf dem großen Berg der Gewürze. Du bist König der Ewigen Stadt.“

2. Sie sagt: „Komm schnell, Herr Jesus, von dem Berg der Gewürze. Bring uns auf diesen Berg der Gewürze, nicht

nur zu den Bergen der Leoparden, sondern auf die Berge der Gewürze. Nimm uns diesmal mit zu deiner himmlischen Heimat. Mit anderen Worten: Sie spricht das gleiche Gebet, wie wir es im Buch der Offenbarung finden.

„Ja, ich komme bald. – Amen, ja, komme, Herr Jesus!“ (Offb 22,20)

Kapitel 5

Der göttliche Kuss und die Lebensvision der Braut (1,2-4)

I. Die drei Ansprechpartner der Braut (1,2-4)

Es ist wichtig zu erkennen, dass die Braut sich an drei verschiedene Ansprechpartner wendet. Dadurch wird die ganze Bedeutung dieses Abschnitts klarer.

A. Sie spricht direkt zum Vater (2a). – Sie bittet um die Küsse des Königs.

B. Sie spricht direkt zu Jesus (2b-4b). – Sie erkennt die höchsten Freuden in Jesus.

C. Sie spricht zu allen ernsthaft Gläubigen (4c). – Ihre Kraft kommt aus der „Königskammer-Erfahrung“.

II. Die erlesenen Freuden der Gnade Gottes

Was ist das erwünschte Ergebnis der Küsse seines Wortes? Warum sehnt sie sich so sehr danach? Was ist die unvermeidliche Auswirkung? Vers 2b gibt die Antwort. Damit teilt sie uns ihre Theologie mit. Sie benutzt das Wort „denn“, um den Zweck der Küsse kundzutun.

„Er küsse mich mit Küssen seines Mundes, denn deine Liebe ist köstlicher als Wein“ (1,2).

1. Ihr erstes theologisches Statement erklärt ihre Motivation, warum sie sich so verzweifelt nach den Küssen sei-

nes Wortes sehnt: „Deine Liebe ist köstlicher als Wein." In diesem einen Satz fasst sie das ganze Hohelied und ihre Theologie zusammen.

2. Die Erkenntnis, dass er sich an uns freut, erweckt in uns die Fähigkeit, uns an ihm erfreuen zu können. Wir genießen Gott, wenn wir wissen, dass er uns genießt, auch dann, wenn wir noch schwach sind. Wenn wir uns an Gott erfreuen, dann gehorchen wir ihm auch freudiger.

B. Gehorsam, der auf Zuneigung beruht

1. Nachdem sie den Vater gebeten hat, Jesus zu beauftragen, ihr seine Küsse zu geben, spricht sie Jesus direkt an. Sie spricht den Sohn in der zweiten Person an: „Deine Liebe ist köstlicher als Wein." Nach der Bitte an den Vater „Er küsse mich" wendet sie sich direkt an ihn. Dann offenbart sie ihre wahre Motivation für dieses Sehnen. „Denn Deine Liebe (deine Zuneigung) ist besser als Wein." Ja, seine Liebe verursacht mehr Freude und Entzücken als der beste Wein.

2. Für das Wort „Liebe" benutze ich gerne Ausdrücke wie „Zuneigung", „Vergnügen" oder „Umarmung", etwa „Deine Zuneigung ist besser als Wein."

C. Sie zeigt damit die Realität der erlesenen, herrlichen Freuden, die wir im Evangelium finden und die ganz besonders durch das Bild von Braut und Bräutigam im Reich Gottes sichtbar werden.

„Ich genieße deine Liebe mehr als den besten Wein" (1,2; Hfa).

D. „Ist besser als", „überragt", „erfreut mehr als" – sie bezieht sich auf die herrlichen Freuden, die sie in der Entwicklung der Romanze des Evangeliums erlebt. Sie anerkennt, dass es diese größeren Genüsse überhaupt gibt, gibt damit eigentlich eine Einführung in den weiten Bereich der Erfahrungen mit dem Heiligen Geist.

1. In 2,3-4 wird dieses Thema weiter ausgeführt.

2. Sie anerkennt, dass der beste Weg, diese Erfahrungen der „höheren Freuden“ zu erleben, durch die Offenbarung der großen Liebesgeschichte des Evangeliums liegt.

E. Die größte Intensität dieser „geistlichen Freuden“ wird im Zusammenhang mit der Schönheit des Reiches Gottes im „Bräutigam-Braut“-Bild gesehen. Ich denke, dass diese „höheren Freuden“ in zwei Stufen erfahren werden können.

1. Es gibt ein grundsätzliches Trachten nach dem Reich Gottes, die einen zu den ersten Erfahrungen dieser „höheren Freuden“ führt. Diese Erfahrungen resultieren aus einem eifrigen Suchen nach dem Reich Gottes, und ich muss zugeben, dass auch viele Gläubige ohne die „Braut-Sicht“ des Reiches Gottes Jesus in ganz tiefer Weise genießen.

2. Jedoch können wir diese Freuden viel intensiver im Kontext des Bildes von der Braut und der großen Liebesgeschichte, die uns im Evangelium dargeboten wird, erleben.

F. Sie gebraucht die Metapher „Wein“, weil der Wein „das Herz erfreut“ (Psalm 104,15). Hier geht es um die „erfreulichen“ Segnungen Gottes, die wir im natürlichen Leben erfahren.

„Deine Liebe ist köstlicher als Wein“ (1,2).

1. Wenn hier von Wein die Rede ist, dann hat das nicht die negativ-sündige Konnotation, es geht vielmehr einfach um die Segnungen, die Gott uns in unseren irdischen

Umständen zuteil werden lässt, Segnungen, die ja nicht immer nur geistlicher Natur sind. Jedoch sind die geistlichen Segnungen die größten, und über allen steht die gnädige Zuneigung Gottes. Hier geht es um das Beste, das wir hier auf Erden erfahren können, wenn wir unter Gottes Segnung stehen. „Wein“ wird hier nicht im negativen Sinn gebraucht.

a. Es geht um den „guten Wein“ der Segnungen Gottes in den natürlichen Lebensumständen.

b. Dabei wird natürlich auch der schlechte Wein der sündigen Freuden unausgesprochen angedeutet.

2. In diesem Bild von Hochzeit und Ehe steht der Wein für das irdische Feiergetränk, das Getränk der Freude und des Segens. Gottes Freundlichkeit in diesem Leben schließt sowohl die natürlichen als auch die geistlichen Segnungen ein. Diese Segnungen betreffen Finanzen, Gunst in Beziehungen, geistliche Autorität, Gesundheit u.v.a.m.

3. Die Braut erkennt die einzigartige Wahrheit: Die Liebe Gottes ist begeisternder, erfrischender und mächtiger als der Wein der Welt, kraftvoller als alle Vergnügen, die die Welt erleben kann. Paulus erwähnt den weiten Ozean der Liebe Gottes. Seine vierfache Liebe schließt die Weite, Länge, Tiefe und Höhe mit ein.

   „... damit ihr imstande seid, mit allen Heiligen völlig zu erfassen, was die Breite und Länge und Höhe und Tiefe ist ...“ (Eph 3,18)

4. Sie vergleicht Jesus mit den erfreulichsten Erfahrungen: physisch, emotional und auch mental. Gott ist ja der Urheber von all dem. Doch die geistlichen Freuden überragen alle begeisternden Freuden, die Gott je geschaffen hat.

5. Sie bekennt: „Deine Zuneigung ist besser als alle gottgegebenen Freuden in diesem Leben." Obwohl wir verschiedene Freuden unter der Leitung von Jesus erleben dürfen, gibt es nur eine, die größer ist als alle – die unendliche Zuneigung Gottes. Diese Überzeugung wird tief in unseren Herzen wesentliche Fragen klären.

G. Gehorsam, der aus Zuneigung kommt, Gehorsam, der seinen Ursprung in der Erfahrung der Liebe Jesu hat, die besser ist als Wein, ist die stärkste Art von Gehorsam.

1. Das ist jedoch nicht die einzige Art von Gehorsam. Ich weiß, was es bedeutet, die Zähne zusammenzubeißen und Gott ohne irgendein Gefühl zu gehorchen. Auch dieser Glaubensgehorsam – ohne Gefühle – wird von uns erwartet, doch ist das eben nicht die stärkste Art von Gehorsam.

2. Der stärkste, effektivste Gehorsam ist der, der auf dem Verständnis und dem Erleben von Gottes Zuneigung basiert. Eine Braut, die schier krank vor Liebe ist, erträgt und tut alles – das sehen wir am Ende der Reise der Sulamitin.

   „Mächtige Wasser sind nicht in der Lage, die Liebe auszulöschen, und Ströme schwemmen sie nicht fort" (8,7).

III. Wie viel besser als Wein ist seine Liebe?

A. Jesus trat in die Menschheitsgeschichte ein mit der Demütigung der Inkarnation, gefolgt vom Todeskampf der Kreuzigung. So jemand sehnt sich danach, dass wir mit ihm ewige Gemeinschaft haben.

„Deine Liebe ist köstlicher als Wein" (1,2b).

1. Beim letzten Abendmahl (Joh 13-17) sprach Jesus wiederholt von der sehnsüchtigen Liebe seines Vaters zu

den Jüngern. Er teilte ihnen jedoch auch mit, dass sie alle ihn in dieser Nacht verraten würden (Matth 26,31). Diese Jünger waren während des letzten Mahles sehr fleischlich gesinnt, denn sie diskutierten darüber, wer wohl der Größte unter ihnen sei. In diese Situation hinein spricht er diese Wahrheit.

a. Mit anderen Worten: Die Bekräftigungen seiner Liebe ergingen an schwache, jedoch ernsthafte Gläubige, noch nicht an die reifen Aposteln.

b. Bei diesem Mahl bereitete Jesus die Jünger darauf vor, Gott auch unter dem Druck von Enttäuschung, Verfolgung, Versuchung usw. zu lieben. Jesus wusste, dass sie sich an dem Abend abwenden und sich dann verurteilt fühlen würden. In diesem, einem der kostbarsten Abschnitte der Schrift, offenbart er, wie er über sie denkt und fühlt.

2. Hier betont Jesus, dass das Maß des liebenden Verlangens Gottes ihnen gegenüber nicht geringer ist als das seines Sohnes gegenüber. Gottes Liebe ist eine starke Leidenschaft, die ganz tiefes Sehnen beinhaltet, Freude, Begeisterung. Es ist nicht nur, wie viele glauben, eine sterile religiöse Idee ohne Leidenschaft.

„Wie der Vater mich geliebt hat, habe auch ich euch geliebt“ (Joh 15,9).

B. Das „Maß der liebenden Zuneigung und Freude des Vaters“ gegenüber Jesus ist der Standard, den Jesus während der „Obergemach-Lektion“ dreimal erwähnt (Joh 14-17).

1. Das ist auch genau das Maß der Liebe des Sohnes zu uns.

„Wie der Vater mich geliebt hat, habe auch ich euch geliebt“ (Joh 15,9).

Das gibt jedem Gläubigen das Recht, sich selbst als „Liebling Gottes“ zu sehen!

2. Ebensolche Zuneigung hat der Vater zu uns. Wir können noch nicht einmal ansatzweise verstehen, wie sehr der Vater die ewige, nichtgeschaffene zweite Person der Dreieinigkeit – Jesus – liebt. Doch vermittelt uns dies das einzig adäquate Verständnis von der Qualität seines Entzückens und seiner Zuneigung uns gegenüber. Jesus hätte sagen können: „Es gibt keine Eifersucht. Ich war schon bei ihm, bevor die Zeit erschaffen wurde. Dass der Vater euch auf gleiche Weise liebt, stört mich nicht.“ Die Tatsache, dass die gebrochene, sündige Menschheit hinsichtlich der Liebe und Zuneigung Gottes auf einer Ebene steht mit der Liebe, die er zu seinem ewigen, unerschaffenen Sohn hat – das ist das Thema des Hohelieds.

   „... damit die Welt erkenne, dass du ... sie geliebt hast, wie du mich geliebt hast“ (Joh 17,23).

3. Dieses Maß an Liebe und Freude, die der Vater für Jesus empfindet, ist auch das Maß an Liebe, die der Gemeinde für Jesus gegeben wurde. Wir wurden Empfänger übernatürlicher Liebe.

   „... damit die Liebe, womit du mich geliebt hast, in ihnen sei ...“ (Joh 17,26).

C. In jeder dieser drei göttlichen Liebeserklärungen spricht Jesus von dem höchstmöglichen Standard. In allen drei Fällen treibt er es auf die Spitze, zu der höchsten Ebene der Herrlichkeit. Er reiht die drei Aspekte dieses göttlichen Liebesstandards aneinander, und in jedem Fall ist die Liebe des Vaters zum Sohn die Grundlage.

D. Genauso fühlt Gott angesichts seines Volkes, sogar dann, wenn er diese ehrgeizigen jungen Apostel, die ihn in dieser Nacht verraten und tief fallen sollten, vor Augen hat. Erstaunlich, solche Empfindungen in seinem Herzen zu sehen, trotz ihres Zustands, der von Stolz und geistlicher Unreife gekennzeichnet ist.

IV. Sieben Prinzipien der Liebe Gottes, die besser sind als Wein.

Diese sieben Prinzipien helfen, die Zuneigung Gottes zu schwachen Gläubigen besser zu verstehen.

A. Unreife ist nicht gleichzusetzen mit Rebellion.

1. Das ist *sehr* wichtig. Von außen sehen Taten der Unreife oft wie Rebellion gegenüber Gott aus. Auch wenn die Aktivität gleich aussieht, ist doch die Motivation des Herzens total unterschiedlich.

2. Diese Unterscheidung ist so wichtig. Gott schaut einen unreifen Gläubigen an und verspürt Freude über ihn, er blickt auf den Rebellischen und liebt ihn, freut sich aber nicht an ihm.

3. Gläubige, Schafe der Herde Gottes, liegen nachts auf ihrem Bett und grämen sich darüber, dass sie wieder in Sünde gefallen sind. Der unreife Gläubige mit einem aufrichtigen Herzen ruft Gott flehentlich um Befreiung von der Bindung an.

B. Der ernsthafte Wunsch zu gehorchen unterscheidet sich von schon erlangtem reifen Gehorsam.

1. Geistlicher Sieg beginnt mit der aufrichtigen Absicht zum Gehorsam. Erst kommt also der Wille zum Gehorsam, dann wird die Verheißung erlangt.

2. Gott beurteilt uns nach dem Sehnen unseres Herzens, dass wir gehorsam sein wollen, lange, bevor wir diesen Gehorsam wirklich umgesetzt haben.

C. Gott erfreut sich an unreifen Gläubigen, schon während sie dabei sind, in die Reife hineinzuwachsen.

1. Viele glauben, dass Gott sich erst dann an ihnen erfreut, wenn sie im Himmel sind, sie können sich nicht vorstellen, dass er es schon hier auf Erden tut.

2. An Paulus, dem Apostel, erfreute sich Gott, am Ende seiner Reise nicht mehr als am Anfang. Zum Ende hin konnte er ihn vielleicht besser gebrauchen, die Freude an ihm war jedoch immer gleich.

3. Gott erfreut sich an Paulus nicht mehr als an jedem neuen Gläubigen heutzutage, dessen Herz auf Jesus ausgerichtet ist.

D. Gottes Liebe für den Ungläubigen ist nicht das Gleiche wie die Freude an seinem Volk.

1. Gott liebt die Ungläubigen, aber er erfreut sich an seinem Volk. Er leitet jeden, aber er erfreut sich nicht an jedem.

2. „Also hat Gott die Welt geliebt ...“ (Joh 3,16). Er liebt die Menschen, die noch rebellieren, aber er erfreut sich nur an denen, die ihn wollen.

E. Gottes Freude an einem unreifen, jedoch aufrichtigen Gläubigen bedeutet nicht, dass er in jedem Gebiet seines Lebens und Wandels mit ihm übereinstimmt.

1. Die Tatsache, dass Gott uns liebt, heißt nicht, dass er alles gutheißt, was wir tun. Es gibt Menschen, die glauben, dass Jesus sich nur an uns erfreut, wenn er mit allem einverstanden ist, was wir tun.

2. Auf den Gebieten, in denen er nicht mit uns einverstanden ist, wird er uns disziplinieren. Doch auch, wenn wir ihn in mancher Hinsicht unseres Wandels noch nicht

erfreuen, so erfreut er sich immer noch an uns *als Person*, die in einem Prozess steht. Eltern erfreuen sich an ihren Kindern *als solchen*, auch, wenn sie ihnen auf manchen Gebieten keine Freude machen.

Zusammenfassung: Er liebt die Rebellen, er erfreut sich an den Unreifen. Und er vertraut den Gereiften mehr an. Er liebt und erfreut sich an den Gereiften nicht mehr. Er betraut sie jedoch mit mehr, aber das begründet keinen Unterschied in Bezug auf den Grad der Liebe.

Er liebt alle drei Gruppen von ganzem Herzen, doch erfreuen tut er sich an den zwei Gruppen von Glaubenden, den reifen und den unreifen. Er vertraut die Fülle dessen, was er geplant hat, denen an, die gereift sind. Wir beten und fasten nicht deshalb, um uns Gottes Liebe zu verdienen oder einen größeren Dienst zu erhalten, sondern *weil er uns so liebt*.

V. Sehnsucht nach Gott, die auf Offenbarung basiert

„... an Duft gar köstlich sind deine Salben ...“ (1,3)

A. Die Quelle ihrer Leidenschaft liegt darin, dass sie Gott kennt (1,3)

1. Paulus schrieb, dass die Tiefe seiner Erkenntnis des Menschensohnes der Grund seines Eifers war (Phil 3,8). Das ist eine theologisch sehr wichtige Voraussetzung.

   „... ich halte auch alles für Verlust um der unübertrefflichen Größe der Erkenntnis Jesu Christi, meines Herrn, willen, um dessentwillen ich alles eingebüßt habe, damit ich Christus gewinne ...“ (Phil 3,8)

2. Das Erkennen Gottes entfacht im Herzen die Leidenschaft. Oder, ganz einfach gesagt: Ihn kennen heißt ihn lieben. Ihn zu verstehen heißt sich an ihm zu erfreuen.

Je mehr wir Gottes Charakter verstehen, desto mehr erfreuen wir uns an ihm.

B. Sie erklärt, dass das Offenbarwerden der „Herrlichkeit des Duftes seiner Salben“ sie dahin brachte, sich nach ihm zu sehnen.

VI. Der Duft Gottes

A. Duft ist kein Tun noch eine sichtbare Substanz. Wenn man einen Duft schnuppert, dann kann man nicht eine Handvoll davon fassen, trotzdem spüren wir den Einfluss. Er kann unser Herz anrühren. Er ist etwas, das wir spüren. Das spricht von Jesu liebenswerter Persönlichkeit, die besonders auch seine Leidenschaft und seine Freude an seinem Volk einschließt.

1. Die Gegenwart des Duftes spricht nicht davon, was wir tun, sondern davon, wie Gott ist. Der süße Duft von Gottes Herzen, der Duft Gottes spricht von seiner Zuneigung.

2. Sein Wohlgeruch spricht nicht von seinen Taten. Wir werden auch sein Tun sehen, dann, wenn sein Name ausgegossen wird. Sein Wohlgeruch spricht jedoch vom Wesen seiner Persönlichkeit, davon, wer er in der Schönheit seines Seins *ist*. Die Offenbarung über diesen Wohlgeruch Gottes zeigt seine Gedanken und seine Gefühle. Keine Aktivität, so wie auch wirkliches Parfüm nicht „aktiv“ ist.

3. Der Wohlgeruch Gottes spricht von der Schönheit seiner Empfindungen.

   a. Im ganzen Hohelied steht „Parfüm, Duft“ für Gedanken und Gefühle. Das drückt die Schönheit dessen aus, was innerhalb einer Persönlichkeit liegt, wie bei einer Rose. Der Duft der Rose ist das Ergebnis ihres inneren Zustandes.

b. So wird in der Bildsprache der Bibel die innere Schönheit beschrieben. Die Parfüms der antiken Welt gewann man zumeist aus dem Inneren einer Pflanze. Wenn man sie zerrieb, kam der Wohlgeruch hervor, der innere Duft einer Blume trat zutage.

4. Paulus spricht in 2. Korinther 2,14 über den Wohlgeruch Jesu Christi. Von Gott geht buchstäblich ein Wohlgeruch aus, das ist nicht nur eine Metapher. Ich glaube, dass wir im Himmel um den Thron Gottes buchstäblich in eine ehrfurchtgebietende, übernatürliche Wolke des Wohlgeruchs Gottes eintreten werden. Dieser Wohlgeruch ist die Spiegelung seines Herzens. Es ist der Ausdruck seiner inneren Herrlichkeit und Schönheit.

5. Die Sulamitin beginnt, die Gefühle des Herzens Gottes zu verstehen, die unsichtbare Süße dieser außergewöhnlich liebenswerten Persönlichkeit Jesu, angefüllt mit Leidenschaft und Liebe für sein Volk.

6. Diese Liebe Gottes steht wesensmäßig im Gegensatz zu Gesetzlichkeit einerseits und zu Stolz andererseits – beides ist in den meisten Irrlehren zu finden. Zuerst trifft eine Wahrheit stark ins Herz, aber nach einer gewissen Zeit verlieren die Herzen die Frische dieser Erfahrung und wenden sich Gesetzlichkeit und Regelwerken zu.

   a. Niemand kann diese Wahrheit genießen und in der Gesetzlichkeit verharren.

   b. Das Liebeswerben Gottes macht unseren Geist durch Dankbarkeit weich und sanft, sodass der Stolz sich nicht halten kann.

c. Es ist unmöglich, in der Liebe Gottes zu leben, ohne diese geistliche Wirklichkeit zu erleben.

B. Sie genießt den süßen Duft der Zuneigung Gottes. Die mentale und gefühlsmäßige Erscheinung Christi kommt ihr vor wie der Duft kostbarer Öle. Jesu Salbungen duften. Der ganze Himmel ist für immer erfüllt davon (Offb 5,13). Gesegnet sind die, die es schon jetzt verstehen (Eph 1,17). Satans Ziel ist es, dass wir uns vor Ablehnung seitens unseres Gottes fürchten anstatt zu erfahren, wie wohlduftend seine Salbungen (seine Gefühle) sind. Satan will, dass wir Gott anklagen, indem er uns blind macht gegenüber dem zart fühlenden, liebenden Herzen Gottes. Er will, dass wir vor Gott davonrennen statt zu ihm hinzueilen.

C. Sein Name ist „ausgegossen" – in einer Weise, die sein Wesen und seinen Charakter offenbaren.

„... ausgegossenes Salböl ist dein Name" (1,3c).

1. „Sein Name ist ausgegossen" – das spricht von der einzigartigen Erhöhung seines Namens. Es spricht auch von seinen Eigenschaften, die öffentlich gemacht („ausgegossen") werden. Sein Name wird durch sein Handeln offenbart.

2. Es spricht von Jesu liebenswerten und weisen Erlösungshandlungen und seiner souveränen Herrschaft die ganze Menschheitsgeschichte hindurch. Er ist der Herr der Geschichte, und die Braut hat endlich erkannt, wie weise und gut sein Handeln ist – sowohl in ihrem persönlichen Leben als auch in der Weltgeschichte (Rö 2,5; 8,28).

VII. Der liebliche Duft des Wesens Gottes – fünf Verben

A. In den fünf Verben in Lukas 15,20 erleben wir eine Einführung in den lieblichen Duft des Wesens Gottes. Das ist die umfassendste und gleichzeitig knappste Darlegung des Gefühlslebens Gottes in der Schrift.

„Und er machte sich auf und ging zu seinem Vater. Als er aber noch fern war, sah ihn sein Vater und wurde innerlich bewegt und lief hin, fiel ihm um den Hals und küsste ihn“ (Luk 15,20).

B. Wir finden Ruhe in dem hineilenden, umarmenden und küssenden Herzen Gottes. Er ist ein Gott, der sieht und fühlt und rennt und umarmt und küsst. Dieser eine Vers vermittelt uns fünf Einblicke in den duftenden Wohlgeruch seines Wesens. Denn der Wohlgeruch der Vaterliebe wird durch Jesu Leben auf Erden und im Himmel offenbart. Sulamit beginnt jetzt, das christliche Leben als ein Leben zu sehen, in dem man geliebt wird! Sie wird derart „genossen“, dass es sie selbst verschönert.

1. Der Vater *sah* ihn,
2. er *fühlte* Erbarmen,
3. er *rannte* zu seinem Sohn,
4. er *umarmte* und er
5. *küsste* ihn.

C. Dass Gott sich an mir erfreut, dass ich von ihm „genossen“ werde, das ist begeisternder als jede andere Freude, jede Position oder jede Leidenschaft, die wir je auf Erden haben könnten. Das Wissen, dass er Freude an unserem Leben hat, ist ein praktischer Aspekt des duftenden Wohlgeruchs.

1. Gott genießt uns nicht erst dann, wenn wir geistlich gereift sind, sondern schon auf dem Weg dorthin. Das Wissen darum ist so wichtig, weil es uns erst die Kraft verleiht, zu dieser Reife zu gelangen.

   „Deswegen sage ich dir: Ihre vielen Sünden sind vergeben, denn sie hat viel geliebt; wem aber wenig vergeben wird, der liebt wenig“ (Luk 7,47).

2. In diesem Abschnitt legt Jesus eines der wichtigsten Prinzipien dar. Er, der „größte Psychologe“, beschreibt, was im menschlichen Herzen vorgeht. Er erklärt Simon, dass Menschen, die viel Vergebung erlangt haben, mit viel Liebe überfließen. Er wollte, dass Simon, der Pharisäer, begreift: Menschen, die erkennen, wie Jesus ihnen gegenüber fühlt, werden ihn mit außergewöhnlicher Liebe wieder lieben.

D. Eine Gebetanwendung: „Herr, wir lassen alle unsere Anklagen gegen dich fallen.“

1. Der Teufel pflanzt uns Anklagen gegen Gott ein. So lassen wir etwa unser Bild von Gott durch die Erfahrungen mit einem schlimmen irdischen Vater prägen und bringen so dessen Persönlichkeit mit dem Wesen Gottes auf ungute Weise zusammen.

2. Lasst uns Buße darüber tun, dass wir Gott Dinge zugeschrieben haben, die in komplettem Widerspruch zu seinem wahren Wesen stehen. Wir wollen ihn um Vergebung bitten und dadurch Festungen von Bindungen und Unmoral zerstören.

   a. Unmoral nimmt in astronomischem Ausmaß zu, und ich glaube, dass der Grund dafür eher in emotionaler Ablehnung denn in Rebellion zu suchen ist.

   b. Die Offenbarung der Vaterliebe ist eher als alles andere in der Lage, die Macht der Unmoral zu brechen. Es gibt soviel Bindung und Abhängigkeit, die darin verwurzelt ist, dass sich die Menschen von Gott und von anderen Menschen abgelehnt fühlen. Diese Botschaft zielt genau darauf. Sie mag vielleicht nicht schon von sich aus die Heilung bringen, ich glaube jedoch, dass sie einen bedeutenden Beitrag dazu leistet.

VIII. Die Braut weltweit reift in der Liebe

A. Sie spricht vom Ende der Geschichte her. Die Braut erkennt, das Gottes Liebe letztendlich in allen Gläubigen, hier als „Mädchen“ bezeichnet, ihr Werk tun wird.

„Darum lieben dich die Mädchen“ (1,3c).

B. Die Mädchen – andere übersetzen „Jungfrauen“ –, das sind die Töchter Jerusalems. Im Hohelied begegnen uns in ihnen die wahren, aber noch unreifen Gläubigen. Sie stellen die Mehrheit in der Kirche dar, die fleischliche Christenheit, die dann letztendlich doch gewonnen wird, außergewöhnliche Liebhaber Jesu zu werden – und wenn es erst in der Ewigkeit ist. Sie suchen ihn, aber sie sind nicht so hingegeben wie die Braut.

1. Die Offenbarung der Liebe Gottes, wie sie in 1,2-3 beschrieben wird, bewirkt sogar in den schwachen Töchtern Jerusalems eine Gegenliebe. Das ist unvermeidlich, wenn der Heilige Geist die Schönheit Jesu unseren Herzen offenbart. Ihn zu sehen, heißt eben, ihn zu lieben. Die fleischlich gesinnte Gemeinde dieser Generation wird die hervorragende Schönheit Gottes erkennen, wenn sie Liebe und Anbetung in ihnen hervorruft.

2. Die Braut *sah* in diesen fleischlich gesinnten Jungfrauen schon die Liebe und nicht nur ihre Unreife. Ähnlich wie der Herr, sieht auch die Braut in anderen schon die knospenden Tugenden.

3. Die Küsse des Wortes Gottes vermitteln ihr den Wohlgeruch der Person Gottes. Diese Küsse offenbaren die Schönheit des Bräutigam-Königs, der ihr Herz gefangen nimmt.

IX. Ausdruck ihrer Leidenschaft: die zweifache Vision

A. Den Zielen ihrer zweifachen Lebensvision verleiht sie in einem Gebet Ausdruck:

„Zieh mich dir nach, lass uns eilen" (1,4).

1. Eine Lebensvision ist etwas, bei dem unsere Berufung und unsere persönlichen Wünsche übereinstimmen. Unsere kurz- und langfristigen Ziele für unsere Familie, unseren Beruf und unseren Dienst usw. sind in dieser umfassenden Lebensvision zusammengefasst.

2. Sie betet: „Zieh mich dir nach." Das ist das tiefe Sehnen ihres Herzens nach tiefer Intimität mit Gott. Sie sehnt sich danach, eine außergewöhnliche Anbeterin Gottes zu werden. Das spricht von einer Leidenschaft für Jesus.

   „Du sollst den Herrn, deinen Gott, lieben mit deinem ganzen Herzen ..." (Matth 22,37).

3. Sie betet auch: „Lass uns eilen, laufen." Das drückt ihre Sehnsucht nach einem gemeinsamen Dienst mit Jesus aus. Sie möchte Menschen dienen. Das Laufen repräsentiert Gehorsam in Aktion, andere zu erreichen, im Glauben herauszutreten. Laufen im Dienst schafft manchmal Umstände, die Konflikte, Korrektur, Ablehnung und Verfolgung mit sich bringen.

4. Das *Metro Christian Fellowship Mission Statement* drückt dieses zweifache Gebet von 1,4 so aus: „Wir sind Menschen, die danach trachten, Leidenschaft für Jesus und Mitleid für Menschen zu haben, indem wir als eine prophetische dienende Gemeinschaft fungieren."

B. Sie betet: „Zieh mich dir nach", das spricht von Intimität und Anbetung und Hingabe des Herzens.

1. Sie anerkennt, dass es Gottes bedarf, um Gott lieben zu können, deshalb bittet sie ihn, sie „zu ziehen". Diese Erkenntnis, dass wir gezogen werden müssen, mindert unseren geistlichen Stolz. Der Apostel Paulus beschreibt einen Zyklus von geistlicher Realität.

   „Denn aus ihm und durch ihn und zu ihm hin sind alle Dinge ... " (Rö 11,36).

2. Ganz am Ende des Buches, als sie aus der Wüste kommt und sich an ihren Geliebten lehnt (8,5), versteht sie die Tiefe dieser Wahrheit. Wenn wir diesen Zyklus verstehen, befreit uns das von Stolz und Gesetzlichkeit. Alles, was von Gott ist, hat auch in ihm seinen Ursprung. Sodann wird es durch ihn befestigt und in seiner Kraft bewahrt. Unsere Leidenschaft und Inbrunst für Gott sind Gottes Werk in uns (Phil 1,6; 2,13).

   In unserem Stolpern entdecken wir, dass unsere eigentliche Stärke vom Herrn ist, der sich uns verpflichtet, sich uns hingegeben hat. Gesetzlichkeit sagt uns, dass es unsere Hingabe an ihn sei, die Gottes Hingabe an uns bewirkt hat. Die Gnade Gottes lehrt uns jedoch, dass es umgekehrt ist. Gott hat sich uns gegeben, das bewirkt unsere Hingabe an ihn. Unsere Hingabe fließt aus Dankbarkeit und Offenbarung.

   1. Korinther 4,7 – Was habt ihr, das ihr nicht empfangen habt?

   1. Korinther 3,7 – Gott bewirkt das Wachstum.

   1. Korinther 1,31 – Lass den, der sich rühmt, sich des Herrn rühmen (statt seiner eigenen Hingabe).

C. Sie betet: „Wir wollen dir nacheilen", andere übersetzen: „Lass uns zusammen laufen." Sie will Partnerschaft im Dienst mit Jesus. Das spricht von Mitempfinden für Menschen in einem Leben des Dienstes, von Dienst und Gemeinschaft im Leib Christi, prophetisch dienender Gemeinschaft. Matthäus 28,19-20: „Macht alle Nationen zu Jüngern ..." Laufen mit Jesus spricht vom Dienen mit Jesus – mitten unter Menschen; wir alle laufen mit Jesus.

„Du sollst deinen Nächsten lieben wie dich selbst“ (Matth 22,39).

D. Unsere Lebensvision sollte beide Aspekte beinhalten „Ziehen“ und „Laufen“. Laufen im Dienst steht immer im Plural, während das Ziehen (oder besser: das Gezogenwerden) in die Intimität im Singular steht.

1. Wir erkennen die unvermeidliche Spannung zwischen dem „Ziehen“ und „Laufen“: Das wird im Leben eines jeden offenbar, der ein Leben in Andacht und gleichzeitig im Dienst leben will.

2. Nachdem Jesus ihr erstes Gebet, sie zu sich, in eine größere Intimität zu ziehen, beantwortet hat, zog sie sich später vom Dienst zurück. Sie verlor in diesem Spannungsfeld die Balance. Für eine Zeit weigerte sie sich, im Dienst für andere zu „laufen“ (2,8-3). Sie war so auf das „Ziehen“ bedacht, dass sie nicht laufen wollte. Er beantwortet beide Teile dieser Bitte im 8. Kapitel des Liebesliedes.

E. Zusammenfassung: Nehmen wir an, jemand hätte die Sulamitin gefragt: „Warum willst du die Küsse seines Mundes?“ Was ist ihre Motivation? Mittels eines Satzes gibt sie dem Bräutigam – Jesus – eine zweifache Antwort. Zuerst: „Weil deine Liebe besser ist als alle Freuden des Lebens.“ Ihre zweite Motivation steht in Zusammenhang mit dem „Wohlgeruch seiner guten Salben“.

1. Diese zweifache Lebensvision der Braut spricht von den zwei großen Geboten und dem Missionsbefehl (Matth 22,37-40; 28,19-20).

2. „Ziehen“ und „Laufen“ sind zwei unterschiedliche Ausdrucksformen ihrer Lebensvision, zwei Ausdrucksformen der „Küsse seines Mundes“. Sie möchte eine Anbeterin Gottes sein und eine Dienerin für die Menschen.

F. Vier Typen von Christen (eine etwas verallgemeinernde Kategorisierung)

1. Maria von Bethanien – repräsentiert den Typus Mensch, den ernsthaft nach einer Leidenschaft für Jesus verlangt, jedoch ohne den öffentlichen Dienst und die Dienstgesinnung, die eine Martha auszeichnete.

2. Martha – steht für die, die in einem Barmherzigkeitsdienst stehen, in der Öffentlichkeit dienen und die auch sonst eine Dienstgesinnung haben, doch ohne das leidenschaftliche Streben zu Jesus hin, das Maria hatte.

3. Paulus – er ist ein Prototyp des Menschen, der Leidenschaft (Intimität) und Erbarmen (Dienerschaft) kombiniert.

   a. Die „Marias" können als solche angesehen werden, die nicht in der Welt des Dienstes verstrickt werden wollen, weil sie meinen, dadurch von ihrer Liebe zu Jesus abgelenkt werden zu können.

   b. Die „Marthas" geben sich sehr aktiv in den Dienst hinein, nehmen sich aber keine Zeit, still zu den Füßen Jesu zu sitzen.

   c. Die „Paulusse" trachten nach einem Leben, das Leidenschaft zu Jesus und Barmherzigkeit mit den Menschen in Einklang bringt. Sie haben den Wunsch, in beiden Sphären der göttlichen Gnade zu leben, ohne einen der Aspekte zu vernachlässigen (Pred 7,18; Phil 1,22).

4. „Laodicäer" – sie repräsentieren ein selbstsüchtiges „Konsum-Christentum", das weder Leidenschaft (Maria) noch Barmherzigkeit und Dienst (Martha) kennt.

X. Wachstum in der Leidenschaft: Die königlichen Gemächer

A. Diese Erfahrungen in den Gemächern, den „Königskammern", beschreiben die Wege, auf denen Gott uns in spezielle Erfahrungen seiner Gnade hineinträgt. Die Königskammer ist das Brautgemach, ihr ganz privater Ort mit dem Herrn. Die Braut spricht von ihrer geheimen Geschichte mit Gott. Sie beschreibt, wie ihre Leidenschaft für Jesus wächst. Das Zeugnis der Braut über ihr Leben mit Gott entwickelt sich durch diese verschiedenen „Kammererfahrungen" wie persönliche Offenbarungen, Begegnungen, besondere Zuteilungen des Geistes u.a.m.

„Der König möge mich in seine Gemächer führen" (1,4c).

B. Die Gemächer sind ein Ort der Vorbereitung für die zukünftigen Aufgaben der Braut im radikalen Gehorsam Jesus gegenüber. In des Herrn Kammer wird ihre persönliche Geschichte mit Gott (ihr verborgenes Leben) entwickelt, wenn der Herr sie besucht und sie zu sich zieht.

1. Unsere anfänglichen Erfahrungen, näher zu Gott gezogen zu werden, sind seine Geschenke, um unseren Glauben zu stärken. Der Herr bereitet die Braut in der Kammer zu, damit sie eine tiefe Liebe zu ihm bekommt und anfängt, mit ihm im Dienst zu laufen.

2. Zwei Beispiele meiner persönlichen „Kammererlebnisse" bekam ich in Form überraschender Geschenke als Neubekehrter.

   a. Ich wurde im Februar 1972 mit dem Heiligen Geist erfüllt. Das war eine souveräne Erfahrung, von der ich vorher nichts gewusst und nach der ich deshalb auch nicht getrachtet hatte.

   b. Dann, im Oktober 1978, hatte ich eine Vision vom Richterstuhl Christi. Das war auch eine überraschende und von Gott souverän herbeigeführte Erfahrung, nach der ich mich nicht ausgestreckt hatte.

C. Die junge Braut bat den Herrn, sie zu „ziehen", (d. h., die Initiative zu ergreifen, um ihr zu helfen), und Jesus antwortet ihr, indem er sie in seine Kammer trug.

1. Er antwortet, indem er sie in seine Kammer *trägt*.

   „Er hat mich ins Weinhaus hineingeführt ..." (2,4)

2. In einem Gleichnis beschreibt sich Jesus als jemand, der sein verlorenes Schaf auf seinen Schultern der Gnade *trägt.*

   „Und wenn er es gefunden hat, so legt er es mit Freuden auf seine Schulter ..." (Luk 15,5)

XI. Die Gewissheit der Leidenschaft: die prophetische Versicherung

A. Das ist eine prophetische Ermutigung, die den jungfräulichen Töchtern Jerusalems durch die junge Braut gegeben wurde. Sie sagt: „Wir werden uns unseres Gottes zu allen Zeiten unseres Lebens erfreuen." Dies ist ein prophetisches Wort über die Freude an Gott und über das Erinnern an seine Liebe.

„Wir wollen jubeln und uns freuen an dir, wollen deine Liebe preisen mehr als Wein!" (1,4d)

1. Sich an Gott zu erfreuen ist das erste Ziel echter Christen. Sie beschreibt sich selber, aber auch die Töchter Jerusalems.

2. Das ist ein Vorschatten des Hochzeitsmahles des Lammes aus Offenbarung 19,6. Es beschreibt unser Zeugnis der Liebe am großen Hochzeitstag. Wir alle werden uns

freuen und über seine Herrschaft in unserem Leben frohlocken. Sie hat eine prophetische Kenntnis darüber, dass dies ihr Bekenntnis am letzten Tag sein wird, wenn sie in der Ewigkeit vor Jesus steht.

„Lasst uns fröhlich sein und jubeln, ... denn die Hochzeit des Lammes ist gekommen, und sein Weib hat sich bereitgemacht“ (Offb 19,7).

3. Wenn wir an jenem Tag vor Gott stehen, werden wir sagen: „Wir freuen uns und sind froh über die Herrschaft deines Sohnes über die Gemeinde.“ Wir alle werden klar erkennen, dass er uns nicht, wie Satan uns einzureden versuchte, abgelehnt hat.

4. Dies ist ein Bekenntnis der Gewissheit, dass wir eines Tages frohlocken werden, wenn wir ihn von Angesicht zu Angesicht sehen. Wir erfreuen uns am hervorragenden, perfekten Wesen Gottes.

5. Die prophetische Offenbarung der Braut im königlichen Gemach. Sie prophezeit den Töchtern, dass auch sie erleuchtet werden, um sich „in Gott“ zu erfreuen, etwas, zu dem sie bislang noch nicht gelangt sind. Dieses Verständnis hilft ihnen, sich auch in Zeiten von Druck und Prüfung an der Herrschaft Jesu zu erfreuen. Genau dies versucht Satan zu verhindern; er will, dass wir uns über Gott ärgern.

B. Sie verpflichtet sich, ihre Seele an seine Liebe als die vorrangige Quelle der Stärke und der Reinigung zu erinnern. In Zeiten der Prüfung ist das Bekenntnis zur Liebe Gottes die mächtigste Ausprägung geistlicher Kampfführung.

„Wir ... wollen uns an deine Liebe erinnern mehr als den Wein“ (1,4c; aus dem Engl.).

C. Sie bestätigt die Auswirkungen des Wohlgeruchs Gottes, der „Kammererfahrungen“ usw. gegenüber den anderen

Gläubigen, die in 1,3 als „Jungfrauen, Mädchen“ bezeichnet werden. Sie sagt, dass selbst dann, wenn uns der Teufel mit seinen Lügen anderes einreden will, es doch wichtig und richtig ist, Gott zu lieben.

„Mit Recht liebt man dich“ (1,4).

1. Eines Tages werden alle Gläubigen sehen, wie gut es ist, Jesus von ganzem Herzen zu lieben. Thema und Theologie dieses Buches ist, dass die Liebe und die Schönheit Gottes die menschliche Seele erobern und gefangen nehmen kann. Wir müssen mit allem Ernst die Offenbarung der Liebe Gottes fördern und pflegen, damit unser Herz zu einer tieferen Leidenschaft erweckt wird. Wir müssen noch eifriger „den Abdruck des Herzens Gottes“, nämlich die Bibel, studieren.

XII. Drei praktische Anwendungen des „Braut-Themas“

A. Zunächst sollen uns diese einleitenden Verse, die uns in das Thema „Braut“ einführen, dazu dienen, uns zu einem persönlichen Herzensgebet zu bewegen.

B. Dann geht es um Fürbitte für die Gemeinde. Wir können mit diesen Versen dafür eintreten, dass Gott die notwendigen Dinge tut, damit sich die Braut in diese große Liebesgeschichte, die das Evangelium darstellt, hineinnehmen lässt. Lasst uns diese Wahrheiten so lange beten, bis die Braut die richtige Haltung zu den zwei größeren Geboten und dem Missionsbefehl einnimmt.

C. Die dritte Anwendung liegt darin, dass wir diese Verse als Essenz und Zusammenfassung unserer „Theologie der Leidenschaft“ nehmen. Wir finden in diesem Abschnitt eine logische theologische Abfolge, welche die Offenbarung Gottes und deren Folge, die Auswirkungen auf unser Herz beschreibt. Die Beachtung dieser Abfolge hilft uns dabei, andere Menschen zu Jüngern zu machen.

Kapitel 6

Die Reise beginnt mit einer geistlichen Krise (1,5-11)

„Schwarz bin ich und doch anmutig, ihr Töchter Jerusalems, wie die Zelte Kedars, wie die Zeltdecken Salomos. Seht mich nicht an, weil ich schwärzlich bin, weil die Sonne mich gebräunt hat! Meiner Mutter Söhne fauchten mich an, setzten mich als Hüterin der Weinberge ein. Meinen eigenen Weinberg habe ich nicht gehütet. ‚Erzähle mir, du, den meine Seele liebt, wo weidest du? Wo lässt du lagern am Mittag? Wozu denn sollte ich wie eine Verschleierte sein bei den Herden deiner Gefährten?‘ ‚Wenn du es nicht weißt, du Schönste unter den Frauen, so geh hinaus den Spuren der Herde nach und weide deine Zicklein bei den Wohnstätten der Hirten!‘ ‚Einer Stute an den Prachtwagen des Pharao vergleiche ich dich, meine Freundin. Anmutig sind deine Wangen zwischen den Schmuckkettchen, dein Hals mit der Muschelkette. Goldene Schmuckkettchen wollen wir dir machen mit Perlen aus Silber.‘“ (1,5-11)

I. Überblick über 1,5-11

Wir haben uns das Thema des Hohelieds angesehen. Es offenbart die Entschiedenheit der Braut, ihre Hingabe und das Bekenntnis ihres Glaubens. Jetzt beginnt der Bericht ihrer geistlichen Reise. Ihre erste Erfahrung ist das „Paradoxon der Gnade“. Sie erkennt die Realität ihres sündigen Verlangens, aber auch, dass sie in ihrer gottgegebenen Leidenschaft für Jesus und in ihrer Stellung in der Gnade für Gott liebenswert ist. Ihre erste Offenbarung von Jesus ist die des seelsorgerlich bemühten Hirten, der sie mit großem Mitgefühl lehrt, in aller Schwachheit ihren Weg vorwärts zu gehen.

II. Ein anschauliches Beispiel aus dem Leben des Petrus

A. Zunächst wollen wir uns eine Episode aus dem Leben des Petrus anschauen, um aus seinem Kämpfen Rückschlüsse ziehen können.

B. Während des letzten Abendmahles kündigte Jesus dem Petrus an, dass Satan ihn in einer Weise versuchen würde, dass er den Herrn verleugnen würde. Er erklärt weiter, dass Petrus zwar straucheln, aber seinen Glauben nicht aufgeben würde (Luk 22,31-34).

C. Einige Stunden später gibt Jesus dem Petrus im Garten Gethsemane eine eindrucksvolle zweifache Beschreibung davon, was es mit dem erlösten Herzen auf sich hat. Petrus verstand sein Herz nicht. Diese Beschreibung wird uns in dieser Lektion begleiten.

„Der Geist zwar ist willig, das Fleisch aber schwach“ (Matth 26,41).

1. Petrus' „Fleisch“ war schwach, doch sein Geist war gleichzeitig willig. Petrus strauchelt zwar wegen seines schwachen Fleisches, doch lässt ihn sein williger Geist sich nach Jesus sehnen.

2. Manche englische Übersetzungen, etwa die NIV, übersetzen das „schwache Fleisch“ mit „dein Leib ist schwach“, doch spricht Jesus hier die Sünde an, die in uns arbeitet. Petrus war körperlich ermüdet, weil es Abend war, doch geht es hier um mehr als um Müdigkeit. Die meisten Bibeln übersetzen zu Recht ‚das Fleisch ist schwach‘.

3. In unserem Herzen lauert ein größeres Sündenpotenzial, als wir meinen. Unter den richtigen Bedingungen und einem bestimmtem Druck bricht es sich Bahn. Wir haben einige unentdeckte Gebiete der Sünde in uns, die unter der Oberfläche lauern, doch die Gnade

Gottes hilft uns auf eine Weise, die wir oft gar nicht verstehen.

„Trügerisch ist das Herz, mehr als alles, und unheilbar ist es. Wer kennt sich mit ihm aus?" (Jer 17,9)

4. Paulus, ein gereifter Apostel, erkannte seine Sündhaftigkeit noch umfassender:

   „Christus Jesus [ist] in die Welt gekommen, Sünder zu erretten, von welchen ich der erste bin" (1. Tim 1,15).

5. Das Wissen um unser schwaches Fleisch ist ein wichtiger Aspekt der Wahrheit über uns selbst, wenngleich es auch nicht die ganze Wahrheit ist. Unser Fleisch ist schwächer, als wir meinen. Manchmal sind wir überrascht, wenn wir uns bei einer Sünde ertappen, Traurigkeit überkommt uns dann. Weil wir selbst über unsere Sünde überrascht sind, meinen wir, dass Gott es auch ist und dann unsere Beziehung zu ihm noch einmal neu überdenkt. Dieses Missverständnis gipfelt oft in der Furcht, von Gott abgelehnt zu werden.

6. Was denkt Gott, wenn wir die Schwachheit unseres eigenen Fleisches entdecken? Es ist wichtig, dass wir das wissen.

D. Nachdem er Jesus dreimal verleugnet hatte, beschloss Petrus, wieder fischen zu gehen.

„Simon Petrus spricht zu ihnen: ‚Ich gehe hin fischen' ... in jener Nacht fingen sie nichts" (Joh 21,3).

1. Die entscheidende Frage ist: „Warum ging Petrus fischen?" Er tat es nicht, weil das Apostelteam Geld benötigt hätte. Sie hatten genug Geld in ihrer Sammlung, so viel, dass Judas es unbemerkt stehlen konnte. Sie fischten die ganze Nacht. Petrus fischte also nicht, um

sich zu erholen. Petrus gab in dem, wozu Gott ihn berufen hatte, auf, ging seiner früheren Beschäftigung nach.

a. In der Krise, wenn wir unser sündiges Fleisch entdecken, denken wir schnell, dass der Versuch, die höchsten Ziele Gottes zu erreichen, zu schmerzhaft ist, wenn wir immer dabei versagen. Es erscheint uns leichter, uns auf einer Ebene tiefer in der Beziehung zu Jesus einzurichten, statt immer den Schmerz des Versagens ertragen zu müssen, der bei dem Versuch, höhere Ziele zu erreichen, unausweichlich scheint.

b. Ich glaube, dass Petrus innerlich von der Leiterfunktion, die Gott ihm gegeben hatte, zurücktrat. Er spürte, dass es wohl besser wäre aufzugeben als immer wieder zu versagen. Er glaubte sich nicht als Apostel qualifiziert, weil sein Herz durch sein Versagen so verwundet war. Petrus dachte, er hätte den Herrn zu sehr enttäuscht, als dass er ihm noch unter die Augen treten könnte. Auch wir neigen dazu, vom Herrn wegzulaufen, statt zu ihm hinzurennen.

c. Ich glaube, Petrus hatte sich vorgenommen, zu dem zurückzukehren, worin er erfolgreich gewesen war, bevor Jesus ihn zum Apostel berief: zu seinem gelernten Beruf als Fischer. Es war etwas, das er meinte tun zu können, ohne auf die Gnade Gottes angewiesen zu sein. Er sagte sich: „Ich kann Gott treu sein als Fischer. Als Fischer zu versagen ist nicht so schlimm wie als Apostel.“ Sein Versagen im Apostelamt wäre zu schwer wiegend, als dass er Gott dann noch gegenübertreten könnte.

2. Einige von uns meinen, der Zukunft nicht begegnen zu können, weil sie wieder versagen könnten. Sie gewöhnen sich daran, eine nur zweitklassige Beziehung zum Herrn zu haben. Das tun sie nicht etwa, weil sie den Herrn nicht lieben würden, sie schämen sich einfach zu sehr. Das ist die Krise, durch die auch Petrus ging.

Wir verachten uns selbst, weil wir Angst haben, dass er uns verachtet.

3. Wir entscheiden uns dann manchmal lieber, wieder „fischen zu gehen“. Wir geben unsere Vision auf, ganz besondere Liebhaber Gottes zu sein, welches eigentlich unsere höchste Berufung in unserer Beziehung zum Herrn ist. Leider treffen wir die Entscheidung, uns mit weniger zufrieden zu geben.

E. Der Herr stellt Petrus dreimal die gleiche Frage

„Jesus spricht zu Simon Petrus: ‚Simon, ... liebst du mich mehr als diese?‘ Er spricht zu ihm: ‚Ja, Herr, du weißt, dass ich dich lieb habe.‘ ... Wieder spricht er zum zweiten Mal zu ihm: ‚Simon, ... liebst du mich?‘ Er spricht zu ihm: ‚Ja, Herr, du weißt, dass ich dich lieb habe.‘ ... Er spricht zum dritten Mal zu ihm: ‚Hast du mich lieb?‘ ... Petrus sprach zu ihm: ‚Herr, du weißt alles, du erkennst, dass ich dich lieb habe.‘“ (Joh 21,15-17)

1. Jesus stellt Petrus wiederholt eine Frage, die wie ein Stich in sein Herz geht. „Simon, liebst du mich?“ Dreimal stellt er ihm die gleiche Frage. Er stellt das Vertrauen des Petrus wieder her, indem er seine Scham durchbricht. Die Scham der dreimaligen Verleugnung wird durch diese drei Antworten durchbrochen. Damit wird seine Beziehung zum Herrn und seine Kühnheit wiederhergestellt. Jesus ruft Petrus in die gleiche Qualität der Beziehung zurück, die vor der Verleugnung bestand, indem er ihm zeigt, wie sehr er Petrus liebt und welche Zuneigung er zu ihm hat – auch und sogar in seiner Schwachheit.

2. Wenn Gott uns eine Frage stellt, dann nicht, weil er Informationen braucht. Warum fragt Gott dann Petrus? Er will, dass Petrus *Informationen über sich selbst* bekommt. Der Herr weiß ja schon, dass Petrus ihn immer noch liebt, aber er möchte, dass Petrus selbst wie-

der Zutrauen in seine aufrichtige Liebe zu Jesus gewinnt.

a. Das gleicht der Frage, die der Herr dem Adam stellte, nachdem er gesündigt hatte:

   „Und Gott, der Herr, sprach zu ihm: ‚Wo bist du?'" (1. Mo 3,9)

b. Gott wusste genau, wo Adam war. Er fragte nicht: „Hinter welchem Baum versteckst du dich?" Er stellte die Frage, *damit Adam erkannte*, wo Adam war. Gott wollte, dass Adam erkennt, wo er moralisch und geistlich stand, also die Wahrheit über sich selber erkannte – und nicht, hinter welchem Baum er steckt.

3. Ich stelle mir vor, wie Jesus etwa Folgendes sagte: „Petrus, ich weiß, was du fühlst. Ich weiß, dass du mich liebst." Petrus begann wahrscheinlich zu weinen. Jesus fügte vielleicht hinzu: „Petrus, erinnerst du dich, als wir vor acht Tagen dort im Garten waren? Ich habe dir etwas sehr Wichtiges über dein Herz gesagt. Du hast mir nicht geglaubt, als ich sagte, dein Fleisch sei schwach. Ich möchte dich an etwas anderes erinnern, was ich in der Nacht sagte, nämlich daran, dass du einen willigen Geist hast."

4. Ich stelle mir weiter vor, wie Jesus sagt: „Ja, du *hast* einen willigen Geist, Petrus! Wenn ich dich anschaue, dann sehe ich nicht nur das schwache Fleisch, ich sehe ebenso dein aufrichtiges Verlangen, mich zu lieben. Ich sehe ein Sehnen nach mir in deinem Herzen, das du nicht klar sehen kannst."

5. Ich stelle mir vor, wie Jesus sagt: „Petrus, ich sah deinen willigen Geist, als ich dich das erste Mal rief, und ich sehe ihn immer noch in dir, sogar jetzt, in deiner Verzweiflung und deinem Versagen."

F. Der Herr sieht unseren willigen Geist mehr, als wir ihn sehen

G. Der Herr bricht die Scham aus Petrus' Herz heraus

1. Petrus sündigte dreimal und der Herr stellte ihm dreimal die gleiche Frage.

2. In Johannes 21,17 fragte der Herr das dritte Mal: „Petrus, liebst du mich?" Ich sehe, wie der Herr sagt: „Petrus, lass mich dir etwas über dein Herz erzählen. Du liebst mich wirklich, du hast einen willigen Geist." Petrus antwortete das dritte Mal: „Herr, du weißt alles, du erkennst, dass ich dich lieb habe." Seht den Schlüsselsatz, den Petrus hier einfügt: „Du weißt alles ..."

3. Mit anderen Worten sagte Petrus: „Jesus, du kennst mein Herz und du bestehst darauf, dass ich dich liebe. Ja! Du weißt, dass ich dich liebe. Ja! Ich habe einen willigen Geist!" Herr, du weißt, dass ich ein schwaches Fleisch habe, aber du weißt auch, dass ich einen willigen Geist habe. Du siehst nicht nur meine Sündenqual, du siehst auch mein aufrichtiges Herz.

4. Die Scham wird aus dem Leben des Petrus herausbrochen. Er wird wiederhergestellt in seinem Vertrauen Gott gegenüber, was in diesem Fall beinhaltet, dass er auch wieder in seinen Dienst eingesetzt wird. Sein Vertrauen, ein besonderer Liebhaber Gottes zu sein, ist wiederhergestellt.

H. Gott legt ein „Ja" in das Herz all derer, die wiedergeboren sind.

„Jeder, der aus Gott geboren ist, tut nicht Sünde, denn sein Same bleibt in ihm; und er kann nicht sündigen, weil er aus Gott geboren ist" (1. Joh 3,9).

1. Wenn in einen Wiedergeborenen einmal das Ja hineingelegt ist, kann er sich niemals wohl fühlen, wenn er sündigt. Wir können dieses Ja nicht einfach abtun. Wir können zwar immer noch sündige Taten vollbringen, aber wir können nicht mehr ein Leben führen, das Gott überhaupt nicht einbezieht, ohne dass es uns selber wehtut.

2. Wiedergeborene, die versuchen, Gott außer Acht zu lassen, sind die elendesten Menschen auf Erden. Sie haben zu viel von Gott in sich, um die Sünde zu genießen, und zu viel Sünde, um Gott zu genießen. Sie haben einen sehr schweren Stand, weil der Heilige Geist, der in ihnen lebt, ihnen sagt: „Du gehörst zu Gott." Damit wird ihnen die Möglichkeit genommen, unbeschwert in Sünde zu leben, wie sie es zuvor getan haben.

III. Das Paradoxon der Gnade: „Schwarz – und doch anmutig"

„Schwarz bin ich und doch anmutig, ihr Töchter Jerusalems, wie die Zelte Kedars, wie die Zeltdecken Salomos. Seht mich nicht an, weil ich schwärzlich bin, weil die Sonne mich gebräunt hat" (1,5-6).

A. Ihr zweifaches Glaubensbekenntnis

„Schwarz bin ich und doch anmutig" (1,5a).

1. Hier sind ihre erste geistliche Krise und ihr erstes Glaubensbekenntnis beschrieben. Gott offenbart ihr ihr sündiges Herz und zugleich, dass sie in seinen Augen lieblich ist. Mit andern Worten: Ihr Fleisch ist schwach, aber ihr Geist willig.

   a. dunkel im Herzen (sündige Wünsche); unser schwaches Fleisch ist vor Gott dunkel, schmutzig

b. lieblich für Gott (etwa wegen der aufrichtigen Absicht, Jesus zu gehorchen); unser williger Geist ist für Gott lieblich, angenehm

2. In diesem Abschnitt geht es nicht um jemanden, der rebellisch gegenüber Gott ist, sondern um einen aufrichtigen Gläubigen mit Schwächen im Leben.

B. Ihr Glaubensbekenntnis in diesem inneren Kampf offenbart eine wichtige Wahrheit, die sie dann befähigt, in eine heilige Leidenschaft hineinzuwachsen. Niemand kann stetig wachsen, der sich nicht dieses Bekenntnis zu eigen gemacht hat. Natürlich bedarf es dazu nicht der gleichen Sprache, doch müssen wir, um geistlich zu wachsen, erkennen, dass wir lieblich für Gott sind, auch, wenn wir uns noch in dem Prozess befinden, die Dunkelheit unseres eigenen Herzens zu entdecken.

C. Die Reise der Braut beginnt mit dem gleichen Prinzip, das wir zuvor bei Petrus angeschaut haben. Solch eine geistliche Krise ist jedem aufrichtigen Gläubigen bekannt. Besonders für junge Neubekehrte ist es ein großes Paradoxon, ihrer Sünde gewahr zu werden und gleichzeitig zu erkennen, dass sie dennoch von Gott geliebt sind. Es ist schon gewaltig, dass wir, wenn wir Gott lieben und dennoch schlimm sündigen, immer noch „schön für Gott" sind.

D. Es geht darum, die göttliche Zuneigung und die uns von ihm verliehene Schönheit inmitten unseres geistlichen Unvermögens zu verstehen. Der Weg hin zu heiliger Leidenschaft beginnt mit dieser zweifachen Offenbarung.

1. Wie verhält sie sich Gott gegenüber, wenn sie ihre Sündhaftigkeit entdeckt? Wie verhalten wir uns in dieser Krise? Es ist für unser geistliches Leben von entscheidender Bedeutung, wie wir uns in dieser Krise verhalten.

2. Viele versagen in diesem ersten Test und rennen vor Gott davon, statt sich zu ihm zu flüchten, sie missverstehen das Wesen Gottes und machen den gleichen Fehler wie Petrus. Sie geben auf und verfallen in eine Haltung der Scham, die dann zu einem Leben in Sünde führt. Wer sich schmutzig fühlt, wird auch ein Leben in Unreinheit führen. Wenn du dich sauber fühlst, dann verharrst du in der Liebe – wie die Braut! Der Herr will *nicht*, dass wir uns auf ein zweitklassiges Dasein zurückziehen. Scham ist eine Festung. Du kannst versuchen, rein zu bleiben, aber unter gewissem Druck fühlst du dich dennoch schmutzig und gibst dich wieder der Sünde hin, wenn dir dieses Gefühl nicht genommen wird.

E. Die Art, wie David den König Saul und seinen Sohn Jonathan bei ihrem Tod sah, gibt uns Einblick, wie Gott uns in unserem geistlichen Kampf sieht (2. Sam 1,19-27). David sang nach dessen Tod ein prophetisches Lied auf Saul. Saul war ein böser König, den Gott im Gericht tötete. Unter der Salbung des Heiligen Geistes zählt David die guten Attribute Sauls auf. Er beschreibt ihn als einen Mann, der die Feinde des Herrn schlug. David sah ihn aus Gottes Perspektive. Gott sieht das Positive in unserem Geist, selbst dann, wenn all das Negative kaum mehr einen Blick auf das Gute zuzulassen scheint. Er sah das Gute, das der sündige König getan hatte.

F. Gott hat sich verpflichtet, uns die Schwachheit unseres Fleisches aufzuzeigen. Er plant Wege, auf denen er uns diese Schwachheit zeigt, jedoch nicht so, dass er uns zur Sünde führen würde.

1. Am Ende des Hohelieds lehnt sie sich an ihren geliebten Jesus, als sie aus der Wüste kommt (8,5).

2. Gottes Ziel für unser Leben ist, dass wir am Ende unserer irdischen Reise ein Herz haben, das sich bei ihm anlehnt und ihn liebt. Niemand wird am Ende seines

geistlichen Lebens stolz und großspurig daherkommen. Jedes Mal, wenn Gott dir eine Sünde offenbart, ist es ein Gericht über Satan.

G. Es gibt vier Gründe, warum wir selbst inmitten unserer geistlichen Unreife für Gott schön und liebenswert sind.

1. *Das vollendete Werk am Kreuz.* – Sie erkannte den Grund für ihre Lieblichkeit darin, dass sie die Gabe der Gerechtigkeit empfangen hatte (2. Kor 5,21). Wegen dem, was er getan hat, sind wir in seinen Augen liebenswert, nicht wegen unserem Tun. Es ist sein Geschenk an uns, dass er uns die „Kleider der Gerechtigkeit" anlegt.

2. *Bei der Wiedergeburt gab er uns einen willigen Geist.* – Das Werk des Heiligen Geistes, in uns dieses *„Ja!"* hineinzulegen, ist wunderschön für Gott. Viele unterschätzen, wie wichtig das für Jesus ist. Die Bewegung unseres Herzens zu Gott hin, das ist ein Werk des Heiligen Geistes. Das nennt die Bibel „einen willigen Geist". Nachdem David mit Bathseba gesündigt hatte, betete er: „... stütze mich mit einem willigen Geist" (Ps 51,14).

3. *Das Wesen Gottes.* – Die Leidenschaften und Freuden des Herzens Gottes bestimmen, wie er über uns denkt und fühlt. Der Schauende entscheidet, ob etwas schön ist oder nicht, am Herzen dessen, der uns ansieht, liegt es, dass wir für ihn eine Schönheit darstellen. Unsere Schönheit hängt von Gottes Empfindungen ab. Ein ärgerlicher, böser Gott würde uns nicht schon wegen unseres willigen Geistes schön finden.

4. *Ihre Bestimmung als die zukünftige Braut seines Sohnes.* – Unsere mit größter Gewissheit festgelegte Bestimmung als seine Braut, die, von ihm angenommen und geschmückt, mit ihm auf dem Thron sitzt, kann als der

wesentliche Grund für unsere Schönheit angesehen werden.

H. Drei Stufen des Sieges

1. Ernsthaftigkeit des Herzens trotz ständigen geistlichen Versagens auf gewissen Gebieten.

   a. Zuerst erleben wir trotz unserer Ernsthaftigkeit regelmäßig Niederlagen (Rö 7,15-25). Jedoch ist eine erste Frucht der neuen Geburt, dass wir ein ernsthaftes Verlangen haben, Jesus zu gehorchen. Das ist ein erstes sichtbares Zeichen der Gnade Gottes. Das ist ein wichtiger Bestandteil unseres geistlichen Sieges. Das ernsthafte, zum Gehorsam bereite Herz ist der erste Schritt zu einem wirklichen, greifbaren geistlichen Sieg. Die ernst gemeinte Absicht zu gehorchen muss unterschieden werden von der tatsächlichen Leistung eines gereiften Gehorsams.

   b. Gott erfreut sich und ist begeistert über unser Verlangen, Jesus zu gehorchen. Gott misst und definiert unser Leben anhand dieser Absichten.

   c. Wir jedoch messen unser Leben fälschlicherweise meist danach, wie weit wir geistlich gereift sind. Das führt dann dazu, dass wir uns selber verurteilen.

2. Geistlicher Sieg und doch geistliches Ringen auf gewissen Gebieten.

   Wir können grundsätzlichen Sieg haben, obwohl wir auf gewissen Gebieten noch mit dem Fleisch auf Kriegsfuß stehen (Rö 8,2-13; Gal 5,16-17).

3. Geistlicher Sieg ohne den beständigen Kampf mit der Sünde. Wonach wir uns alle sehnen, ist, das Fleisch tatsächlich in seine Schranken gewiesen zu sehen (Rö 6,14-23).

I. Zusammenfassung: Einige glauben, dass der Sieg nur dann erlangt wurde, wenn wir das Fleisch endgültig und gänzlich besiegt haben. Jedoch ist das aufrichtige Verlangen, Jesus zu gehorchen, schon der Anfang vom Sieg.

J. Sie spricht von denen, die noch nicht gereift sind. Durch das ganze Buch hindurch lehrt sie die Töchter Jerusalems die geistlichen Prinzipien heiliger Leidenschaft.

„... *ihr Töchter Jerusalems*" (1,5b)

K. Die dunklen Zelte von Kedar symbolisieren die „Schwärze des Fleisches".

1. Sie waren grau-schwarz und waren in der Umgebung Jerusalems gebräuchlich.

2. Sie waren aus den dunklen Häuten der Wildziegen gefertigt.

L. Salomos Vorhänge, besser: Zeltdecken, hingen in dem Heiligtum des Tempels. Sie gebraucht hier eine Sprache, die jedermann verstehen konnte.

„... *wie die Zeltdecken Salomos*" (1,5d)

1. Diese Vorhänge waren leuchtend weiß. Es spricht von dem inneren Werk der Gnade und der Herrlichkeit Gottes in ihrem Leben.

   „... *unser Leben ist verborgen mit Christus in Gott*" (Kol 3,3).

2. Die Schönheit dieser Vorhänge war vor den Augen des gemeinen Volkes verborgen, da sie im Heiligtum hingen. Nur die Priester waren in der Lage, Salomos Vorhänge zu sehen.

M. Sie bringt zum Ausdruck: „Ich bin im Herzen dunkel wie die Zelte Kedars, aber für Gott lieblich wie die Vorhänge Salomos." Der Kontrast, den sie beschreibt, liegt zwischen den dunklen Zeltwänden Kedars und den herrlichen Vorhängen Salomos.

1. Von außen sehen die Leute nur die dunklen Zelte Kedars.

2. Aber Gott sieht, dass sie innen schön ist wie die weißen Vorhänge Salomos.

N. Sie wird sich ihrer Sünde bewusst.

„Seht mich nicht an, weil ich schwärzlich bin" (1,6a).

1. Sie ruft: „Seht mich nicht an!" Sie schämt sich, dass andere ihre Sünde sehen können. Sie ist sich dessen bewusst, dass andere Menschen um ihr geistliches Versagen wissen.

2. Sie sagt, warum sie beschämt ist: „weil ich schwärzlich bin". Sie schämt sich, weil sie ihre innere Verdorbenheit erkennt. Sie ist überwältigt wegen ihres bewussten Versagens. Sie will nicht mehr angeschaut werden. Das zeugt davon, dass sie sich verurteilt fühlt, sie schämt sich angesichts der anderen.

3. Wenn unsere Sünde in unserem Herzen offenbart wird, dann ist das ein Beweis dafür, dass wir im Licht wachsen.

   „Denn jeder, der Arges tut, hasst das Licht und kommt nicht zu dem Licht, damit seine Werke nicht bloßgestellt werden" (Joh 3,20).

O. Sie erkennt, dass sie mit einem sündigen Herzen und sündigen Neigungen geboren wurde. Ihr natürliches Erbe in Adam hat ihr Herz dunkel gemacht.

„... *weil die Sonne mich gebräunt hat*" (1,6c).

1. Sie spricht davon, unter dem Einfluss „der Sonne" zu leben. Die Sonne spricht von der natürlichen Lebenssphäre. Salomo beschrieb das „Leben unter der Sonne" in seinem Buch Prediger. Mit diesem Begriff wird das natürliche Leben ohne Gott beschrieben.

2. Sie ruft aus, dass die Sonne sie verbrannt habe. Sie spricht von dem Einfluss, dem sie unterliegt, weil sie unter der Sonne geboren war oder, geistlich gesprochen, in der natürlichen Schwachheit der Sünde. Natürliches Leben hat sie ergriffen und verdunkelt, so, wie es jeder andere Mensch „in Adam" erlebt. Wir sind alle in Sünde geboren.

P. Zusammenfassung: Sie erklärt den Töchtern: „Ich weiß, dass ich für Gott lieblich bin, auch wenn es noch dunkle Stellen in meinem Leben gibt. Ich bin wie die dunklen Zelte von Kedar, aber ich weiß, dass das Sehnen in meinem Geist das herrliche Werk Gottes ist, so wie die weißen Vorhänge im Tempel Salomos. Schaut mich nicht an, im Moment bin ich von dem dunklen Teil in mir überwältigt. Meine einzige Entschuldigung ist die Sonne: Ich bin in eine natürliche Welt hineingeboren, die mich beeinflusst und die mir Angst macht. Sie hat ihre Brandmale an mir hinterlassen."

IV. Ihre geistliche Krise: Ablehnung und Scham

„Meiner Mutter Söhne fauchten mich an, setzten mich als Hüterin der Weinberge ein. Meinen eigenen Weinberg habe ich nicht gehütet ... Wozu denn sollte ich wie eine Verschleierte sein bei den Herden deiner Gefährten?" (1,6b; 7c)

A. Sie beschreibt fünf Situationen, die sie in ihrer geistlichen Krise unter Druck bringen (1,6-7).

1. Sie wird von anderen Gläubigen abgelehnt

2. Sie spürt Scham der Sünde

3. Sie ist überarbeitet

4. Sie ist von ihrer ersten Liebe zu Jesus abgelenkt

5. Sie dient Jesus nur aus einem gewissen Abstand

B. Ihre negativen Erfahrungen im Leib Christi begannen mit Ablehnung in 1,6b.

„Meiner Mutter Söhne fauchten mich an“ (1,6b).

1. Sie beschreibt, dass sie von den „Söhnen ihrer Mutter“ abgelehnt („angefaucht“) wurde. „Mutter“ steht symbolisch für Gemeinde, denn sie war mit Hilfe der Gemeinde aus Gott geboren worden. Auch der Apostel Paulus bezieht sich auf das Symbol der Mutter im Zusammenhang mit der Kirche. Er spricht von dem Neuen Jerusalem (die Gemeinde der Ewigkeit in der himmlischen Stadt) als unserer „Mutter“.

   „Das Jerusalem droben aber ist frei; und das ist unsere Mutter“ (Gal 4,26).

   „Meine Kinder, um die ich abermals Geburtswehen erleide, bis Christus in euch Gestalt gewonnen hat“ (Gal 4,19).

   „(Sind wir, die Apostel) in eurer Mitte zart gewesen, wie eine stillende Mutter ihre Kinder pflegt“ (1. Thes 2,6-7).

   a. Gott ist der Urheber der natürlichen und geistlichen Geburt, doch bedient er sich für die natürliche Geburt einer Frau, unserer leiblichen Mutter.

b. Als Helfer bei unserer geistlichen Geburt bedient er sich der Mitglieder des Leibes Christi, die Gemeinde ist also gewissermaßen unsere geistliche Mutter. Wir sind durch die Gemeinde durch den Heiligen Geist geboren, denn durch den Leib Christi kommen wir zur errettenden Erkenntnis Jesu. Wer Gottes Willen tut, ist seine Mutter und sein Bruder (Matth 12,46-50).

c. Gott ist unser Vater, und von der Gemeinde wird als von unserer Mutter gesprochen.

d. In der Jungfrauengeburt wurde Jesus von einer Frau geboren (1. Mo 3,15). Jesus, aus der Frau geboren, ist das Fundament der Gemeinde.

e. Das Volk Gottes repräsentiert eine „Mutter", die den Knaben gebiert.

„Und sie gebar einen Sohn, ein männliches Kind, der alle Nationen hüten soll mit eisernem Stab" (Offb 12,5).

2. Der Gebrauch des Wortes „Mutter" im Hohelied

a. Ihre Mutter wird als Mittel genannt, das von Gott dazu gebraucht wird, sie im Heiligen Geist zu gebären.

„Ich ergriff ihn ... bis ich ihn in das Haus meiner Mutter gebracht hatte und in das Gemach derer, die mit mir schwanger war" (3,4).

„Unter dem Apfelbaum habe ich dich geweckt, dort empfing dich deine Mutter, dort empfing sie dich, die dich gebar" (8,5).

b. Ihre Mutter wird beschrieben als diejenige, die Jesus krönt. Wir machen ihn am Hochzeitstag zum König, indem wir mit freiwilliger, vorbehaltloser Liebe auf ihn reagieren.

„... betrachtet doch ... den König Salomo in der Krone, mit der ihn seine Mutter gekrönt hat am Tag seiner Hochzeit ...“ (3,11)

c. Ihre Mutter wird beschrieben als jemand, der sie in den Wahrheiten Gottes unterwiesen hat.

„Ich würde dich hineinbringen ... ins Haus meiner Mutter, die mich unterrichtete“ (8,2).

3. Sie beschreibt den Anfang ihrer ersten Krise, als sie einige der „Söhne anfauchten“. Sie erlebt die verbreitete Krise, abgelehnt und missverstanden zu sein (1,6c). Diese „Söhne“ sind die anderen Glieder am Leib Christi.

4. Diese ärgerlichen Söhne stehen für ältere, jedoch fleischliche Gläubige, die über ihren jugendlichen Eifer verärgert waren. Der Eifer junger Gläubiger verärgert manchmal andere.

5. Sie ging voller Eifer für Jesus vorwärts und stellte dabei fest, dass es solche gab, die daran Anstoß nahmen, dies wohl aus zwei Gründen:

a. Erstens: Fleischlich gesinnte Christen mögen den Eifer junger Gläubiger nicht. Menschen, die leidenschaftlich für Gott leben, überführen abgestumpfte Christen. Einige versuchen, solch einen Eifer als Gesetzlichkeit abzuqualifizieren. Abgestumpfte Gläubige fühlen sich in der Nähe solcher, die ein brennendes Herz haben, nicht wohl.

b. Zweitens: Die „Söhne“ sind durch ihren Stolz und ungezügelten Eifer abgestoßen. Die Weise, wie sie von sich selbst eingenommen über ihre Liebe spricht, ist noch unreif. Menschen, die in frischem Eifer für Jesus stehen, haben die Tendenz, sehr von sich eingenommen zu sein und stolz ihre Hingabe an Jesus darzustellen. Das verärgert fleischlich gesinnte Christen. Sie erhöhen sich oft selbst dabei und verurteilen andere, die sich nicht genauso ausdrücken. Unbewusst machen sie sich zum Standard für alle.

c. Ich selbst habe in meinem ungezügelten jugendlichen Eifer manche verärgert. 1971 fand ich im Alter von 15 Jahren zum Herrn. Die folgenden fünf bis sieben Jahre waren geprägt von ernsthafter Nachfolge, aber auch von Stolz. Ich erinnere mich, dass ich glaubte, dass wenn jemand Gott wirklich liebt, er dann auch, wie die Apostel, auf öffentlichen Plätzen predigen musste. Ich selbst habe oft auf den Straßen gepredigt, in der Schule und in Restaurants wie *Denny's*. Um noch mehr zu beweisen, dass ich mich des Evangeliums nicht schämte, marschierte ich mit einer riesigen katholischen Familienbibel unterm Arm zur Schule, dazu ein fast 25 cm großes Holzkreuz um den Hals.

d. Damit wollte ich meine ernsthafte Hingabe unter Beweis stellen. Mir taten die Pastoren Leid, die nicht in Restaurants predigten und kein großes Kreuz trugen; ich interpretierte das als Menschenfurcht. Ich stieß viele vor den Kopf. Mich selbst sah ich als ernsthaft hingegebenen Christen und andere, die nicht so waren, als abgefallen an. Ich war der Maßstab. Dabei war mein Verhalten und meine Einstellung voll daneben.

C. Sie wurde von den verärgerten Söhnen misshandelt, indem sie ihr zuviel Arbeit aufbürdeten. Sie war verwundbar, weil sie so eifrig und willig war, alles zu tun, was ihrem geliebten Jesus gefallen würde. Sie beklagte sich, dass die

Söhne ihren Eifer so ausnutzten, dass sie überarbeitet wurde.

„Sie ... setzten mich als Hüterin der Weinberge ein (1,6).

1. Die ärgerlichen Söhne gaben ihr viel Verantwortung. Sie machten sie für andere Weinberge verantwortlich. Dabei hat sie sich überarbeitet, denn sie hat alles angenommen, was man ihr auftrug.

2. Leiter, die nicht genügend Unterscheidungsgabe haben, neigen dazu, Menschen zu überfordern, die eifrig für Gott sind. „Wenn sie will, dann lasst uns den Druck auf sie legen, den Weinberg zu hüten. Schließlich ist ihr Motto: ‚Alles für Gott'."

3. Ihre erste Verantwortung liegt in ihrem persönlichen Leben mit Gott und in der Verantwortung, die Gott ihr gibt – und nicht darin, das zu tun, was irgendwelche Leiter ihr auferlegten.

4. Verantwortungen auf sich zu nehmen, die nicht aus der Gnade Gottes kommen, führt zum Burnout. Burnouts im christlichen Umfeld resultieren nicht so sehr aus harter Arbeit, eher aus einem religiösen Joch. Ein religiöses Joch besteht daraus, die „Weinberge zu hüten" – also Veranwortung wahrzunehmen –, die fleischlich gesinnte Menschen uns anvertrauen, was aber nicht im Willen Gottes liegt. Ein Gläubiger, der ganz frisch in diesem Eifer steht, ist anfällig für solch falsche Joche.

5. Eine der Hauptfallen, in die eifrige, aber unreife Gläubige tappen, ist, dass sie ihre Identität durch ihren Dienst definieren statt durch ihre Stellung in Jesus.

D. Sie hat alle Arbeit getan, um die sie gebeten wurde. Sie hat alle anderen Weinberge gehütet und dabei ihren eigenen vernachlässigt.

„Sie setzten mich als Hüterin der Weinberge ein. Meinen eigenen Weinberg habe ich nicht gehütet“ (1,6).

1. Der Weinberg hier steht symbolisch für ihr eigenes Herz. Im ganzen Hohelied steht ihr „Garten“, ihr „Weinberg“, für ihr eigenes Herz. Das Unkraut der Sünde, der Scham und des Überdrusses haben das Leben in ihrem Garten erstickt. Sie hat die Sehnsucht nach den Küssen seines Mundes, die einmal so stark war, verloren.

2. Sich um den eigenen Weinberg zu kümmern bedeutet, persönliche Gemeinschaft mit Gott zu pflegen und seinen Willen zu tun. Sie sagt: „Ich habe in vielen Diensten gedient, aber meine eigene Liebe zu Gott ließ dabei nach.“

E. Sie drückt ihre Scham über ihre Sünde aus. Dann beklagt sie sich darüber, dass sie Jesus nur aus innerer Distanz dient, wie eine verschleierte Frau, eine Prostituierte, die ihr Gesicht nicht in der Öffentlichkeit zeigen durfte. Dies war nicht ein Schleier der Ehre, sondern der Scham.

„Wozu denn sollte ich wie eine Verschleierte sein bei den Herden deiner Gefährten?“ (1,7b)

1. Zuerst ruft sie aus: „Wozu denn sollte ich wie eine Verschleierte sein?“ Früher mussten die Prostituierten sich während des Tages verschleiern, damit man ihr Gesicht nicht erkennen konnte. Das spricht von Sünde und Scham, die das Mädchen erlebte. Sie hatte Sünde in ihrem Leben und fühlte sich vor Gott wie eine verschleierte Frau. Es gab Skandale in ihrem Leben.

2. Zweitens beklagt sie sich: „Warum sollte ich bei den Herden deiner Gefährten sein?“ Sie sagt damit: „Warum soll ich in Distanz von dir, Herr, leben?“

a. Damit sagt sie: „Ich will dir nicht irgendwo dienen, ich will ganz nah bei dir dienen."

b. In der Kammer hatte Jesus ihr gesagt, dass sie ganz tiefe Gemeinschaft mit ihm haben kann. Sie hat jedoch diese Intimität verloren; das beschreibt sie so, dass sie die Herden seiner Gefährten weidet! Sie verlor die Süße der Gemeinschaft mit Gott

V. Ihr verzweifelter Schrei nach mehr von Jesus

„Erzähle mir, du, den meine Seele liebt, wo weidest du? Wo lässt du lagern am Mittag?" (1,7)

A. Mitten in dieser Krise stößt sie ein verzweifeltes Gebet aus. Sie erinnert sich, dass sie ursprünglich nur „die Küsse seines Mundes" wollte. Sie will wieder zurück dorthin, wo sie war, als Jesus sie das erste Mal berührte und ihr Herz umwarb.

„Erzähle mir, du, den meine Seele liebt, wo weidest du?" (1,7a)

1. In diesem Schrei der Sehnsucht nach Nähe (1,7) beklagt sie den Verlust der Gnade, die sie in 1,2-4 beschrieben hat. Einige Christen um sie herum sind ärgerlich über sie. Sie ist müde und ausgebrannt. Die Dinge laufen nicht so, wie sie sie in 1,2-4 erwartet hat. Sie ist enttäuscht vom Leib Christi.

2. Ihr Weinberg, also ihr Herz, ist nicht länger gehütet, aber sie liebt ihn immer noch, ruft: „Du, den meine Seele liebt!" Sie weiß inmitten dieser Krise, dass sie eine Liebhaberin Gottes ist, dass sie zwar versagt hat, aber Gott immer noch leidenschaftlich liebt und kein hoffnungsloser Heuchler ist, wie der Feind ihrem Herzen einreden will.

B. Wir sehen diesen verzweifelten Hunger nach Gott mitten in ihrer größten Sünde und Schwachheit.

„Sag mir … wo weidest du?" (1,7b)

1. Dieses „Verzweiflungsgebet" ist ihr erstes Gebet nach 1,2-4. Es ähnelt thematisch dem „Zieh mich dir nach, lass uns eilen."

2. „Wo weidest *du deine* Herde?" Das Schlüsselwort ist *du*. Sie sagt es hier in Vers 7 dreimal. Jesus will dieses Herzensgebet hören: „Ich will wissen, wo du bist, du, den ich liebe." Sie sehnt sich verzweifelt danach, ihn zu berühren und ihr Leben nicht nur mit religiöser Aktivität zu füllen.

   Er möchte auch von uns diesen Schrei hören: „Wo bist du? Ich möchte noch einmal anfangen, zurückgehen, wo ich einst als ein Liebhaber Gottes begonnen habe. Du weißt, dass ich dich liebe. Ich diene dir auf Abstand, bin zerbrochen, aber du kannst mich anrühren. Wo weidest *du*?"

3. Egal, was es sie kostet, sie will, dass das Feuer der Intimität mit Gott sie wieder verzehrt. Sie möchte, dass er sie wieder weidet. Wenn viele diese erste Krise erleben, verstehen sie nicht, dass Gott diesen Schrei von ihnen hören will.

4. Sie ruft aus, dass ihre „erste Liebe" wiederhergestellt werden soll. Sie fragt: „Wo willst du mein Herz wieder berühren, wie du es immer getan hast?"

C. Sie sehnt sich danach, wieder von Jesus erfüllt zu werden, in ihm Befriedigung zu erlangen. „Wo wirst *du* den Schrei meines Geistes stillen? Ich möchte, dass *du* mich sättigst, damit ich am Mittag ruhen kann." Sie sagt: „Ich bin von anderen genährt worden, aber ich möchte, dass du mich sättigst."

„Wo lässt du lagern am Mittag?“ (1,7b)

1. „Mittag“ spricht von der Hitze des Tages. Gott möchte, dass wir mitten in der Hitze des Tages ruhen, um Gemeinschaft mit ihm zu haben.

2. Ein Schaf wird sich mittags nur dann hinlegen, wenn es satt ist.

   „Er lagert mich auf grünen Auen“ (Ps 23,2).

3. Immer mehr Menschen in den Gemeinden verspüren einen unstillbaren Hunger nach Jesus. Viele Menschen, deren Gärten nicht gehütet sind, fühlen sich wie die verschleierte Frau, sie dienen Gott auf Abstand. Sie verlieren den Mut und das Vertrauen, dieses Gebet der Intimität wieder auszusprechen.

D. Zusammenfassung: Sie fühlt sich von den Menschen missverstanden und abgelehnt und schämt sich vor Gott. Sie erinnert sich ihrer großen Liebe zu Jesus, doch fühlt sie sich müde und dient ihm nur mit innerer Distanz. So beschreibt sie dieses schamvolle und hoffnungslose Gefühl, das auch Petrus hatte, als er aufgab. Tatsächlich geben viele Gläubige an diesem Punkt auf.

E. In den Versen 6 und 7 beschreibt sie fünf Dinge, die sie bedrücken und die sie in eine geistliche Krise gebracht haben. Ablehnung und Scham sind die beiden hauptsächlichen Gefühle, die sie den frühen Tagen ihrer geistlichen Reise empfindet.

1. Die Söhne ihrer Mutter ärgern sich an ihr – andere Gläubige lehnen sie ab.

2. Sie fühlt sich wie eine Frau, die sich vor Scham verschleiert hat – sie spürt die Scham der Sünde.

3. Sie machen sie zur Hüterin anderer Weinberge – sie ist überarbeitet.

4. Ihr eigener Weinberg (ihr Herz) wird nicht gehütet – sie wird von ihrer ersten Liebe zu Jesus abgehalten.

5. Sie fühlt sich wie eine, die zu den Herden seiner Gefährten gehört – sie dient Jesus auf Abstand.

VI. Jesu herrliche Antwort

„Wenn du es nicht weißt, du Schönste unter den Frauen, so geh hinaus den Spuren der Herde nach und weide deine Zicklein bei den Wohnstätten der Hirten“ (1,8).

A. Jesus wird als der seelsorgerliche Hirte erkannt. Die erste Offenbarung Gottes im Hohelied ist der „Hirte“, der ganz praktischen Rat gibt, wie sie ihre heilige Leidenschaft inmitten ihrer Schwachheit wiedererlangen kann.

„... der Geist der Wahrheit ... wird euch in die ganze Wahrheit leiten“ (Joh 16,13).

„... der Heilige Geist ... wird euch alles lehren und euch an alles erinnern, was ich euch gesagt habe“ (Joh 14,26).

B. Er hört ihr verzweifeltes Gebet von Vers 7 und antwortet ihr persönlich in den Versen 8 bis 11. Ein bedeutender Teil der Theologie heiliger Leidenschaft liegt in der Antwort in diesen Versen.

1. Zuerst gibt Jesus ihr eine allgemeine Antwort (1,8a).

2. Dann fügt Jesus eine dreifache Antwort hinzu, in der er speziell darauf eingeht, wo sie ihn finden kann (8b-d).

3. Dann gibt Jesus ihr drei Bestätigungen, um diese dreifache Antwort zu untermauern. Jesus bestätigt die auf-

richtige Absicht ihres Herzens (1,9-11). Dann antwortet sie mit großer Dankbarkeit in Vers 12.

C. Er beginnt mit einer allgemeinen Antwort, die offenbart, wie Gott sie sieht. Die Antwort ihrer Wiederherstellung liegt darin zu erkennen, wie Gott sie in ihrer Schwachheit sieht. Er offenbart ihr, dass sie für ihn schön ist, sogar in ihrer Unreife.

„... du Schönste unter den Frauen“ (1,8b).

Zuerst spricht er in dieser Krise zu ihrem Herzen, indem er sie „Schönste“ nennt und sie damit erneut umwirbt. Das ist Jesu erste Antwort auf ihr Gebet von 1,4: „Zieh mich, lass uns eilen.“ Er weiß, dass sie verwirrt ist. Er spricht zu ihrem Herzen, bevor er zu ihrem Verstand spricht. Er hilft ihr, sich an seine Liebe von 1,4a zu erinnern.

a. Er spricht direkt in ihre Scham und Ablehnung hinein. Er sagt: „Für die verärgerten Söhne magst du nicht liebenswert sein, aber für mich bist du die Schönste.“

b. Du magst dich selbst ablehnen, aber für mich bist du immer noch die Schönste.

c. Er nennt sie „schön“ mitten in ihrer Desorientierung und ihrem Versagen. Der Herr gibt ihr eine Antwort, die viele von uns schockiert. Wir würden erwarten, dass er sie zurückgewiesen hätte. Er sagt: „Ich kenne deinen Weinberg, er ist nicht gehütet worden, ich weiß, du bist wie eine verschleierte Frau, ich weiß, du dienst auf Abstand – und doch bist du die Schönste für mich.“

3. Er konzentriert sich auf ihre Liebenswürdigkeit und nicht auf ihr „schwarzes Herz“. Jesus vertraut auf das, was sie in Zukunft erreichen wird (s. 6,4). „Du Schönste

unter den Frauen“ – das ist auch eine prophetische Aussage (Phil 1,6).

D. Jesus nennt sie die Schönste. Die Schönste, verglichen mit wem? Mit allen anderen Frauen auf Erden.

1. Er vergleicht sie nicht mit anderen reifen Christen. Natürlich stolpern wir noch im Vergleich zu gereiften Aposteln, er jedoch vergleicht uns mit den fünf Milliarden Menschen, die kein Interesse an Jesus haben.

    a. Wir sind an unser Versagen gewöhnt, Gott jedoch ist an die 95 % derer gewöhnt, die kein Interesse an seinem geliebten Sohn haben. Du hingegen hast großes Interesse an seinem Sohn, du hast die Gabe der Gerechtigkeit. Darum sind wir auf eine Weise „schön für Gott“, die wir noch gar nicht voll erkennen können.

    b. Wir vergleichen uns mit anderen Christen und beurteilen uns entsprechend. Er jedoch urteilt nach der Gabe der Gerechtigkeit und wie anders wir im Vergleich zu der Mehrheit der Menschheit sind.

2. Die andern Frauen, mit denen er sie vergleicht, sind alle anderen Religionen der Welt und die Ungläubigen. Er vergleicht sie nicht mit gereiften Aposteln. Ihr großer Vorzug ist das „Ja“ zu Jesus in ihrem Geist. Du bist eine der seltenen schönen Menschen auf Erden! Wenn du dich mit gereiften Aposteln vergleichst, dann kommst du zu dem Schluss: „Ich bin schwach.“ Aber vergleiche dich mit einem Moslem und seiner Herzenshaltung Jesus gegenüber. Kein Ungläubiger hat ein Herz, das den Herrn derart gefangen nimmt, wie dein Herz!

E. Er ist der Einzige, der mein Herz richtig kennt. Die Kraft der Hoffnung ist in der Offenbarung, dass wir absolute

Gewissheit über unseren persönlichen Sieg haben dürfen (Eph 1,18).

„Wenn du es nicht weißt ...“ (1,8a)

F. Die nun folgende, differenzierte Antwort Jesu führt sie ein in das Leben des Leibes Christi. Er gibt ihr drei unerwartete Antworten auf die Sehnsucht nach größerer Intimität (1,7). Es ist nicht die Antwort, die sie gesucht hat.

„Geh hinaus den Spuren der Herde nach und weide deine Zicklein bei den Wohnstätten der Hirten“ (1,8).

G. Jesus fängt an, ihre Frage „Wo weidest du deine Herde?“ zu beantworten, indem er sie in das Leben des Leibes einführt. In 2,16 beendet er diese Antwort, indem er hinzufügt „bei den Lilien“ – an dem Ort, wo Jesus seine Braut weidet in Reinheit, Vertrauen und Unschuld. Dort weidet er sein Volk. Die drei Teilantworten stehen alle in Beziehung zum Leben im Leib Christi und sprechen zugleich drei schwer wiegende Versuchungen an, die wir alle kennen:

1. Hingabe an das Leben im Leib (8c)

2. Hingabe zum Dienst (8d)

3. Hingabe an geistliche Autorität (8e)

H. Hingabe an das Leben im Leib ist seine erste Antwort.

„Geh den Spuren der Herde nach“ (1,8c).

1. Zuerst weist er sie an, den Fußspuren der Herde zu folgen – sich im Leib zu engagieren. Die Fußspuren der Herde deuten darauf hin, wo all die Schafe sind, dort, wo sie mit Christus leben. Der Herr sagt, sie solle dahin gehen, wo der Leib ist.

2. Der Teufel will uns in Vereinsamung bringen, damit er uns leichter zerstören kann. Dieser Abschnitt bezieht sich nicht auf die Zeit der Stille mit dem Herrn, wo wir ihn alleine suchen. Sie hatte auf das religiöse Joch, das ihr von ihren ärgerlichen Brüdern auferlegt worden war, überreagiert und ist in die Isolierung abgedriftet. Das ist eine große Versuchung für die, die abgelehnt wurden, den Leib verließen, um allein mit Jesus weiterzugehen.

   a. Wenn wir Ablehnung und Scham spüren, sind wir oft versucht, uns abzusondern und bitter zu werden. Wir sind versucht, in Einsamheit und Biitterkeit zu verharren.

   b. Jesus hätte sich auch so ausdrücken können: „Wenn du willst, dass ich dich nähre und zufrieden stelle, dann musst du mich im Leib suchen ...“

   „Mein Geliebter ist in seinen Garten hinabgegangen ... um in den Gärten zu weiden“ (6,2).

   Also zurück in die Gemeinschaft!

I. Die zweite Teilantwort lautet: „Nimm die Verantwortung wahr, die Gott dir gibt!“

   „Weide deine Zicklein“ (1,8d).

1. Jesus ermahnt sie, ihre Zicklein zu weiden. Mit anderen Worten, ihre Verantwortung wahrzunehmen, die Jungen zu weiden, die Gott zu ihr sendet. Jesus will nicht, dass sie sich um all die Gärten und Weinberge kümmert, wie es die ärgerlichen Brüder gerne sähen. Tu nur das, was ich dir gebe. Ich will nicht, dass du das tust, was jedermann versucht dir aufzuladen ... lass dich nicht in jeden Dienst einspannen, nicht in jedem Weinberg ...

2. „Deine" Zicklein, das ist alles, worum Jesus sie bittet. In der Vergangenheit hat sie zuviel Verantwortung übernommen. Jetzt muss sie *nur ihre* Kleinen weiden.

   a. Beschränke dich darauf, nur für das Sorge zu tragen, was er dir anvertraut, und nicht für jedermanns Nöte verantwortlich zu sein.

   b. Diene nicht überall, sondern nur da, wo er dich hinführt. Richte deine Aufmerksamkeit weg von dem, wozu Gott andere beruft. Verpflichte dich das zu tun, was er *dir* aufträgt.

   c. Die Antwort auf ihre Frage „Wo finde ich dich?" lautet: „Du findest ihn, indem du die Kleinen weidest, die Jesus dir in den Weg stellt."

3. Anmerkung: Einige Menschen sind tatsächlich gerufen, sich für eine Weile zurückzuziehen, um dann auf tiefere Weise zu erkennen, wer er ist und um mehr von seiner Liebe zu empfangen, damit sie sein Volk tiefer und inniger lieben können. Die, welche wirklich danach trachten, das erste Gebot zu leben, werden unweigerlich auch das zweite befolgen.

J. Unterordnung unter geistliche Autorität ist seine dritte Antwort. Es geht immer noch um ihre Frage: „Wo kann ich dich finden?"

„... bei den Wohnstätten der Hirten" (1,8e).

1. Diene dem Leib bei den Zelten echter Hirten. Jesus möchte, dass wir ein offenes Herz für seine Hirten haben. Wir müssen unser Herz für Männer und Frauen offen halten, die Gott über uns gesetzt hat.

2. Gott gebraucht diese unvollkommenen Hirten, um uns zu leiten und Tiefes an unseren Herzen zu wirken. Gott weiß, dass kein Leiter, den er über dich gesetzt hat, voll-

kommen ist. Wir begegnen Jesus auf tiefe Weise, wenn wir uns zu diesen unvollkommenen Leitern stellen.

3. Ich habe die Erfahrung gemacht, dass ich, wenn ich die Fehler unfähiger Leiter, die Gott über mich gestellt hat, sehe, versucht bin, mich zu weigern, „bei ihren Wohnstätten zu lagern“. Doch der Druck, den solche unfähigen Leiter verursachen, lässt uns uns mehr nach Gott ausstrecken, damit wir einen belehrbaren Geist ihnen gegenüber bewahren.

4. Er hat eine Antwort auf die drei Hauptversuchungen im Leben eines Gläubigen

   a. Die erste Versuchung ist, sich zu isolieren und bitter zu werden, wenn wir spüren, dass wir abgelehnt sind oder die „verärgerten Söhne“ uns misshandeln und wenn wir Scham über unsere Sünde spüren. Deshalb sagt er: „Folge den Fußspuren der Herde, bleibe in der Gemeinde. Lass mich deine Isolierung heilen. Gib dich nicht der Einsamkeit und der Bitterkeit hin.

   b. Die zweite Versuchung ist Selbstsucht. Er sagt: „Ich möchte, dass du dich um die Zicklein kümmerst, die ich dir gebe.“ Wir entgegnen: „Wir brauchen jetzt mal ’ne Auszeit. Wir haben hart in den Weinbergen anderer gearbeitet“, aber der Herr sagt: „Du kannst mich nur völlig finden, wenn du mich im Dienst an den anderen suchst.“

   c. Die dritte Versuchung, mit der sie kämpft: Sie muss sich weigern, einen unbelehrbaren, verschlossenen Geist, gepaart mit Ungeduld unvollkommenen Leitern gegenüber, zu haben.

VII. Ihre Ernsthaftigkeit wird vom Herrn erneut bestätigt

„Einer Stute an den Prachtwagen des Pharao vergleiche ich dich, meine Freundin. Anmutig sind deine Wangen zwischen den Schmuckkettchen, dein Hals mit der Muschelkette. Goldene Schmuckkettchen wollen wir dir machen mit Perlen aus Silber“ (1,9-11).

A. In 1,9-10 vergleicht er sie mit drei Dingen, welche die Schönheit ihrer Ernsthaftigkeit und ihres willigen Geistes bestätigen. Dann gibt er ihr in Vers 11 ein Versprechen.

B. Als erstes spricht er zu ihrem Herzen, um sie zu bestätigen. Er spricht wieder die Liebessprache.

   „Meine Freundin“ (1,9a)

C. Er benutzt die Worte „meine Freundin, meine Liebe, meine Schöne“. Immer wenn er ansetzt zu sprechen, beginnt er mit: „Ich liebe dich“ oder „Du siehst gut aus“. Genauso spricht Gott auch zu uns schwachen Menschen. Gott empfindet mit unendlicher Zartheit und Zuneigung für sein schwaches Volk. Seine Leidenschaft und Empfindungen aufrichtigen Christen gegenüber gehen weit über unser Verstehen hinaus.

D. Gott sieht ihr starkes, aufrichtiges Verlangen, Jesus in Gerechtigkeit nachzufolgen.

   „Einer Stute an den Prachtwagen des Pharao vergleiche ich dich“ (1,9b).

   1. Eine Stute ist ja ein Pferd und das Pferd ist ein Symbol von Stärke und Kraft. In diesem Zusammenhang spricht er von ihrer Stärke in Gerechtigkeit.

   2. „... Prachtwagen des Pharao“ spricht von den besten und stärksten Kriegspferden der Welt. Die Pferde Ägyptens waren in jenen Tagen weltbekannt. Der Pha-

rao hatte die fähigsten und besttrainierten Pferde auf Erden. Er wählte nur die besten Pferde für seine eigenen Wagen aus. Er hatte Tausende von Pferden in seinen großen Ställen, und das, welches seinen eigenen Wagen zog, war das beste.

3. Salomo, als reichster Mann der Welt, kaufte viele Pferde vom Pharao. Er war einer der wenigen, die sich das leisten konnten.

4. Sie war wie so eins dieser trainierten Pferde, die den Pharao zogen. Er sagte: „Du bist geschult wie ein Pferd, das Pharao dient. Ich habe dich so trainiert, damit du den König selber tragen kannst.“ Für Jesus war sie das beste Pferd, das er mit Blick auf ihr Anliegen, gerecht zu sein, schulen konnte.

   a. Jesus sagte: „Du bist besser mit Gerechtigkeit ausgestattet, als du glaubst. Du hast einen zunehmenden Hunger im Herzen – und das ist mehr, als mir irgendein Ungläubiger geben könnte.“

   b. Er sagt: „Du magst dir wie ein Versager vorkommen, aber in meinen Augen bist du wie eine kräftige Stute.“ Du bist ein Bild für Stärke, wenn du mit all den Pferden der Welt verglichen wirst.

5. Der Herr sagt: „Du bist in Gerechtigkeit bestens ausgebildet; vor allem besitzt du die Stärke, Gott zu suchen. Das erhebt dich vor den Menschen der Welt. Selbst bei allem Straucheln sieht Gott das ‚Ja!‘ in deinem Geist als Stärke an.“ Sie sagt: „Ich bin schwach“, aber er sieht sie anders. Er sieht mit so ganz anderen Augen.

6. Du bist so geübt in der Gerechtigkeit, wie die Pferde des Pharao trainiert sind. Erinnere dich daran, so sieht Gott uns an. Du bist einer seiner Erwählten, einer, der

geübt ist in Gerechtigkeit. Die Zahl solcher Menschen ist sehr klein – du bist einmalig für Gott.

Doch der Herr vergleicht uns mit den Milliarden anderen Menschen auf Erden, die überhaupt kein Interesse an Jesus Christus haben. Obwohl es Millionen von Menschen auf der Welt gibt, die Ja gesagt haben zu Jesus, ist diese Anzahl prozentual sehr klein.

7. Mit andern Worten: „Du erscheinst mir nicht widerspenstig oder abstoßend." Sie sagt: „Wenn ich aber so geübt bin, warum strauchle ich dann?" Er: „Du brauchst mehr Training, das ist wahr. Aber du darfst nicht das Training verachten, das ich dir schon in der Vergangenheit zukommen ließ."

8. Wenn wir der Scham unseres Versagens gegenüberstehen, denken wir, alles sei verloren, als wenn alles Gelernte der Vergangenheit weg wäre. Das stimmt aber nicht. Das Training, das Jesus uns früher gab, gilt immer noch und ist für unseren Charakter sehr wichtig. Es ist nicht alles verloren, nur weil wir in unserer Schwachheit gestrauchelt sind.

E. Unsere Empfindungen sind für ihn sehr anziehend. Er hat unsere Empfindungen mit seinem Geist berührt. Gott sieht, dass ihre Gefühle für Jesus wieder neu angefacht sind. Die emotionale Dimension ihres Lebens wurde von Gott ganz am Anfang ihrer aufrichtigen Hingabe an Jesus berührt.

„Anmutig sind deine Wangen zwischen den Schmuckkettchen" (1,10a).

1. *Wangen* – die Wangen sprechen von den Gefühlen im Hohelied, sie offenbaren Ärger, Freude etc. Wenn du die Wangen von andern betrachtest, kannst du erkennen, ob Freude, Ärger oder Traurigkeit in seinem Herzen ist. Die Emotionen eines Menschen spiegeln sich auf den Wangen wider.

2. *Kettchen* – sind durch geübtes Handwerk eines Künstlers angefertigt, um das Objekt zu verschönern. Jesus ist der Künstler, der daran gearbeitet hat, uns zu verschönern (Jes 61,3). Obwohl Gott die Lüste und den Ärger in uns sieht, sieht er ebenso, dass die Leidenschaft für ihn in uns wächst. Kettchen sind von einem geübten Künstler angefertigt und schön gemacht. Gott sagt: „Deine Emotionen sind lieblich, ich habe in dir mit großer Sorgfalt ein ‚JA!' zu meinen Sohn angefertigt." Und das bewegt das Herz Gottes.

3. Wie können Gefühle für Gott so attraktiv sein, wenn sie immer noch Lust und Ärger enthalten? Gott sieht diese Dinge in unseren Gefühlen, aber nicht nur das. Er sieht ebenso den Hunger, Jesus mehr nachzufolgen. Er sieht das Sehnen unseres Geistes nach Jesus. Er sieht alles, so, wie Petrus sagt: „Herr, du weißt alle Dinge, du weißt, dass ich dich liebe."

4. Das sehnsüchtige Gebet von 1,7 offenbart den geistlichen Hunger nach Gott, der tief in ihr sitzt. Gott sah diesen Schrei nach ihm, und das war für ihn wunderschön. Ihre Wangen sind lieblich.

5. Dieses Sehnen hat der Heilige Geist bewirkt. Solch ein Gebet zählt vor Gott.

6. Wir rufen zu ihm, damit er uns von Sünde befreit, wie es David in Psalm 51 tat, nachdem er mit Bathseba gesündigt hatte. Er rief aus: „Stelle mich wieder her, oh Gott!" Dieses Gebet war schön vor Gott, lieblich, wie so ein kunstvoll gefertigtes Kettchen.

F. Gott sieht ihre Unterwerfung unter göttliche Autorität und ihre Entschlossenheit, Jesus zu gehorchen.

„Dein Hals (oder: Nacken) mit der Goldkette" (1,10b; so die engl. Bibel; andere üs.: „Muschel- oder Perlenkette").

1. Der Hals spricht vom Willen. Die Bibel spricht von Menschen, die einen steifen Nacken haben, was bedeutet, dass sie stur und rebellisch sind.

2. Der Nacken spricht auch von göttlicher Unterordnung.

3. Der Hals ist es, der den Kopf dreht, er legt fest, ob es nach rechts oder links geht. Wenn früher ein König über eine andere Nation triumphiert hatte, dann setzte der siegreiche General seinen Fuß auf den Nacken des unterlegenen Königs.

4. „Goldketten" bedeuten göttliche Autorität. Nur ein König hatte Ketten aus Gold. In jenen Tagen konnten sich nur wenige Menschen derartigen Schmuck leisten. Eine Goldkette war selten und teuer, wurde nur von Adligen getragen.

   a. Eine Goldkette mit dem Emblem des Königs wurde vom Prinzen getragen, wenn er durch die Stadt ging.

   b. Das Volk konnte sich keine Goldketten erlauben. Salomo hatte eine Goldkette von seinem Vater David, weil der sehr reich war, Salomo Kinder ebenfalls. Das zeigte ihre Verwandtschaft mit David an.

   c. „Gold" spricht von göttlichem Charakter. Er weiß, dass wir straucheln, sieht aber in uns einen willigen Geist – wie eine Goldkette um unseren Nacken.

   d. Auf deinem Nacken ist der Stempel königlicher Autorität; in deinem Geist gibt es ein Ja für den König Jesus.

G. Zusammenfassung: Er gibt ihr drei Bestätigungen. Sie fragt: „Wo kann ich dich finden?" In Vers 8: „Du bist lieblich, du bist schön. Bleib am Leib, diene den Menschen und habe die rechte Gesinnung der Autorität gegenüber. Aber lass mich dir sagen, deine Gesinnung ist in Ordnung, es ist nicht alles verloren, deine Gefühle sind mir lieblich, an deinem Nacken sehe ich die Entschlossenheit, ja zu sagen zu Gott.

H. Er wendet sich an ihren Verstand, ihre Gefühle und ihren Willen.

1. Der Verstand spricht von Pharaos Pferden, trainiert in Gerechtigkeit

2. Die Gefühle sprechen von ihren Wangen, die lieblich sind

3. Der Wille spricht von ihrem Nacken, der mit Goldketten geschmückt ist

I. Er gibt eine abschließende Verheißung.

„Goldene Schmuckkettchen wollen wir dir machen mit Perlen aus Silber“ (1,11).

1. *Goldene Kettchen* – Gold spricht von göttlichem Charakter. Sie wird Christus ähnlich sein in ihrem goldenen Charakter. Er wird ihr ein Herz aus Gold geben, eine außergewöhnliche Anbeterin Jesu aus ihr machen. Das spricht von Christen, die durchs Feuer gereinigt wurden (Mal 3,1-4).

2. *Perlen aus Silber* – Silber spricht von Erlösung. Sie wird gebraucht werden, um anderen Menschen Erlösung zu bringen. Sie wird ausgerüstet, andere zu befreien.

3. *Wir wollen dir machen* – die göttliche Verheißung, sein Werk in ihr zu vollenden. Er beantwortet immer noch ihre Frage von Vers 7: „Wo wirst du lagern?“ Gott verheißt, etwas Besonderes in ihr zu wirken. Er will uns zu Menschen machen, die freiwillig göttlichen Charakter (Gold) wählen und die ausgerüstet sind mit Silber, um andere zu befreien.

4. Er sagt: „Du wirst eine Anbeterin (Gold) und eine Befreierin (Silber), wenn ich mein Werk in dir beendet habe, deshalb gib nicht auf.

   a. *Wir* ist ein wichtiges Wort. Vater, Sohn und Heiliger Geist arbeiten zusammen. Es spricht davon, dass Gott auch mit dem einzelnen Gläubigen zusammenarbeitet. Er sagt: „Zusammen machen wir dir ein Kettchen aus Gold." Zusammenarbeit mit Gnade Gottes spricht vom Vater, vom Sohn, vom Heiligen Geist und dem Gläubigen.

      „... wenn ihr aber durch den Geist die Handlungen des Leibes tötet, so werdet ihr leben" (Rö 8,13).

   b. Jesus verheißt Petrus: „Ich werde dich zu einem Menschenfischer machen." Er verspricht es. Du wirst vollkommen sein vor Jesus, wenn er mit dir fertig ist.

   c. Gott verspricht, weiter an dir zu wirken, wenn du nicht aufgibst. Du bist kein Versager, wenn du strauchelst. Du bist nur ein Versager, wenn du aufgibst. Denn der Gerechte strauchelt und steht wieder auf. Er sagt: „Lauf nicht vor mir davon, sondern zu mir hin, wenn du deinen unbehüteten Weinberg erkennst."

J. Zusammenfassung: In 1,7 fragt sie: „Wo weidest du?" In 1,8 sagt er: „Meine Schönste, bleib am Leib, nimm dich der Kleinen an, die ich dir anvertraue. Erhalte eine rechte Gesinnung unvollkommenen Leitern gegenüber." Und dann in Vers 9: „Oh, meine Liebe, du bist wie ein geschultes Pferd in Gerechtigkeit, obwohl du jung bist. Deine Gefühle wurden von der Hand Gottes selber berührt. Und dein Wille („Nacken") ist unter der Autorität Gottes, des Königs. Sie wird Christus ähnlich sein in ihrem Charakter und sie wird dazu gebraucht, andere zu befreien.

Kapitel 7

Die Identität der Braut in der Schönheit Gottes (1,12-2,7)

„‚Solange der König bei seiner Tafelrunde weilt, gibt meine Narde ihren Duft. Ein Myrrhenbeutelchen ist mir mein Geliebter, das zwischen meinen Brüsten ruht. Eine Blütentraube vom Hennastrauch ist mir mein Geliebter, aus den Weinbergen von En-Gedi.' ‚Siehe, du bist schön, meine Freundin, siehe, du bist schön, deine Augen sind Tauben.' ‚Siehe, auch du bist schön, mein Geliebter, und hold, und unser Lager ist frisches Grün. Die Balken unseres Hauses sind Zedern, unsere Dachsparren sind Wacholder.'" (1,12-17)

„‚Ich bin eine Narzisse von Scharon, eine Lilie der Täler.' ‚Wie eine Lilie unter Dornen so ist meine Freundin unter den Töchtern.' ‚Wie ein Apfelbaum unter den Bäumen des Waldes so ist mein Geliebter unter den Söhnen. In seinem Schatten zu sitzen, gelüstet's mich, und seine Frucht ist meinem Gaumen süß.' ‚Er hat mich ins Weinhaus hineingeführt, und sein Zeichen über mir ist Liebe. Stärkt mich mit Traubenkuchen, erquickt mich mit Äpfeln, denn ich bin krank vor Liebe! Seine Linke liegt unter meinem Kopf, und seine Rechte umfasst mich. Ich beschwöre euch, Töchter Jerusalems, bei den Gazellen oder bei den Hirschkühen des Feldes: Weckt nicht, stört nicht auf die Liebe, bevor es ihr selber gefällt!'" (2,1-7)

I. Überblick über Kapitel 1,12 bis 2,7

Sie erlebt die Freude darüber, dass sie um die Zuneigung Gottes und sein leidenschaftliches Verlangen zu ihr weiß.

Das ist eine frohe Zeit in ihrem Leben. Sie erfährt die höheren Freuden göttlichen Umwerbens.

Es ist so wichtig, schon am Anfang in Gottes Liebe zu kommen. Viele Gläubige bleiben bei „Ich bin schwarz ..." stehen. Doch diese anderen Dimensionen des Lebens sind so nötig, weil alles andere darauf aufbaut.

Das Problem liegt darin, dass sie ihre innere Balance noch nicht gefunden hat. Sie ist noch zu sehr mit sich selber beschäftigt und merkt es nicht. Das ist eigentlich ganz normal, da sie ja erst am Anfang ihrer geistlichen Reise steht. Wenn sie an den Herrn denkt, dann meistens so, dass sie dabei ihre eigenen Freuden im Sinn hat und nicht, was der Herr von ihr bekommen könnte.

Sie versteht nicht, dass *er* ein Erbe *in ihr* hat. Sie sieht nur *ihr* Erbe *in ihm*. Sein Erbe in uns ist, dass wir seine Partner sind. Sie ist vollkommen eingenommen von dem, was sie in ihm erlebt. Aber er will sie schließlich dahin bringen, wo sie sicher in seiner Liebe ist, um seine Partnerin zu sein bei der Durchführung des Willens Gottes.

Während dieser Phase ihres Lebens ist Jesus ein Mittel und nicht das Ziel ihres Lebens. Sie hat entdeckt, dass sie am glücklichsten ist, wenn sie Gottes Gegenwart stark erlebt. Gehorsam gegenüber Jesus ist noch nicht ihr höchstes Lebensziel.

II. Die zweite Offenbarung Jesu, in der er das Herz des Vaters offenbart

A. Sie empfängt eine frische Offenbarung, was er durch das Kreuz für sie gewirkt hat.

„Solange der König bei seiner Tafelrunde weilt ..." (1,12a)

1. Jesus, der König, offenbart das liebende Herz des Vaters. Er stellt einen Tisch bereit. Er heißt sie willkommen und bestätigt sie an seinem Tisch (hier sind einige Parallelen zum verlorenen Sohn zu erkennen).

2. Er nährt ihren Geist durch die Offenbarung dessen, wer er ist und was er getan hat. Sein Tisch ist eine Offenbarung des Kreuzes. Sie hat teil an dem Geschenk der Erlösung. So wird sie am Anfang ihres geistlichen Wachstums über den Tisch des Heils unterrichtet (Rö 3-8).

3. Es gibt Nahrung die Fülle an diesem Tisch. Wenn wir den Tisch des Königs vergessen, dann verhungert unser Geist, Scham und Schuld werden uns niederdrücken.

   „Stellt euch Gott zur Verfügung als Lebende aus den Toten“ (Rö 6,13).

   a. Bete Gott also als jemand an, der vollkommen von Gott angenommen wurde, der seine Zuneigung besitzt – nicht als ein beschämter Bettler, sondern als einer, der erweckt ist und auf dem Schoß des Vaters sitzt.

   b. Sie kämpft nicht mit Gedanken der Verurteilung oder Furcht vor Ablehnung.

B. Sie sitzt und ruht. Sitzen ist der Schlüssel. Das wird auch in 2,3 erwähnt.

C. Bei all seiner Freundlichkeit als das sanfte Lamm Gottes ist er immer noch der große König. Er ist nicht nur das Lamm, sondern auch der Löwe von Juda, der mit großer Leidenschaft für uns brüllt. Der Löwe und das Lamm gehören in 1,12 zusammen. Es ist so wichtig zu erkennen, dass dort ein herrlicher, glorreicher König am Tisch sitzt.

   1. Sie hat einen ersten Eindruck von Jesus als König mit all seiner Autorität.

   2. Aus dieser königlichen Autorität heraus spricht er von seiner Zuneigung. Der Eine, der sagt: „Ich liebe dich“, ist der König der Schöpfung. Deshalb können wir da-

rauf vertrauen, dass er seinen Plan auch ausführen kann, denn er ist nicht nur ein ohnmächtiger Liebhaber.

D. Die Frage von 1,7 lautete: „Wo wirst du mich weiden?" Sie wird teilweise in 1,8-11 beantwortet. Er nährt sie an seinem Tisch mit den Früchten seiner Erlösung. Sie wird mit der Wahrheit des Herrn genährt.

III. Ihre dreifache Antwort auf die Versorgung des Königs

„Meine Narde gibt ihren Duft. Ein Myrrhenbeutelchen ist mir mein Geliebter, das zwischen meinen Brüsten ruht. Eine Blütentraube vom Hennastrauch ist mir mein Geliebter, aus den Weinbergen von En-Gedi" (1,12b-14).

A. Der Duft ihrer Anbetung steigt zu Gott als Parfüm auf. Der Herr erfreut sich an dem Aroma und dem Duft, der ihrem Geist entströmt, wenn sie am Tisch Gottes sitzt.

„Meine Narde gibt ihren Duft" (1,12).

1. Die Narde spricht von ihrer spontanen Anbetung.

2. Während sie an des Königs Tafel sitzt und sich mit den Wahrheiten des Kreuzes ernährt, steigt spontane Anbetung und Bewunderung als Wohlgeruch zu Gott auf. Die Offenbarung der königlichen Versorgung an seinem Tisch ruft eine Antwort in ihr hervor, die zu Gott aufsteigt.

3. Ihr Duft („Parfüm") steigt zu Gott und Menschen auf, wenn sie das empfängt, was Jesus für sie bereithält. Die Gemeinde zu Korinth war eine der am fleischlichsten gesonnenen im NT, aber Paulus bekundete ihnen: „Wir sind ein Wohlgeruch Christi für Gott" (2. Kor 2,15), mit anderen Worten: Wenn Gott den Geruch deines Lebens riecht, dann riecht er buchstäblich den Wohl-

geruch seines Sohnes. Jesus Christus hat einen wirklichen Duft, das ist Teil seiner göttlichen Person. Dieser Duft ist für den Vater so lieblich. Der ganze Himmel ist mit diesem Duft erfüllt.

„Gott ... offenbart durch uns an jedem Ort den Wohlgeruch seiner Erkenntnis. Denn wir sind ein Wohlgeruch Christi für Gott unter denen, die errettet sind, und unter denen, die verloren gehen; den einen ein Geruch des Todes zum Tode, den anderen aber ein Geruch vom Leben zum Leben" (2. Kor 2,14-16).

a. Der Herr erfreut sich an dem Wohlgeruch, der von unserem Geist ausgeht, wenn wir unsere Aufmerksamkeit auf das richten, was der Herr für uns bereitet hat. Das, womit er sie ernährt, bewirkt einen Duft in ihr, der von ihr zu Gott aufsteigt.

b. Wenn uns die Offenbarung seines Tisches berührt, steigt unser Duft spontan und mühelos zum Herrn auf.

4. Was ist das für ein Duft, der aus unserem Geist zu Gott emporsteigt? Was sieht Gott, wenn er dich ansieht? Riecht er den Duft des Ruhens im und der Dankbarkeit über das Kreuz? Oder ist es der Gestank von religiösem Abmühen und Gesetzlichkeit?

   a. Die Offenbarung des Kreuzes bewirkt große Dankbarkeit. Mühelos steigt daraus Gebet hervor.

   b. Während des Tages wird es ganz spontan aus unserem Herzen erklingen: „Ich liebe dich, ich liebe dich, denn du liebst mich." Dieser „Anbetungsduft" sendet seinen Wohlgeruch zu Gott empor. Wenn wir uns von ihm umarmt fühlen, dann steigt dieser Duft zu Gott auf – statt dem Geruch von Angstschweiß.

c. Viele Menschen sind von Verdammnis und Verurteilung erfüllt. Sie spüren keine Sicherheit in der Gegenwart Gottes. Deshalb können sie nicht in die Anbetung kommen. Sie singen Lieder, sind aber unfähig, ihr Herz zu öffnen, weil sie Angst haben, dass sie von Gott gerichtet werden. In der Gegenwart Gottes verhalten sie sich immer sehr zurückhaltend.

5. In Lukas 7 kam die Prostituierte in das Haus von Simon, dem Pharisäer, gelaufen. Sie zerbrach die Alabaster-Flasche über Jesu Füßen. Das natürliche Parfüm, das den Raum erfüllte, war ein Zeichen des geistlichen Parfüms, das Jesus in ihrer Hingabe sah. Der Duft, der den Raum dabei erfüllte, war ein Abbild des Duftes, der zu Gott gelangt, wenn wir ihn anbeten.

B. Sie versteht das übermäßige Leiden Jesu am Kreuz. Myrrhe wird achtmal im Hohelied erwähnt. Es ist ein süßes Parfüm, ein Sinnbild für die Süße, die aus seinem Tod hervorströmt. Es war eine sehr teure Substanz, ein Sinnbild für Leiden. Als Jesus starb, wurde er mit Myrrhe begraben.

„Ein Myrrhenbeutelchen ist mir mein Geliebter“ (1,13).

1. Myrrhe ist eine teure, balsamische Flüssigkeit, die oft von Leiden und Tod spricht. Es war ein teures und starkes Parfüm, das nur von reichen Menschen benutzt wurde.

   a. Jesus war mit Myrrhe geboren worden. Die drei Weisen brachten dieses Balsamgewürz als ein prophetisches Zeichen, das auf seinen Tod hindeutete, zu Jesu Geburt mit. Die drei Geschenke, die sie mitbrachten – Gold, Myrrhe und Weihrauch –, sprachen prophetisch von seiner Göttlichkeit, seinem Dienst und seinem Tod.

b. Jesus wurde mit Myrrhe begraben. Als Maria das Grab sehen wollte, brachte sie Myrrhe und Gewürze mit, um seinen Leib damit zu salben.

2. Es war ungewöhnlich, dass eine Frau einen Beutel teurer Myrrhe als Anhänger um ihren Hals trug. Was für ein außergewöhnlich wertvolles Geschenk von Salomo für seine junge Frau.

3. Der Beutel Myrrhe spricht von Jesu Tod als von einem „reich erfüllten Tod", der außergewöhnlich teuer für Gott war. Als sie sagte: „Du bist wie ein Beutel Myrrhe", sagt sie: „Ich verstehe das Übermaß deines Leidens, ahne etwas von dem, was du meinetwegen durchmachtest. Nach all dem, was du am Kreuz für mich erduldet hast, muss ich sehr, sehr wichtig für dich sein."

C. Sie denkt ständig über das Kreuz nach.

„... das zwischen meinen Brüsten ruht" (1,13b)

1. Diese Myrrhe liegt ständig nah an ihrem Herzen und durchdringt ihren Geist, während sie auf ihrem Bett meditiert. Der kostbare Tod Jesu liegt die ganze Nacht auf ihrem Herzen.

   a. Sie denkt über den Tod Jesu nach, bis es ein Teil von ihr wird. Meditation über das, was seine Sühne für sie bewirkt hat, Meditation über das Leben der Gnade. Es ist für sie immerfort ein Wunder, dass Gott Mensch wurde und für ihre Sünden starb. Darum geht es bei der Festtafel. Gott nährt uns an seinem Tisch der Gemeinschaft mit dem Werk des Kreuzes.

   b. Während der Nacht denkt sie darüber nach. Die Nacht spricht von einer Zeit der Dunkelheit in ihrer Schwachheit und auch von ihrer Beständigkeit durch alle Jahre hindurch. „Die Nacht" trägt den Gedanken der Beständigkeit in sich.

2. Paulus freute sich immer am Kreuz, und sie sagt hier das Gleiche aus. Sie wird niemals müde, über das Kreuz nachzusinnen. Wenn das für uns langweilig wird, dann liegt es daran, weil wir es nicht verstanden haben.

   „Mir aber sei es fern, mich zu rühmen als nur des Kreuzes unseres Herrn Jesus Christus“ (Gal 6,14).

3. Dass der ewige Gott Menschengestalt annehmen sollte, ist so wunderbar, dass man es nicht wirklich ganz erfassen kann, es ist einfach zu erstaunlich. Die ganze Ewigkeit hindurch werden wir neue Offenbarungen über das Kreuz Jesu besingen. Eine Million Jahre – von jetzt an gerechnet – werden wir noch überwältigt sagen: „O, der herrliche Tod Jesu.“ Und für weitere Millionen von Jahren wird er ein Beutel Myrrhe sein, das auf unserem Herzen liegen wird. Wenn wir wirklich erkennen, wer er ist und was er tat, wird unser Herz in alle Ewigkeit voller Ehrfurcht und überwältigt von Dankbarkeit sein.

D. Ihre dritte Antwort ist die Beschreibung seiner Schönheit.

„Eine Blütentraube vom Hennastrauch ist mir mein Geliebter“ (1,14a).

1. Jesus ist für sie wie eine Traube des Hennastrauchs, gefüllt mit süßem Duft. Mit andern Worten: Er ist kein bedrückender Gott, sondern er ist für sie lieblich und wunderbar.

   a. Wenn wir durch Offenbarung seine Persönlichkeit erkennen, deren höchster Ausfluss sein Werk am Kreuz ist, dann werden wir auch mit freudigem Herzen sagen: „Eine Blütentraube vom Hennastrauch ist mein Geliebter.“

   b. Die Religion hat den Menschen ein Bild von einem belastenden, ärgerlichen Gott vermittelt, doch so ist er nicht.

c. Wir müssen von ganzem Herzen einen gütigen und freundlichen Gott verkündigen. Die Freundlichkeit Gottes wird die Menschen zur Buße führen. Buße ist der unvermeidliche zweite Schritt, nachdem wir die Menschen mit Gottes Freundlichkeit bekannt gemacht haben.

„Oder verachtest du den Reichtum seiner Gütigkeit und Geduld und Langmut und weißt nicht, dass die Güte Gottes dich zur Buße leitet?" (Rö 2,4)

2. Was unser Gott uns verkündet hat, sind unbegreiflich gute Nachrichten. Wir müssen der ganzen Welt erzählen, dass er wie solch eine „Blüte vom Hennastrauch" ist.

3. „Seine Gebote sind nicht schwer", wenn wir verstehen, wer er ist.

„Denn dies ist die Liebe Gottes ... seine Gebote sind nicht schwer" (1. Joh 5,3).

4. Das Joch Gottes ist leicht, wenn wir zu dieser herrlichen Person kommen statt zu einer Religion.

„... denn mein Joch ist sanft und meine Last ist leicht" (Matth 11,30).

E. Ein duftender Garten ist berauschend, und so berauscht ist sie von seiner unbeschreiblichen Süße. Seine Zartheit, obwohl er unsere Sündhaftigkeit erkennt, ist einmalig und berauschend für unsere Herzen.

„... aus den Weinbergen von En-Gedi" (1,14b).

1. Die Weinberge von En-Gedi waren für ihr wunderbares Aroma bekannt, den schönste nur vorstellbaren Duft.

2. Es war der Ort, wo der Hennastrauch am besten gedieh. Die Gegend war bekannt für diese besondere Pflanze.

F. Das Prinzip, Gott ohne Zurückhaltung anzubeten

„... dass wir Freimütigkeit haben am Tag des Gerichts ... die vollkommene Liebe treibt die Furcht aus, denn die Furcht hat mit Strafe zu tun. Wer sich aber fürchtet, ist nicht vollendet in der Liebe“ (1. Joh 4,17-18).

1. Hierbei geht es um die Furcht vor Gottes Gericht im Leben aufrichtig Gläubiger. Diese Furcht verursacht Qualen in der Beziehung zum Herrn. Reife Erkenntnis der Liebe Gottes vertreibt die quälende Furcht aus dieser Beziehung. Furcht vor Gericht führt dazu, dass wir uns innerlich zurückhalten. Alle Furcht vor Ablehnung muss ein Ende haben. Diese Furcht hat nichts mit der „Furcht des Herrn“ zu tun; das ist eine total andere Furcht.

2. Gott mit einem offenen Geist rückhaltlos anzubeten ist wichtig für geistliches Wachstum. Viele Gläubige beten Gott an, indem sie sagen: „O Gott, ich liebe dich, aber bitte gib mir nochmal eine Chance, bevor du mich vernichtest!“ Sie fürchten, dass Jesus sie ablehnt und verurteilt.

3. Du kannst Gott jahrelang in einer lebendigen Gemeinde anbeten, aber wenn du fürchtest, dass er dich ablehnt, dann ist diese Beziehung quälend.

IV. Vier Schlüssel-Statements, die ihr Wachstum zeigen

Das Hohelied beschreibt ihren Werdegang von der Selbstzentriertheit zur Gotteszentriertheit in vier Schlüsselstatements. Sie beginnt damit, dass sie total auf sich selbst fixiert ist, und endet, gereift, mit Gott im Mittelpunkt. Diese Entwicklung können wir durch das Buch hindurch anhand dieser vier Aussagen verfolgen, die an strategischen Plätzen zu finden sind. Sie zeigen ihren Reifewerdegang (1,14; 2,16; 6,3; 7,10). Am Anfang ist ihr einziger Fokus ihre *eigene* Freude an Jesus. Sie spricht darüber, was *er für sie* bedeutet, ohne sich darüber bewusst zu sein, was *sie ihm* bedeutet.

In 2,16, 6,3 und dann 7,10 gebraucht sie zwar die gleiche Sprache, ändert aber die Anordnung, um ihr Anliegen zum Ausdruck zu bringen, was *sie für Jesus* ist. Jesus ist ihr Erbteil, doch ist es ebenso wahr, dass sie Jesu Erbteil ist.

V. Die Offenbarung, wie schön sie für Gott ist

A. In dieser Phase kombiniert Jesus bewusst zwei Aspekte, um das bräutliche Paradigma zu betonen. Er spricht klar von der Schönheit, die sie durch seine Gnade besitzt, dann fügt er die Offenbarung seiner Zuneigung ihr gegenüber hinzu, die er „meine Geliebte, meine Freundin" nennt. Diese Kombination bewirkt Ungeheures in ihr.

„Siehe, du bist schön, meine Freundin, siehe, du bist schön! Deine Augen sind Tauben" (1,15).

1. Jesus betont hier ihre Schönheit. Gott möchte seinen Wohlgeruch und seine Schönheit in seine Braut hineinlegen. Er spricht direkt zu ihr. Er sagt zweimal ausdrücklich „Du bist schön". Wir können die Bedeutung dieses Abschnittes ihres Lebens gar nicht genug betonen.

   „Siehe, du bist schön ..., siehe, du bist schön!" (1,15)

2. Solange wir uns beschmutzt fühlen und uns schämen, werden wir uns zurückziehen. Jesus fügt jetzt ihre dreifache Erfahrung von 1,12-14 hinzu, als sie eine neue Tiefe in spontaner Anbetung erlebte, eine beständige Meditation und eine neue Proklamation seines Wohlgeruchs. Das ist ein bedeutendes Fundament, bevor sie

eine noch viel schwierigere Wahrheit annehmen kann: Die Wahrheit ihres Schönseins für Gott. Diese Wahrheit wird zwar schnell, aber oberflächlich befürwortet, doch das Herz kann sie nicht leicht annehmen. Wir haben einen natürlichen Widerstand in uns, diese Wahrheit anzuerkennen, obwohl wir diesen Gedanken eigentlich sehr gern haben. Es ist eine schwierige Wahrheit, die nur schwer in das persönliche Gebetsleben mit einfließt. Wir dürfen nicht zufrieden sein, bis die Gläubigen in ihrem persönlichen Gebetsleben mit befreitem Geist sagen können: „Ich bin schön für Jesus, ich bin seine wahre Geliebte." Er betont es, weil sie geistlich noch jung ist und diese Wahrheit so stark in ihrem Leben braucht.

3. Die Offenbarung der Schönheit des gesamten Leibes heilt Beziehungen.

   a. Manchmal empfinden wir die Gemeinde als „hässlich". Gott schaut aber diese Menschen an und ruft aus: „Schön!" Sogar die Gläubigen, die Druck in unserem Leben verursachen, sind für Gott in Jesus schön. In Zeiten von Schwierigkeiten in den Beziehungen ist es diese Wahrheit, die uns festhält, wenn wir erkennen, dass Gott über alle Christen entzückt ist, sogar über die, die uns übel wollen.

   b. Manche von uns müssen ihre Sicht über die Braut Christi neu definieren, denn wir sind „dunkel" im Herzen, aber immer noch liebenswert für Gott. Je mehr ich Gottes Herz für mich erkenne, desto leichter ist es zu sehen, wie Gottes Herz auch für die anderen empfindet. Wenn ich verstehe, dass sein Herz angesicht meiner überwältigt ist, dann kann ich glauben, dass sein Herz auch für andere in dieser Weise empfindet. Der einzige Grund, weshalb ich glaube, dass Gott auch über die anderen begeistert ist, ist, weil ich mich mit der Wahrheit genährt habe, dass er über mich begeistert ist. Das gibt uns viel größere Geduld für unsere Brüder und Schwestern.

4. Er überzeugt sie von ihrer Schönheit schon während ihrer geistlichen Unreife. Gott ist ein Gott, der schwache Menschen durch die Gnade Jesu als schön ansehen kann.

   a. Sie sah dies schon am Anfang ein wenig, als sie bekannte: „Ich bin dunkel in meinem sündigen Herzen, aber liebenswert für Jesus" (1,5-6).

   b. Er sagt: „Du bist schön." Wir müssen diese Wahrheit wieder und wieder betonen. Wir müssen die Wahrheit betonen, wie Jesus in seiner Gnade schwache Menschen als „schön" ansieht (1,8a).

   c. Er sagt: „Du bist meine Geliebte" (1,9b).

   d. Er sagt: „Deine Wangen sind lieblich" (1,10).

   e. Er wird von ihr in *seiner* Schönheit gesehen (1,12-14).

   f. Er sagt „Du bist schön" (1,15).

B. Jesus sieht sie als aufrichtig an

„Deine Augen sind Tauben" (1,15).

1. Die Taube war in der Bibel immer ein Bild des Heiligen Geistes, schon bei Noah.

2. Eine Taube spricht von der klaren Ausrichtung, Aufrichtigkeit (der Absichten), denn Tauben können nicht peripher sehen, sie sehen immer nur den Gegenstand direkt vor sich. Das spricht auch von Aufrichtigkeit und Treue, denn Tauben haben nur einen „Ehe"-Partner.

a. Tauben sind ihrem Partner während ihres ganzen Lebens treu. Wenn einer von ihnen stirbt, werden sie nie wieder einen andern Partner haben.

b. Sie haben keine periphere Sicht (zur Seite hin). Sie können nur geradeaus schauen. Die Taubenaugen können nicht auf zwei Dinge gleichzeitig fokussieren (Matth 6,22).

3. Der Heilige Geist ist einseitig auf die Herrlichkeit Jesu ausgerichtet. Es ist ihm unmöglich, etwas anderes zu sein als vollkommen treu.

4. Die Taubenaugen sprechen von ihrer Fähigkeit, die erlösende Wahrheit zu sehen. Sie sprechen von ihren Augen des Glaubens und der Vision. In ihrer Offenbarung in 1,12-17 geht es nur um ihren Glauben an die erlösenden Wahrheiten.

5. Sie vertraut unverwandt auf die Gnade, statt sich in einem Augenblick sicher zu fühlen und im nächsten Verdammnis zu empfinden. Der Herr sagt: „Ich liebe dich, deine Augen sehen die Wahrheit.“ Sie fängt an, das zu verstehen.

VI. Ihre dreifache Antwort auf Gottes Zuneigung (1,16-17)

A. Dies ist ihre dreifache Antwort darauf, dass Gott gerade gesagt hatte: „Du bist schön, du bist schön, du hast Taubenaugen.“ Sie ist überwältigt davon, wie wunderbar es ist, so geliebt zu sein, wie es in 1,15 ausgedrückt wird.

„Siehe, auch du bist schön, mein Geliebter, und hold, und unser Lager ist frisches Grün. Die Balken unseres Hauses sind Zedern, unsere Dachsparren sind Wacholder“ (1,16-17).

B. Ihre Offenbarung der Schönheit Jesu und ihre geistliche Freude in Jesus.

„Siehe, auch du bist schön, mein Geliebter, und hold“ (1,16a.b).

1. Seine Liebenswürdigkeit durchdringt ihren Geist. Er wird für sie immer schöner, je mehr sie ihn erkennt. Als der Herr sagt: „Du bist schön, ich liebe dich“, erweckt das eine neue Tiefe der Offenbarung in ihr, wie gewinnend er ist.

2. Er bereitet ihr Freude in der Tiefe des Herzens. Sie ist fasziniert, wenn sie seine Schönheit anschaut. In 1,12-17 findet ein Austausch tiefer Empfindungen zwischen den beiden statt. Sie haben Gemeinschaft im Heiligen Geist, ein spontaner Fluss von Herz zu Herz.

3. Jetzt, wo sie mit dem Brautgedanken des Reiches Gottes bekannt gemacht wurde, haben die Dinge sich verändert. Sie erlebt jetzt eine wunderbare Zeit in der Gnade Gottes, da sie aus der Phase herausgekommen ist, wo sie ihren Weinberg nicht gehütet hat.

4. Wenn Jesus einem Gläubigen schön und lieblich erscheint, dann erscheint es so vernünftig, völlig gehorsam zu sein. Wenn wir uns innerlich an den Gedanken gewöhnen, dass er sich an uns erfreut, dann beginnen wir, auch Freude an ihm zu haben. Wenn wir die Offenbarung seiner Schönheit haben, dann erkennen wir unsere Schönheit in ihm, dann scheint es uns kein Opfer mehr zu sein, wenn wir Dinge aufgeben, die uns von ihm wegziehen könnten. Es ist für uns eher eine Freude, uns ihm mehr hingeben zu können.

C. Ihre völlige Ruhe in Jesus.

„Siehe, auch du bist schön ... unser Lager ist frisches Grün“ (1,16).

1. Dieses grüne Bett spricht von Ruhe und Sicherheit ohne Furcht vor Gericht oder Ablehnung. Sie sagt:

„Ich ruhe in Sicherheit auf dem grünen Bett des Herrn." Sie sitzt mit ihm in himmlischen Orten auf des Herrn Bett (Eph 2,6).

2. Es ist ein grünes Bett. Das spricht von Überfluss. Die Lagerstatt des Herrn ist gepolstert, grün und voller Leben. Es ist eine Ruhe in Gott, die blüht und wächst, statt ausgedörrt und unfruchtbar wie eine Wüste zu sein. Sie ruht in der Liebe Gottes.

3. Es ist „unser Bett". Sie ist auf seinem Bett und jetzt ist es ihr Bett. „Unser Bett, unser Lager" spricht davon, dass sie als Miterben vereint sind. „Unser" spricht von vollkommener Vereinigung in Gottes Gnade als Miterben (Rö 8,17).

D. Ein ewiges Haus der intimen Nähe, des Wohlgeruchs und der Sicherheit in Jesus

„Die Balken unseres Hauses sind Zedern, unsere Dachsparren sind Wacholder" (1,17).

1. Die Balken und Sparren sorgen für die Struktur ihres Hauses. Sie sind aus hartem, starkem und duftendem Holz gemacht. Zeder und Wacholder wurden zum Bau des Tempels benutzt, kräftige, duftende Hölzer. Das Haus des Herrn ist eine sichere Sache.

   a. In der Symbolsprache des Tempelbaus steht Holz als Bild für Menschlichkeit.

   b. Das Haus des Herrn ist sicher gebaut mit starkem und hartem Holz. Es wird also nicht verrotten oder vergehen oder unter Druck zusammenbrechen. Es ist sicher und langlebig in seiner Schönheit und seinem Wohlgeruch. Jesus wurde Mensch und bereitete uns ein sicheres und dauerhaftes Haus für seine Braut.

c. Ihr Zusammenleben mit dem Herrn ist stark, andauernd und durchgängig. Es gibt kein dauerhafteres Haus als das, das aus Zedern und Wacholder gebaut ist. Jesu Haus ist das teuerste und schönste. Sein Haus ist sicher. Sie sieht den Reichtum des Kreuzes und die Sicherheit, für immer bei ihm in seinem Haus sein zu dürfen.

2. „Unser Haus“ spricht davon, für immer ganz eng zusammen zu leben. Die gesamte Gemeinde Jesu hat dieses unglaubliche Vorrecht, sich auf die Ewigkeit freuen zu dürfen (1. Petr 3,16).

VII. Ihre Identität als das schöne Erbe Jesu (2,1)

Ihr erstes großes Bekenntnis ist „Ich bin dunkel, aber lieblich“ (1,5). Sie sah Jesu Schönheit, dann sah sie, dass er ihr seine Schönheit gegeben hat. Dann gab er ihr seine Lagerstatt und sein Haus. Jetzt ist sie vorbereitet, eine andere Dimension ihrer Identität zu erfassen. Jetzt macht sie ihr zweites Bekenntnis: „Ich bin eine Narzisse (oder: Rose) von Scharon, eine Lilie der Täler.“ Sie sieht sich auf ihrer ausgeschmückten Lagerstatt liegend, ruhend in einem schönen Haus, das ewig bleibt und das solide gebaut wurde.

„Ich bin eine Rose von Scharon, eine Lilie der Täler“ (2,1).

A. Sie entdeckt eine tiefere Dimension dessen, wer sie in Jesus ist. Dann ruft sie aus:

„Ich bin die Rose von Scharon“ (2,1a).

1. Das ist ihre höchste Identität als Braut Christi. Diese Offenbarung kann nur erlangt werden, wenn man ein klares, fundiertes Verständnis über den Reichtum der Erlösung in Christus hat (1,12-17).

2. Einige Kommentare sagen, dass Jesus selbst die Rose sei, während andere die Braut als solche sehen.

   a. Ich bin überzeugt, dass hier die Braut spricht.

   b. Im nächsten Vers identifiziert Jesus die Lilie als die Braut.

3. Die Übersetzungen unterscheiden sich hier in ihren Anmerkungen und Überschriften erheblich. Diese sind natürlich nicht „inspiriert“; die Übersetzer und Ausleger geben hier ihre Sichtweise wieder.

4. Viele Ausleger und Übersetzer kommen zu unterschiedlichen Ergebnissen. So neigen manche der natürlichen Interpretation zu und nicht der allegorischen. Niemand sollte beunruhigt sein, wenn er feststellt, dass unterschiedliche Übersetzungen nicht hundertprozentig übereinstimmen.

5. Dieses Bekenntnis geht noch weit über das hinaus, dass sie lieblich und von Gott begehrt ist. Sie ist jetzt das Erbe, das der Vater seinem Sohn versprochen hat. Es ist eine Sache, jemanden in tiefer Weise genießen zu können, eine andere jedoch, wenn diese Person dein ewiges Erbteil ist. Die Braut beginnt zu verstehen, dass sie *das* Erbe ist, das der Vater seinem Sohn versprochen hat.

6. Sie erkennt, dass der Vater Jesus einen großen Preis versprochen hat. Sie weiß, dass dieser Preis eine Braut ist, die hier als Rose beschrieben wird. Sie sagt: „Ich bin das Erbe, das Gott seinem Sohn versprochen hat.“ Es gibt nur eine Rose, nach der Jesus Christus sich sehnt. Sie sieht, dass sie diese Rose ist, die das Herz Jesus Christi berauscht und gefangen nimmt. Sie sieht sich selber als mehr als geliebt von Gott.

7. Der Vater hat diese Rose für seinen geliebten Sohn herangezogen. Diese Rose ist eine Braut, die das Verlangen hat, Jesus Christus völlig zu lieben. Das ist die Prämie, die ihn mehr erfreut als alles andere. Diese Rose ist die Fülle von allem, das Jesus außerhalb der Dreieinigkeit begehrt.

8. Das Mädchen versteht, dass sie dieser große Preis ist. Sie sagt: „Ich bin die Rose, das Erbe, das der Vater seinem Sohn versprochen hat." Wenn uns dämmert, *dass wir diese Rose sind*, selbst in unserer Schwachheit und Unvollkommenheit, dann findet etwas Kraftvolles in unserem Innern statt. Endlich gewinnt sie Zugang zu diesem Gedanken, dass das ihre eigentliche Identität ist. Sie ist die Rose. Das ist mehr, als geliebt zu sein. Die Engel sind auch geliebt. Wir sind Miterben, die den Samen Gottes in uns tragen. Wir werden mit Jesus Christus auf dem Thron sitzen und die Schöpfung regieren, ganz anders als die Engel. Das ist eine ganz wichtige Offenbarung, gerade jetzt am Anfang der Reise.

B. Ihre neue Identität als die einzige reine Braut in Jesus

„Ich bin ... eine Lilie der Täler" (2,1b).

1. Lilien sprechen von Reinheit. Sie macht das nächste Bekenntnis: „Ich bin das Einzige in dieser Welt, das in Gottes Augen rein ist." In Gottes Plan gibt es nur eine Lilie. Manche übersetzen *eine* Rose und *eine* Lilie, ich würde jedoch – wie es auch viele Bibelausgaben tun – eher *die* Rose und *die* Lilie übersetzen.

2. Sie ist die Lilie des Tales. Das Tal spricht von den niederen, dunklen Orten der gefallenen Welt. Sie sagt: „Wenn Gott über die Erde schaut, sieht er nur ein reines Ding in der ganzen Schöpfung – die Braut Christi." Sie sagt: „Ich erkenne, dass Gott mich in dem dunklen Tal der Welt als *die* Lilie ansieht." Nicht, dass sie hier

die Dinge unrealistisch sieht, indem sie vielleicht annimmt, dass alle Dunkelheit ihres Herzens jetzt weg sei. Aber das Negative ist nicht mehr das Vorherrschende. Die Gemeinde (die Braut) Christi ist das Einzige, was Gott in dieser gefallenen Welt als unschuldig und rein ansieht. Sie fühlt sich rein, unschuldig vor Jesus.

3. Bis zur völligen Reife hat sie noch sieben Kapitel vor sich. Es ist nur wichtig, schon am Anfang unserer Reise die Erkenntnis zu festigen, dass wir die Rose sind, die Gott begehrt. Viele Gläubige können sich nicht vorstellen, wie man solch ein Bekenntnis so kühn aussprechen kann.

    a. In Psalm 2,8 wurde Jesus durch seinen Vater ein Erbe versprochen. Paulus betet, dass wir verstehen sollen, dass wir das Erbe sind, das der Vater seinem Sohn verheißen hat (Eph 1,18). Das große Gebet für die Epheser war, dass die Gemeinde versteht, dass sie das Erbe sind, auf das Gott wartet, dass die Gemeinde bekennt: „Ich bin die Rose von Scharon."

    b. Paulus betete: „Öffne die Augen ihrer Herzen und lass sie sehen, dass sie *das* Erbe Gottes sind." Wenn wir diese Wahrheit verstehen, dann erwacht etwas in uns, das uns stark macht gegen den Feind. Paulus wusste, dass dieses Verständnis das bewerkstelligen würde.

4. Dieses Bekenntnis bestimmt ihr ganzes Leben neu. Es wird auch unser Leben neu definieren, auch unser Verständnis von „Erfolg". Es wird uns als Person neu definieren. Wir sind von Gott geliebt, *Geliebte Gottes*. Das ist es, was wir sind. Es verändert unser Leben, wenn das in unser Herz eindringt.

VIII. Ihr einzigartiger Wert und ihre Schönheit für ihn

A. Jesus bestätigt ihr Bekenntnis in 2,1 und erklärt, dass sie die Lilie ist.

„Wie eine Lilie unter Dornen, so ist meine Freundin unter den Töchtern“ (2,2).

1. Dornen sprechen von Sünde. Nach 1. Mose kamen die Dornen aufgrund von Sünde auf. (1. Mo 3,18 erzählt davon.) Adam sündigte und die Dornen kamen in den Garten. Der Hebräerbrief (6,8) spricht auch von Dornen und Disteln im Zusammenhang mit Sünde.

2. Sie ist wie eine Lilie – das spricht von Heiligkeit inmitten einer Welt der Sünde. Sie sucht die Reinheit, während sie noch in einer Welt der Sünde lebt. Unter allem Religiösen auf Erden ist sie die Braut, die Lilie unter den Dornen.

B. „Gott hat uns mit Herrlichkeit und Ehre gekrönt“ (Heb 2,7).

„So ist meine Freundin unter den Töchtern“ (2,2b).

1. Ursprünglich hat Gott uns so geschaffen, dass wir für ihn begehrenswert sind. Er hat die Menschen mit Herrlichkeit und Ehre gekrönt. Wir sind die Königin, die am Hof Gottes mit Ehre und Herrlichkeit gekrönt wurde.

2. Er hat uns so geschaffen, dass nur wir die ganze Fülle und die ganze Tiefe der Liebe Gottes hervorlocken können. Er würde nicht für Engel sterben. Er starb nur für uns. In der Art und Weise, in der er uns schuf, liegt etwas, dass Gottes Liebe zur vollsten Wirkung kommen lässt.

IX. Ihre Erkenntnis seines einzigartigen Wertes und seiner Schönheit

A. Ihre Anfangserfahrung ist die des geistlichen Ruhens, der Freude und des geistlichen Vergnügens an Jesus

„Wie ein Apfelbaum unter den Bäumen des Waldes, so ist mein Geliebter unter den Söhnen“ (2,3).

1. Sie hat seinen einmaligen Wert erkannt, er ist für sie wie ein erfrischender Apfelbaum. In 2,5 spricht der Apfelbaum von etwas Erfrischendem. Sie vergleicht den Herrn Jesus mit einem belebenden Apfel. „Du bist für mich jemand, der mich erfrischt, belebt, ja, zu neuem Leben erweckt!“

   a. In 2,3 sie wird zum erfrischenden Apfelbaum geführt.

   b. In 8,5 erinnert Jesus sie an die Bedeutung des erfrischenden Apfels.

2. „Bäume des Waldes“ – damit sind die anderen Menschen auf der Erde gemeint. Sie sieht, dass er unter allem, was existiert, die beste Erfrischung verspricht. Er ist ein Apfelbaum unter den Bäumen des Waldes.

3. Bäume weisen oft symbolisch auf Menschlichkeit, Menschsein hin. So wird in der Stiftshütte und im Tempel die Verwendung von Hölzern erwähnt, die mit Gold überzogen wurden. Die Bedeutung ist klar: Das Menschliche wird von der Herrlichkeit Gottes überdeckt.

X. Geistlich zur Ruhe kommen und Jesus genießen

A. Ihre erste Erfahrung des geistlichen Ruhens in Jesus

„In seinem Schatten zu sitzen, gelüstet's mich" (2,3c).

1. „Sein Schatten" – das ist erst der Anfang des Anfangs. Sie hat noch sieben Kapitel vor sich. Weil er so ist, wie er ist, und wegen seiner Erlösungstat gibt es Schatten für eine gefallene Welt.

   Wir können diesen Schatten nicht produzieren. Wir versuchten, in unserem eigenen Schatten zu ruhen, aber das ist nicht sein Schatten.

2. Sein Schatten ist erfrischend. Sie ruht in seinem Schatten, sie findet den Schatten und versteht, dass es der seine ist und nicht der ihre.

3. „... zu sitzen ..." – sie setzt sich hin und ruht. Sie steht nicht auf ihren eigenen Füßen und stützt sich nicht auf ihr Tun. Sie ist nicht produktiv. Sie ruht, sitzt, arbeitet und kämpft nicht. In 1,16 ruhte sie auf dem Bett. Sie wächst in der Reife, die in 8,5 beschrieben wird, indem sie sich immer wieder unter dem Baum setzt, was sich auf Gott bezieht und das Kreuz bezieht – und nicht auf ihre Reife.

   a. Sie versucht nicht, Gott zu bewegen, sie wegen ihrer guten Taten zu lieben. Das versuchen jedoch viele Menschen. Sie „stehen" und arbeiten hart. Aber sie setzt sich hin, denn es gibt Schatten, wie sie weiß. Gott ist zu 100 Prozent durch das motiviert, wer er ist und was er am Kreuz schon getan hat. Ihre Beziehung zu Gott basiert nicht darauf, wie siegreich sie letzte Woche war. Nein, sie hat sich genährt von der Offenbarung, *wer er ist und was er getan hat.*

   b. Manche Menschen wollen ihre Beziehung zu Gott in *ihrem* Sieg und *ihrer* Reife begründet sehen.

Wenn sie eine „gute Woche" hatten, dann sind sie im Blick auf Gott zuversichtlich, sind sie in Sünde gefallen, fühlen sie sich unwürdig. Sulamits Beziehung zum Geliebten hing nicht davon ab, wie viel Sieg sie letzte Woche hatte. Nein, sie wurde mit der Offenbarung dessen genährt, wer *er* ist und was *er* tat. Besagte Menschen sitzen jedoch nicht unter seinem schattigen Baum. Wenn sie in Sünde fallen, dann fühlen sie sich unwürdig. Sie jedoch weiß: Ich bin die Blume, er der Apfelbaum, der Duftende.

XI. Ihre ursprüngliche Freude, Gottes Liebe zu erleben

A. Ihre anfängliche Erfahrung geistlicher Freude in Jesus

„In seinem Schatten zu sitzen, gelüstet's mich, und seine Frucht ist meinem Gaumen süß" (2,3).

B. „Gelüstet's mich" – das ist der Anfang – und es wird noch intensiver in diesem Buch. Sie fließt über mit der Beschreibung ihrer Freude an Gott. Sie sagt, wie sehr diese Erkenntnis ihr geistliche Freude bereitet hat. Sie genießt Gott wegen ihrer neuen Identität und weil sie solche göttliche Zuneigung empfangen hat. Sie fängt an, sich an Gott zu erfreuen, zwar mit Unterbrechungen, aber die Freude ist da. Schon die nur zeitweise erfahrene Freude an Gott macht einen Unterschied.

1. Sie erfährt Gottes Freude an ihr. Diese Erfahrung hat jetzt im Gegenzug ihre Freude an ihm geweckt. Du wirst des Herrn Gegenwart niemals mehr genießen, als wenn du eine Offenbarung seiner Freude an dir in Phasen deiner Schwachheit erlebt hast. Ich glaube, es ist sehr wichtig, dieses geistliche Vergnügen zu erleben. Ohne diese Erkenntnis können wir uns nicht wirklich an ihm erfreuen.

2. Ihn zu genießen ist wichtig für eine zunehmende Reife. Ich habe niemals jemanden über einen längeren Zeitraum wachsen sehen ohne eine frohe Gemeinschaft mit Gott. Man kann die Zähne zusammenbeißen und eine Zeit lang gehorsam sein, aber irgendwann lässt es nach.

3. Es gibt für den menschlichen Geist keine größere Freude, als wenn wir spüren, wie Gott uns genießt, und wir befähigt werden, unsererseits ihn zu genießen. Es gibt so viele Freuden, die Gott uns Menschen zur Verfügung stellt – mentale, emotionale, physische –, aber die geistlichen sind die tiefgehendsten. Er hat uns so geschaffen, dass die Freude, von ihm umarmt zu werden, das größte ist.

4. Alle Gläubigen können dieses Vergnügen, dass Gott uns genießt, kennen lernen, aber nur, wenn wir im Schatten seines Baumes sitzen. Wenn wir wirklich glauben, wie sehr er sich über uns freut, dann wird tief in uns etwas angerührt, das uns davon abbringt, noch länger aus den zerbrochenen Zisternen zu trinken, von denen uns Jeremia 2 erzählt.

C. Das ist ihre Anfangserfahrung geistlicher Freuden in Jesus

„... *seine Frucht ist meinem Gaumen süß*“ (2,3d).

1. Frucht ist die Folge davon, wenn wir uns an Jesus halten und seine Erlösung empfangen. Es ist die Folge davon, an dem teilzuhaben, was er tat. Darüber redet sie. In 1,7 sagt sie: „Wo weidest du deine Herde?“ Jetzt wird sie von der Liebe Gottes genährt. In 1,12 sitzt sie an des Königs Tafel, aber hier, in 2,3, „schmeckt“ sie – die Frucht ist „ihrem Gaumen süß“. Die Metapher über das Essen am Tisch liegt noch vor uns.

2. Jesus hat sich ihr „in großer Süße“ offenbart: „Seine Frucht ist meinem Gaumen süß.“

3. Wenn er so duftet wie die Blüten in Vers 14, dann muss er „süß" schmecken. Wäre er grausam, wäre er ein Gott, wie ihn uns viele religiöse Traditionen schildern, dann würden wir sagen: Er schmeckt bitter. Disziplin ist ein negativ besetztes Wort. Unsere Herzen vor Gott zu bringen, Gebet, Bibellesen, Meditation und Anbetung erscheinen uns als Pflicht. Der Geschmack wird unangenehm und das deshalb, weil wir in unsere bekannten Vorstellungen von Gott zurückfallen.

4. Warum ist das so? Weil Gott uns so gemacht hat.

   a. Er hat uns die Möglichkeit zu geistiger Freude gegeben, sodass die Erkenntnis über manche Dinge an sich schon Freude bereiten.

   b. Er hat uns zu emotionaler Freude befähigt, sodass wir unseren Ehepartner, unsere Kinder, Eltern und Freunde lieben können. Manchmal spüren wir so viel Liebe in unserem Herzen, dass wir fast zu platzen meinen.

   c. Gott hat uns auch physische Freuden zukommen lassen.

   d. Doch die Freude, dass Gott sich selbst dem menschlichen Geist offenbart, ist die größte von allen.

5. Die Freude an Gott ist wichtig für ein kontinuierliches Wachstum. Ich habe diese Freude in gewissem Maß geschmeckt, aber nicht durchgängig. Es gibt solche Momente, in denen die Freude an Gott in unserem Geist durchbricht. Auch wenn es nicht alle Tage geschieht, meist auch nicht für lange Zeit, so hält die Erinnerung an diese leise Berührung lange an und verändert unser Denken und unsere Einstellung zum Leben.

XII. Nahrung und Versorgung bringen uns zur Ruhe und zur Freude an seiner Gegenwart

„Er hat mich ins Weinhaus hineingeführt, und sein Zeichen (andere üs. *„Banner“*) ***über mir ist Liebe***“ (2,4a).

A. Dieser Vers spricht von Ernährung und Versorgung.

1. Andere Bibelausgaben sagen statt „Weinhaus“ „Festtafel“

2. Das „Weinhaus“ ist der Ort, an dem gefeiert wird, wo wir uns an Gottes Liebe freuen.

3. Der Herr bringt uns dazu, „seine Liebe im Weinhaus zu feiern“. Seit der Erweckung von 1994 weiß die Gemeinde wieder ein wenig mehr über den „Weinkeller“, aber die vollkommene Erfüllung wird es erst beim Hochzeitsmahl, das uns in Offenbarung 19,7 beschrieben wird, geben. Am Ende unserer Reise wird eine Festtafel warten.

4. Sie ahnte etwas von dem „Weinhaus“, dem Festsaal, als sie sagte: „Ich bin die Rose. Ich bin seine Königin, seine Braut, sein Erbteil.“ Diese Offenbarung führt sie zur Festtafel. Es ist das Wissen, wie er angesichts ihrer empfindet, das Wissen, dass sie sein Erbe ist.

5. Der Tisch der Tafelrunde aus 1,12 entspricht dem Tisch beim Hochzeitsmahl in Offenbarung 19,7. Davon spricht auch der Abendmahlstisch.

6. Ich glaube, das hatte David in Psalm 23,5 im Sinn, als er sagte: „Der Herr hat einen Tisch vor mir bereitet, sogar im Angesicht meiner Feinde.“ Dieser Tisch ernährt uns selbst in der Gegenwart unserer Feinde. In der Versuchung gibt es nichts, das uns so nährt wie der Tisch des Herrn.

7. In 1,4 ist es der König selber, der sie in seine Kammern brachte.

   a. Es ist seine Aufgabe, uns zu tragen, wenn wir wie so ein Schaf vom Weg abirren. In Lukas 15,3 verließ er 99 Schafe und verfolgte das eine, das fortlief. Er nahm das verlorene Schaf auf, legte es auf seine Schulter und brachte es zurück. Gottes verlorene Schafe widerstehen oft und schlagen eine Zeit lang um sich, bevor sie Buße tun. Sie hatte verstanden, dass er sie auf seinen Schultern und mit freudigem Herzen zurück an seinen Tisch brachte. Der Herr freut sich allezeit. Wenn die Schafe zurückgetragen werden, dann meckern sie meist und treten um sich.

   b. Sie erkennt, dass er sie dazu bringt, seine Liebe zu feiern. Manchmal wird er uns züchtigen, wenn er uns zurückbringt, trotzdem herrscht in seinem Herzen die Freude über uns. Er ist lediglich eifersüchtig darauf bedacht, alles das fortzunehmen, was uns von ihm wegbringt.

8. Die junge Braut sagt: „Er trägt mich, er bringt mich zurück und nimmt mich auf. Manchmal wollte ich nicht einmal in diese Richtung gehen, aber er trug mich, brachte mich an einen Tisch, in ein Haus." Hier wird seine Liebe gefeiert.

9. Es ist wunderbar, wenn der Herr uns an seine Festtafel führt. Manchmal tut er es auf die Weise, dass er Türen schließt, manchmal schließt er uns ein und verhindert so, dass wir unsere eigenen Wege gehen. Ein anderes Mal spricht er durch sein Wort zu unserem Geist und leitet uns so zu seinem Tisch – oder er spricht zu uns in Träumen und Visionen. Es kann sogar sein, dass er das schlicht durch die Umarmung eines Freundes bewirkt. So oder so, auf die eine oder andere Weise bringt er uns zur Realität seiner Liebe zurück.

B. Dieses Bekenntnis bringt ihr Heilung und Erquickung

„Sein Zeichen (Banner) über mir ist Liebe" (2,4b).

1. Das ist das köstliche Banner, das sie über ihrem Leben wehen sieht. Dieser Dialog fand statt, nachdem sie sich ihres Versagens bewusst geworden war. Das ist ihr Bekenntnis, wenn sie versagt, wenn sie in einer Zeit der Versuchung ist, nicht nur, wenn sie sich über ihr Versagen schämt, sondern auch in Zeiten aktueller Versuchung. Das ist ihr Bekenntnis, wenn sie unter großem Druck steht. Das Banner Gottes steht für seine Liebe – auch in schwierigen Umständen. Sein Banner über dir ist Liebe – nicht Ablehnung.

2. „Sein Banner" definiert ihr Leben und ihre Erfahrung mit Gott. Die früheren Armeen marschierten mit ihren Bataillonen unter einer speziellen Flagge und Farbe, die dadurch klar machten, wer sie waren, zu welcher Einheit und Waffengattung sie gehörten. Wenn sie siegreich heimkehrten, marschierten sie unter ihrer Flagge in einer großen Parade durch die Straßen. Jede Kampfeinheit hatte ihre eigene Flagge. So definierte das „Liebesbanner" ihr Leben, ihre Erfahrung.

3. Das Banner seiner Liebe bestimmt ihr Leben in mindestens dreierlei Hinsicht.

   a. Andere Bibelübersetzungen schreiben: „Sein (Feld-)Zeichen über mir ist Liebe"; der dahinterstehende Gedanke ist der gleiche.

   b. Dieses Banner/Zeichen der Liebe über ihr bedeutet, dass sie Vertrauen in Gottes liebendes Erbarmen in ihrer Schwachheit hat. Das Banner über ihrem Leben heißt nicht „Ablehnung", wenn sie versagt, es heißt „Liebe". Sie kann vor Gott stehen und sagen: „Du liebst mich. Ich bin die Geliebte Gottes, auch wenn ich versage." Sie mag zu Unmoral verführt worden sein (1,6 – die verschleierte Frau), dennoch bekennt sie Gottes Liebe in all ihrem Versagen. Wenn wir fallen – das Banner ist Liebe. Manche leben unter dem Banner der Religiosität. Das ist die Flagge, die sie hissen. Sie leben ein Leben in Scham, das schließlich dazu führt, dass sie noch mehr im Ungehorsam leben.

c. Das Banner zeigt an, dass sie erkennt, dass er alle negativen Umstände so beherrscht, dass sie zu ihrem Besten führen müssen (Rö 8,28). Gott verspricht, dass er entweder die negativen Umstände durch Gebet verändern wird oder dass er zulässt, dass die Umstände noch anhalten, um uns auf diesem Weg in entscheidender Weise zu verändern. So oder so will er unser Leben reicher machen. Diese Erkenntnis kann wesentlich zur Heilung in unserem Leben beitragen.

4. Das Banner, das über uns weht, ist das der Liebe Gottes, nicht das der Sünde, die uns allenfalls zeitlichen Trost geben kann.

5. Wir alle sind Einzelstücke, von der Hand Gottes gefertigt, sowohl was unsere physische Seite betrifft als auch in unserer Persönlichkeit. Deshalb sind wir auch von einmaligem Wert. Gott hat entschieden, wie wir aussehen, zu welcher Volksgruppe und welchem Geschlecht wir gehören. Er hat unsere Gaben und Talente festgelegt und auch bestimmt, welche er uns vorenthalten möchte. In großer Liebe hat er die Generation erwählt, in der wir leben sollten. Er hat die Familie ausgesucht, deren Teil wir sein würden, und hat uns unsere Persönlichkeit und unser Temperament zugeteilt. Ja, er hat auch entschieden, wie unser Gesicht ausschaut und wie unser Körper funktioniert. Schauen wir uns Psalm 139, Vers 6 und die Verse 13 bis 18 an. David verstand, dass das Design Gottes einen Zweck hat, und kommen-

tierte das: „Solch eine Erkenntnis ist mir zu wunderbar!"

C. An dem Tag, an dem die Braut Christi vor dem Herrn steht, wird er sagen: „Wie denkst du über seine Führung und Herrschaft?" – Die Menge wird wie mit einer Stimme zum Vater sagen: „Halleluja! Der allmächtige Gott hat regiert. Er hat mich nicht abgelehnt. Er hat regiert. Er hat mich nicht übersehen. Er hat mich zubereitet und für mich zu meinem Besten regiert. *Sein Banner über mir ist Liebe.*"

XIII. Der Ruf nach einer tieferen Erfahrung intimer Gemeinschaft (2,5)

A. Die Offenbarung und Erfrischung durch das Festmahl, der Schatten, das Bett, das Haus etc. wecken eine tiefe Sehnsucht in ihr. Nach der Offenbarung der Festtafel in 2,3-4 regt sich in ihr ein Verlangen nach einer tieferen Erfahrung der Intimität.

„Stärkt mich mit Traubenkuchen, erquickt mich mit Äpfeln, denn ich bin krank vor Liebe" (2,5).

1. In Vers 5 beginnt sie, den Herrn eifriger zu suchen als je zuvor. In 1,4 bat sie: „Zieh mich". In den Versen 1,5 bis 2,7 gibt der Herr eine erste Antwort auf dieses Gebet, indem er sie dahin bringt, eine außergewöhnliche Anbeterin zu werden.

2. Die ziehende Kraft des Heiligen Geistes ist mächtig und einmalig. In 2,8-4,16 beantwortet der Herr den zweiten Teil des Gebets, dass sie zusammen mit ihm laufen will.

B. Sie sucht die Freude, Jesus tiefer erleben zu dürfen.

„Stärkt mich mit Traubenkuchen, erquickt mich mit Äpfeln" (2,5a,b).

1. In anderen Worten: „Gib mir mehr von Gott!“

2. Der Rosinenkuchen spricht vom Heiligen Geist. Rosinen werden aus Trauben gemacht, die wiederum auch für die Weinherstellung gebraucht werden. Das spricht von dem Werk des Heiligen Geistes.

3. Es ist eine etwas geringere Form als der fließende Wein. Sie sagt: „Gib mir wenigstens das anfängliche Werk des Heiligen Geistes, wenigstens das Seichte“ – denn sie ist in ihrer Aufnahmefähigkeit selbst noch sehr seicht.

   a. Sie möchte erfrischt werden mit Rosinenkuchen. Sie kann mit dem Wein und dem Weinkeller noch nichts Rechtes anfangen. Sie braucht nur ein bisschen von Gott, und doch möchte sie mehr, mehr, mehr. In Vers 5 fängt sie an, den Herrn eifriger zu suchen als je zuvor. Die Offenbarung der Zuneigung Gottes ihr gegenüber hat eine ernsthafte Suche in ihr ausgelöst.

   b. Der Herr zieht sie. Er beantwortet das „Zieh mich“-Gebet mit Offenbarung. Die ziehende Kraft des Heiligen Geistes ist mächtig und einzigartig. In 1,8-2,7 liegt die Betonung darauf, dass er sie dahin zieht, dass sie mehr haben möchte. Sie ist liebeskrank, überfließend vor Entzücken.

4. „Erquicke mich“ zeigt ihr Zutrauen, um mehr zu bitten. Wenn er mich versorgt, dann tut er das nicht mit Härte oder Widerwillen. Sie sagt: „Gib mir mehr! Gib mir mehr!“, und er erwidert: „Nun, wenn das so ist, will ich es tun.“ In Vers 6 umarmt er sie. „Erquicke mich mit mehr vom Heiligen Geist, erfrische mich mit Jesus. Der Geist und Jesus. Der Geist und das Wort. Gib mir mehr!“

5. „... denn ich bin krank vor Liebe“ (2,5c) – zwei Aspekte:

a. Er machte sie liebeskrank, um sie zu größerer Reife zu führen, damit sie nie mehr zurückkann und -will.

b. Liebesgefühle können manchmal sehr intensiv sein. Ein Aspekt bei der Suche nach Gott beinhaltet die Freisetzung der Gegenwart Gottes in unseren Herzen. Wenn unsere Herzen weich gemacht sind, dann spüren wir die Liebe Gottes und unsere Liebe, die zu Gott zurückfließt. Ich mag es, meine Liebe zu Gott zu spüren. Wir sind so geschaffen, dass wir es lieben zu spüren, wenn wir uns selbst von ganzem Herzen Gott hingeben. Das ist eine wunderbare Manifestation der Gegenwart Gottes in uns.

c. Wenn wir Gott suchen, setzt er Gefühle in unserem Herzen für ihn frei. Es gibt dabei zwei Aspekte: Sie spürte seine Liebe und gleichzeitig ihre Liebe zu ihm. Unsere Herzen werden weich, sodass wir die Liebe spüren, die von Gott kommt und die zu ihm zurückfließt. Das bedeutet tiefe Freude. Die höchste Form der Erlösung ist, wenn zerbrochene, verschrumpelte, kleine schwache Menschen gewaschen und gereinigt werden. Sie empfangen Liebe von Gott und erwidern diese Liebe. Und im nächsten Schritt fließt es über zu anderen Menschen, besonders zu unseren Feinden. Das Mädchen zeigt hier das ganze Spektrum von Anzeichen der „Liebeskrankheit".

6. „Geistliche Hungergefühle" sind eine andere, sehr wertvolle Manifestation der Gegenwart Gottes in uns. Dieser Hungerschmerz ist manchmal nicht schön, weil wir uns dabei oft verzweifelt fühlen, meinen, dass Gott die Gefühle ihm gegenüber von uns zurückhält. Die meisten von uns haben schon Zeiten gehabt, in denen das Wort Gottes sie berührte und sie dann mit dem Verlangen nach mehr zurückließ. Das ist das Gefühl, gleichzeitig zu lieben und geliebt zu sein.

a. Er erweckt Hunger in uns, stillt ihn aber nicht sofort. In uns ist etwas erweckt worden, wir haben eine Vision bekommen, aber die Gegenwart Gottes ist noch nicht freigesetzt, um dieses innere Verlangen zu stillen. Dabei fühlen wir uns ganz elend.

b. Es heißt: „Gesegnet sind die, die wehklagen, denn sie werden zur rechten Zeit getröstet werden." Matthäus 5,3-4 spricht von diesem Werk Gottes in uns, wenn wir geistlich arm sind und wehklagen nach mehr von Gott. Wenn Gott seine Hand von uns nimmt, können unsere Herzen sehr kalt werden. Dann verstehen wir den Wert der Hungergefühle, die uns dazu führen, Gott leidenschaftlicher nachzujagen.

c. Wenn Gott seine Hand auf uns legt, dann erlangen wir ein Gespür dafür, dass wir mehr haben können, jedoch empfangen wir es noch nicht sofort. Wenn der Herr uns die Vision gibt, dass er mehr für uns hat, es uns aber noch nicht gibt, dann bewirkt das in uns eine schmerzhafte Verzweiflung, ein quälendes Verlangen. Nichts anderes im Leben kann einen mehr zufriedenstellen – das ist Teil der „Liebeskrankheit". Alles das wirkt auf strategische Weise zusammen, um uns tiefer in die Liebe Gottes zu treiben.

7. Beide Aspekte des göttlichen Umwerbens gehören zusammen, sei es, dass schöne Gefühle freigesetzt werden oder dass wir die Hungerschmerzen erleben. Es sind unterschiedliche Aspekte der Liebeskrankheit, die uns beide zum gleichen Ort bringen wollen.

XIV. Die Erfahrung, von Gott umarmt zu werden

A. Das beschreibt ein zweifaches Handeln Gottes, das sie erlebt

„Seine Linke liegt unter meinem Kopf, und seine Rechte umfasst mich“ (2,6).

1. In Vers 5 sagt sie: „Stärke, erquicke mich.“ Sie fragt nach mehr und in Vers 6 erhält sie es. Er schickt sich an, sie in den Arm zu nehmen. Wir wissen nicht, wie viel Zeit zwischen diesen beiden Versen liegt, wir wissen nur, dass schließlich die Gnade Gottes erkannt und angenommen wird.

2. „Seine Linke liegt unter meinem Kopf.“ Er zieht sie an sich heran, sie vertraut der Liebe Gottes jetzt völlig.

   a. Das ist das unsichtbare Tun Gottes. Die linke Hand verbirgt sich unserer Sicht, weil sie hinter unserem Kopf liegt, deshalb können wir sie nicht sehen. Das spricht vom Tun Gottes in unserem Leben, das wir nicht sehen können, und doch ist es ein wesentlicher Ausdruck von Gottes Liebe zu uns.

   b. Der Herr bewahrt dich vor Schwierigkeiten und Schmerz, Dinge, die dir gar nicht bewusst sind, weil sie außerhalb deines Blickfelds sind. So ist etwa die Art, wie Gott unseren zukünftigen Ehepartner zubereitet, ein Handeln, das wir nicht sehen können. Wir haben auch keine Vorstellung davon, vor wie vielen Autounfällen wir bewahrt wurden, von denen wir keine Ahnung haben. Es ist die linke Hand Gottes, die da am Werk ist. Wir wissen nicht, wovor wir etwa vor zehn Jahren an jener Kreuzung bewahrt wurden, als wir rechts statt links abbogen. Das sind die Realitäten, die Gott sieht und wo er uns bewahrt, ohne dass wir ihrer gewahr würden.

   c. Die linke Hand Gottes ist das, was hinter ihr ist und sie nicht sehen kann. Sie kann es nicht erkennen. Es ist etwas, das wir im Glauben annehmen müssen, aber es ist ein wesentlicher Teil unserer Anbetung Gott gegenüber. Auch, wenn wir uns im Laufe des

Tages dessen nicht bewusst sind, gibt es so viele Dinge, vor denen er uns bewahrt, die uns sonst Qual und Schmerz bringen würden. Oft hat der Herr dich in eine Richtung gedrängt, ohne dass dir die Konsequenzen bewusst geworden wären.

3. Seine rechte Hand umarmt uns. Das spricht von den „süßen" Offenbarungen der Gegenwart Gottes, die wir sehen, spüren und erkennen. Es zeigt, wie Jesus vor ihr steht, um sie zu umarmen, deshalb kann sie ihn sehen und spüren. Das sind die Zeiten, wenn sie die „süße" Liebe Gottes spürt. Ihr Herz wird weich gemacht. Sie sieht beides, die rechte und linke Hand Gottes, wobei die rechte Hand die liebevolle Umarmung symbolisiert (Eph 5,29).

4. Es liegt ein Geheimnis in Gottes Umarmung. Er gewährt sie und zieht sie zurück, und das macht er sehr planvoll. Mit „Umarmung" meine ich das „süße Gefühl", geliebt zu werden und selbst wieder zu lieben. Gott möchte dieses Geheimnis in unserer Beziehung. Ich hatte Zeiten, in denen ich Gott inniglich suchte und ihn dennoch nicht spüren konnte, und andere Zeiten, in denen ich mich ausgesprochen fleischlich fühlte und die Liebe Gottes trotzdem verspürte. Zu gewissen Zeiten lässt er uns sich spüren, zu anderen Zeiten können wir ihn weder sehen noch fühlen. Das nennen wir leben im Glauben.

XV. Jesus bewahrt sie in ihrer Erfahrung

A. Jesus sieht die Notwendigkeit dieser Zeiten persönlichen Gesättigtwerdens, wo sie nicht daran denkt, anderen in der Kraft des Kreuzes liebevoll zu dienen.

„Ich beschwöre euch, Töchter Jerusalems, bei den Gazellen oder bei den Hirschkühen des Feldes: Weckt nicht, stört nicht auf die Liebe, bevor es ihr selber gefällt" (2,7).

1. Er ermahnt andere Gläubige ernstlich, dass sie jetzt nicht gestört wird. Sie befindet sich in einer Zeit mit Gott, die er strategisch für sie ausgewählt hat. Es gibt Zeiten mit Gott, wenn der Herr Menschen in der Offenbarung seiner selbst festigt, und er möchte nicht, dass sie währenddessen Aktivitäten ausüben. Sie ist eifrig, liebt Gott, ist aber noch unreif. Der Herr möchte nicht, dass sie von religiösen Meinungen beurteilt wird.

2. „Töchter Jerusalems" – das sind die unreifen Gläubigen, die kein geistliches Unterscheidungsvermögen haben. Diese Gläubigen verstehen weder die verschiedenen Handlungsweisen des Geistes, noch die unterschiedlichen Gezeiten Gottes.

3. „Bei den Gazellen oder bei den Hirschkühen des Feldes" – spricht von der Bedeutung von Rücksichtnahme und besonderer Sensibilität in Bezug auf die junge Braut während dieser Phase.

   Das steht im Kontrast zu der Rauheit religiöser Meinungen und der Gesetzlichkeit, die dem Wachstum des Mädchens nur schaden würden.

4. Gazellen und Hirschkühe werden leicht abgelenkt, sie erschrecken leicht und sind ängstlich. Stets sind sie „auf dem Sprung". Alles kann sie erschrecken. Sie wurde ja das letzte Mal, als sie in der Gemeinde war, „geschlagen". Er gebraucht eine Metapher von Zartheit, weil sie jemand ist, der leicht abgelenkt und verschreckt ist.

5. In dem Satz „bis es ihr gefällt" lässt das Hebräische für „ihr" sowohl „ihm" oder „ihr" zu. Ich glaube, dass es „ihr" heißen sollte. Der Herr spricht hier zu den Töchtern, es ist nicht die Braut, die ihn anspricht.

6. Wenn das hebräische Wort „ihm" heißen würde, dann würde das bedeuten, dass der Herr durch die Töchter Jerusalems geweckt würde. Das hat er nicht nötig. Er braucht auch nicht vor rauer Behandlung geschützt zu

werden, indem man zart mit ihm umgeht, wie man es mit den Gazellen oder Hirschkühen tun sollte. Das Mädchen jedoch bedarf dieses Schutzes vor rauer Behandlung.

7. Dreimal spricht Jesus diese Ermahnung aus: „Weckt, rüttelt meine Liebe nicht auf, bis es ihr gefällt" (2,7; 3,5; 8,4).

8. In 2,7 und 3,5 erwähnt er extra die Gazellen und Hirschkühe. Sie ist so empfindlich, dass sie, gerade zu Beginn ihrer Reise, wo sie in der Liebe Gottes noch nicht gefestigt ist, leicht abgelenkt wird.

9. Wenn er am Ende des Buches sagt „Stört sie nicht", dann nicht, weil sie leicht abgelenkt wird. Dort, in Kapitel 8, hat er andere Gründe, sie nicht zu stören. Jedes Mal, auch in 8,4, umarmt er sie, doch als er dort diesen Dialog mit ihr führt, lässt er den Hinweis auf die Gazellen aus, denn dort ist sie nicht länger unreif, kann nicht mehr so leicht hin und her geworfen werden (Eph 4,14). Sie ist fest gegründet in der Person Jesu Christi.

10. Wir müssen das Grundprinzip erkennen, dass es verschiedene Zeiten gibt, in denen Gott unterschiedlich mit uns umgeht. Jede Zeit hat eine andere Betonung. Ich glaube, es ist etwa so wie bei den vier Jahreszeiten in der Natur. Natürlich kann es beim Herrn viel mehr „Jahreszeiten" geben, aber der grundsätzliche Gedanke lautet: Weckt sie nicht, bis sie bereit ist, bis sie mit der Gnade Gottes übereinstimmt.

    a. Es gibt die Zeit des „Frühlings", wo neuer Same der Wahrheit und neue Erfahrungen in unsere Herzen gesät werden. Der Frühling begeistert, Neues geschieht!

    b. Es gibt den „Sommer", wo dieser neue Same der Wahrheit und Erfahrung kultiviert wird, es wird bewässert und beschnitten, Unkraut gezupft. Hier geschieht Wachstum, aber auch der Schmerz der Beschneidung. Im Sommer wird es manchmal heiß, und in dieser Hitze muss manchmal auf dem Feld gearbeitet werden, zuverlässig muss die Saat gewässert werden, die im Frühjahr gesät wurde.

c. In der dritten Phase, der Zeit des „Herbstes", geht es ans Ernten. Jeder liebt die Ernte. Hier kommt es zur vollen Reife, wir ernten den Segen der Arbeit. Zur Erntezeit hatten die Juden ihre Feste. Hier wird der ganze Segen offenbar und man zog Gewinn daraus. Dies ist eine Zeit, wo jeder fröhlich ist, tanzt und feiert.

d. Und dann gibt es den „Winter", eine Zeit des Todes. Nach der Ernte kommt der Winter, wenn alles stirbt. Sie ist genauso wichtig wie Frühling, Sommer und Herbst. Der Winter präpariert den Boden für die nächste Erntezeit. Paulus ist zwei Jahre im Gefängnis in Cäsarea (Apg 22 u. 23), zwei Jahre, in denen dieser unglaublich gereifte Apostel große Teile des Neuen Testaments schreibt. Der Herr sagt: „Ich habe ihn zwei Jahre stillgelegt. Das ist kein Zufall. Ich tue etwas in Paulus' Leben. Ich bringe etwas aus ihm hervor, das er nicht hätte, wenn er immer in einer herbstlichen Erntezeit leben würde." Paulus verbrachte einige Zeiten im Gefängnis, zusammen vielleicht ein bis zwei Jahre, wie wir im NT nachlesen können.

Kapitel 8

Die Bequemlichkeit wird herausgefordert (2,8-17)

„Horch, mein Geliebter! Siehe, da kommt er, springt über die Berge, hüpft über die Hügel. Mein Geliebter gleicht einer Gazelle oder einem jungen Hirsch. Siehe, da steht er vor unserer Hauswand, schaut durch die Fenster herein, blickt durch die Gitter. Mein Geliebter erhebt seine Stimme und spricht zu mir: ‚Mach dich auf, meine Freundin, meine Schöne, und komm! Denn siehe, der Winter ist vorbei, die Regenzeit ist vorüber, ist vergangen. Die Blumen zeigen sich im Lande, die Zeit des Singens ist gekommen, und die Stimme der Turteltaube lässt sich hören in unserm Land. Der Feigenbaum rötet seine Feigen, und die Reben, die in Blüte stehen, geben Duft. Mach dich auf, meine Freundin, meine Schöne, und komm! Meine Taube in den Schlupfwinkeln der Felsen, im Versteck an den Felsstufen, lass mich deine Gestalt sehen, lass mich deine Stimme hören! Denn deine Stimme ist süß und deine Gestalt anmutig.'
Fangt uns die Füchse, die kleinen Füchse, die den Weinberg verderben! Denn unsere Weinberge stehen in Blüte. Mein Geliebter ist mein, und ich bin sein, der in den Lilien weidet. – Wenn der Tag verhaucht und die Schatten fliehen, wende dich her, mein Geliebter, gleiche einer Gazelle oder einem jungen Hirsch auf den zerklüfteten Bergen" (2,8-17)

I. Überblick 2,8-17

In 1,5-7 erlebte sie ihre erste geistliche Krise durch die Sünde als verschleierte Frau mit einem unbehüteten Weinberg. In 2,7 sagt der Herr: „Stört sie nicht." Aber jetzt ändert sich die Zeit, jetzt ist er selbst es, der sie stört. Es ist die Stimme Gottes selbst. In 2,8 gewärtigt sie ihre zweite geistliche Krise. Hier geht es nicht um skandalöse Sünde, diesmal ist es Furcht. Er weckt sie auf. Wir wissen nicht, wie viel Zeit zwischen Vers 7 und Vers 8 lag. Er wollte nicht, dass irgendein anderer sie stört. Er sagte den Töchtern: „Lasst sie schlafen." Aber jetzt weckt er sie. Dies ist die dritte Offenbarung Jesu im Hohelied. Jesus klopft an die Tür ihres Herzens, um sie aus ihrer Bequemlichkeitszone herauszuführen und in eine reife Partnerschaft mit sich selbst zu bringen. Diese Zeit bringt Veränderung in ihr Leben. Die Zeit zwischen 2,7 und 2,8 könnte eine Woche sein, ein Monat oder sogar 10 Jahre. Bei jedem Menschen ist es anders.

In 2,17 weigert sie sich, die Bequemlichkeitszone zu verlassen. Sie sagt ihm, dass er umkehren und ohne sie auf die Berge gehen soll.

Für sie stellt sich die Frage: „Ist Jesus Christus ein verlässlicher, treuer Gott? Sollte man ihm zu 100 Prozent gehorchen?" „Fleischlich gesehen" scheint es sicherer, im Boot ohne Jesus zu sein als auf dem Wasser mit ihm.

II. Die dritte Offenbarung von Jesus: der souveräne König

„Horch, mein Geliebter! Siehe, da kommt er, springt über die Berge, hüpft über die Hügel" (2,8-9a).

A. Die junge Braut hat eine ganz neue Offenbarung über Jesus als dem souveränen König. Sie sieht Jesus als „Herrn über alles", der leichtfüßig alle Berge überquert, die sich ihm in den Weg stellen. Bis zu diesem Zeitpunkt kannte sie Jesus nur als den ratgebenden Hirten und den liebenden Vater, der am Tisch sitzt und sie mit Trauben und Liebesäpfeln nährt. Aber jetzt springt und hüpft er über die Berge. Bis jetzt dachte sie, er ruhe nur unter dem Schatten der Bäume. Jetzt sieht sie ihn in einem ganz neuen Licht.

B. Jesus weckt ihr Herz mit seiner Stimme auf

„Horch, mein Geliebter!" (2,8a)

C. Sie erkennt ihn als den schönen, wunderbaren Gott, den sie liebt.

„Mein Geliebter" (2,8a).

D. Er möchte ihre ungeteilte Aufmerksamkeit.

„Siehe, da kommt er" (2,8b).

E. Jesus wird als Herr der Nationen und Herr der Ernte gesehen. Jesus, der König, überwindet alle menschlichen und dämonischen Hindernisse. Berge sprechen von Hindernissen, die ihren Glauben und Gehorsam hindern.

„Er springt über die Berge, hüpft über die Hügel" (2,8c.d)

1. Berge stehen symbolisch für menschliche oder dämonische Hindernisse, sie sprechen auch von natürlicher oder geistlicher Regierung. Jesus lehrte uns, zu den Bergen der Widerwärtigkeiten zu sprechen, ihnen zu gebieten, dass sie weichen sollen.

   „Wer zu diesem Berg sagt: ‚Hebe dich hinweg und falle ins Meer' und zweifelt nicht in seinem Herzen ... wird erhalten, worum immer er bat" (Mk 11,23).

2. Die Heilige Schrift spricht von Bergen im Zusammenhang mit natürlicher und geistlicher Regierung. Da ein Berg sehr groß und unbeweglich ist, ist er ein gutes Bild für Regierung. Warum? Weil eine Regierung zumeist groß und unbeweglich ist. Sie ist beständig. Doch bei Gott bedeuten die Hindernisse der Welt nichts.

3. Berge sprechen von geistlicher Regierung, von Fürstentümern und Gewalten. Jesus triumphiert über alle dämonischen Mächte und Kräfte.

„Es wird zur letzten Zeit der Berg, da des Herrn Haus ist, fest stehen, höher als alle Berge und über alle Hügel erhaben, und alle Heiden werden herzulaufen“ (Jes 2,2).

a. Das spricht davon, dass der Berg, auf dem das Haus des Herrn steht, größer ist als alle anderen Berge. Es bezieht sich auf die Regierung, die Herrschaft seines Reiches; sie überragt alle anderen. Der Kommunismus war ein Berg, über den er gesprungen ist und den er mühelos niedergerissen hat. Es bedeutet, das die Autorität der Herrschaft des Hauses Gottes eines Tages größer sein wird als alle Autorität der Nationen.

b. Der Prophet Daniel gebraucht die Bildersprache des Berges, um zu prophezeien, dass Gottes Königreich über alle Herrschaften auf Erden triumphieren wird.

   „Der Stein ... wurde zu einem großen Berg, sodass er die ganze Erde erfüllte ... Der Gott des Himmels wird ein Reich aufrichten, das nimmermehr zerstört wird. Wie du ja gesehen hast, dass ein Stein ohne Zutun von Menschenhänden aus dem Berg herausgehauen wurde“ (Dan 2,35,44,45; aus dem Engl.).

c. Der Prophet Sacharja wies Serubbabel an, Gnade über die Berge der Widerwärtigkeiten auszusprechen.

   „Wer bist du, du großer Berg? Vor Serubbabel werde zur Ebene! Und er wird den Schlussstein herausbringen unter lautem Zuruf: ‚Gnade, Gnade für ihn!‘“ (Sach 4,7)

4. Hügel sprechen von persönlichen Schwierigkeiten in unserem persönlichen Leben. Sie sind viel kleiner als die Berge der Bedrückung in den Nationen. Die größten Hindernisse sind die Berge.

F. Dies ist ihre dritte neue Offenbarung über Jesus. Sie sieht ihn als eine Gazelle oder einen jungen Hirschen, der über die Berge springt und hüpft. Jesus wird als müheloser Sieger über alle seine Feinde mit ihrer jeweiligen Autorität gesehen – sowohl auf Erden als auch im Himmel (Kol 1,13). Er sitzt hoch über alle Macht, allen Thronen, Herrschaften und Namen (Eph 1,22). Er hat Autorität über alle Nationen. Jesus wird offenbart als einer, der in der Leichtigkeit seines siegreichen Auferstehungslebens über diese Feinde hinweghüpft.

„Da kommt er, springt über die Berge, hüpft über die Hügel. Mein Geliebter gleicht einer Gazelle oder einem jungen Hirsch“ (8c-9a).

1. Eine Gazelle ist ein Tier, das schnell und besonders flink in seinen Bewegungen ist. Eine Gazelle rennt leicht auf hohe Plätze. Sie ist ein Bild für das mühelose Erklimmen der Berge.

2. Es ist eine neue Offenbarung über Jesus als einer triumphierenden, springenden „Gazelle“, die mit grenzenloser Energie und Beweglichkeit überwindet. Die Gazelle ist schnell und flink, springt erstaunlich gewandt von Ort zu Ort. Es ist für ihn keine Herausforderung, über alle Berge zu springen, seien es Feinde, Hindernisse oder dämonische Herrschaften.

3. Der himmlische Hirsch spricht von Furchtlosigkeit, die alle Gegenwehr überwindet.

4. Zusammenfassung: Dies ist nicht die zerbrechliche und leicht abzulenkende Gazelle, die in Vers 7 beschrieben wurde. Diese Gazelle hier wird mit dem furchtlosen jungen Hirsch in Verbindung gebracht. Große Beweglichkeit und Furchtlosigkeit sind die Eigenschaften, die in Gazelle und Hirsch vereint sind.

G. Sie ist schwach und kurz davor, Kompromisse einzugehen, bezieht sich aber immer noch auf Jesus als ihrem Geliebten.

„Mein Geliebter gleicht einer Gazelle“ (2,9)

1. Jedes Mal, wenn die Braut von Jesus spricht, nennt sie ihn „mein Geliebter“. Wenn sie zu anderen über Jesus spricht, bezeichnet sie ihn als den, den sie liebt.

2. Jedes Mal, wenn Jesus zu der jungen Braut spricht, nennt er sie entweder „meine Geliebte“, womit er seine Zuneigung andeutet, oder „die Schöne“, um auf ihre Schönheit und Anmut in der Erlösung hinzuweisen.

3. Die Bezeichnung „meine Geliebte“ findet sich 22-mal im Hohelied, ebenso oft wie „Geliebter“.

III. Die „Mauer“ des Selbstschutzes und der Absonderung

„Siehe, da steht er vor unserer Hauswand, schaut durch die Fenster herein, blickt durch die Gitter“ (2,9b,c,d).

A. Er steht, somit bereit zum Handeln. In der Schrift wird der Herr normalerweise sitzend dargestellt. Besonders als im Himmel sitzend, an einem Ort der Ruhe und Herrschaft, siegreich, mit seinen Feinden unter den Füßen, aber hier steht er.

„Siehe, da steht er vor unserer Hauswand“ (2,9b)

1. Vorher saß sie mit ihm in großer Freude am Tisch.

   a. Es geht darum, dass er jetzt bereit ist zu handeln. Jetzt wird der große Missionsbefehl vorgestellt (Matth 28,19). Er ist gesandt, die Nationen zu erobern.

b. Als Stephanus starb, stand der Herr auf.

„Stephanus aber, voll Heiligen Geistes, sah auf zum Himmel und sah die Herrlichkeit Gottes und Jesus stehen zur Rechten Gottes und sprach: ‚Siehe, ich sehe den Himmel offen und den Sohn des Menschen zur Rechten Gottes stehen!'“ (Apg 7,55-56)

c. Der Herr stand auf, um den ersten Märtyrer zu empfangen. Er handelte. Er goss eine große Erweckung aus. Wenn der Herr als stehend dargestellt wird, dann geschieht etwas ganz Mächtiges.

d. Gott stand, als er an die Tür der Gemeinde klopfte.

„Siehe, ich stehe an der Tür und klopfe an. Wenn jemand die Tür öffnet, werde ich zu ihm hineingehen“ (Offb 3,20).

2. Natürlich steht er nie ganz außerhalb der Gemeinde. Aber wenn er sich selbst darstellt als einer, der außen steht, dann heißt das: „Ich möchte hinein. Ich möchte auf eine neue Ebene der Eigentümerschaft gelangen.“ Ich glaube, das beinhaltet auch eine prophetische Aussage für das Ende der Zeitalter. Wenn Gott sagt: „Siehe“, werden die Nationen erzittern. Wenn er an die Tür der Gemeinde klopft, wird die Gemeinde erzittern. Es ist kein Zufall, dass er, wenn er in Offenbarung 3,20 kommt, an seinem Tisch speisen möchte. Er möchte sein Volk wieder am Tisch nähren, so wie hier im Hohelied.

B. Sie denkt, er stünde hinter einer Mauer, die ihn einschränkt, aber in Wirklichkeit steht er draußen in einer weit offenen Welt und überwindet Berge und Hügel, indem er wie ein furchtloser Hirsch über sie hinwegspringt. *Sie* ist diejenige, die hinter solch einer eingrenzenden Mauer steht.

„Siehe, da steht er vor (im Engl.: *„hinter“*) ***unserer Hauswand“*** (2,9b).

1. Sie sitzt in Sicherheit hinter einer Mauer. Es ist die Mauer des Selbstschutzes, die die Welt mit ihren Problemen und den Nöten anderer ausschließt. Es ist eine Mauer, die sie fern hält von den Risiken des Wandels im Glauben.

2. Sie denkt, *er sei hinter* einer eingrenzenden Mauer, aber in Wirklichkeit ist er draußen in der Weite der Welt. *Sie ist diejenige*, die immer noch drinnen im Haus am Tisch sitzt, hinter dicken Mauern. Das erste Mal, seit er ihren Eifer geweckt hat, steht er *auf der Außenseite*.

3. Sie sieht sie als Mauer, die *sie* (beide, Mehrzahl) gemacht haben, nicht als eine, die sie (die Braut, Einzahl) gemacht hat.

   „... er steht vor (im Engl.: *„hinter“*) ***unserer Hauswand“*** (2,9b).

4. Sie war zum Tisch geführt worden, zum schattigen Baum, was ihr viel Freude gebracht hat (1,12-2,7). Der Herr hatte sie angewiesen zu bleiben, bis er sie weckt. Es ist die Mauer des Gebäudes, das sie miteinander gebaut haben. Zunächst hat er sie in eine Isolierung geführt. Er ließ Fensteröffnungen in der Mauer und er hat sie hinter diese Mauer gebracht.

   a. Es ist eine neue Zeit der Reifung mit einer neuen Offenbarung über Jesus.

   b. Sie betete: „Zieh mich, ich will mit dir laufen.“ Jetzt führt er sie in diese „Lass uns zusammen laufen“-Phase ihres Lebens ein.

c. Jesus bringt sie in diesen kleinen Raum, wo er sie an seinem Tisch mit Trauben verwöhnt und sich ihr in Liebe und mit geistlichen Freuden zeigt.

C. Er sah sie mit der Absicht an, sie fortzuziehen aus ihrer privaten kleinen Welt, in der sich alles um sie drehte. Es war sein Blick, der sie locken sollte mitzukommen. Jesus blickt sie mit Augen feuriger Liebe an (Offb 1,14). Und er will, dass sie seinen Blick für die Nationen bekommt.

„Er schaut durch die Fenster, blickt durch die Gitter“ (2,9c,d)

D. Er baute in die Mauer strategisch platzierte Öffnungen ein, sodass sein Blick sie erreichen und berühren konnte.

„Er schaut durch die Fenster ...“ (2,9c)

1. Die Fenster und Gitter sprechen von Öffnungen in dieser strategisch gesetzten Mauer, die Gott um jeden von uns baut. Mit andern Worten: Die Mauer ist Teil seines Planes für jeden persönlich, um uns in bräutliche Partnerschaft einzuüben. Sein göttlicher Plan zielt vollkommen darauf ab, ihr Herz in tiefster Weise zu erreichen. Die Mauer spricht von den Wegen, auf denen sie, in heiliger Weise, für die Berührung Jesu offen ist. Der Herr schuf Fenster, um unser Herz umzuwandeln. Er umwirbt sie in Liebe. Er kennt die Wege, weiß, wie er sie anrühren muss, damit sie herauskommt.

2. Er schaut sie durch die Öffnungen an, die er selbst gelassen hat, als er die Mauer baute.

IV. Herausgerufen aus der Bequemlichkeitszone, um mit ihm zusammen zu arbeiten

„Mein Geliebter ... spricht zu mir: ‚Mach dich auf, meine Freundin, meine Schöne, und komm!‘“ (2,10a)

A. Während Jesus sie unterweist, fährt er mit seinem göttlichen Umwerben fort.

„Mach dich auf, meine Freundin, meine Schöne ...“ (2,10a)

1. Er redet sie liebevoll an, nennt sie „meine Schöne“. Auf jedem Schritt ihrer Reise bezeichnet er sie als „meine Geliebte“ und „meine Schöne“. Er benutzt diese zärtliche Sprache, um sie zu motivieren, und lässt sie so wissen: „Du bist mir so kostbar. Du bedeutest mir so viel. Ich möchte mit dir an meiner Seite regieren und herrschen.“

2. Er redet zärtlich mit ihr. Sie ist immer noch so schön für ihn, wie sie es in 1,8 war, als ihr Weinberg ungehütet war. Sie weiß, dass er sie schon genießt, während sie wächst, und nicht erst, *nachdem* sie die volle Reife erlangt hat. Eben dort, als sie noch auf dem Bett lag, unter dem Baum und hinter der Mauer, sagte er schon: „Du bist schön.“ Jesus weiß, was in ihrem Herzen ist. Er sah, dass sie ihm gehorchen wollte. Jesus weiß, dass ihre unreife Liebe zur rechten Zeit knospen wird. Er sieht ihre inbrünstige Liebe und nennt sie schön, während sie noch im Wachstumsprozess steht. Es ist ihr Herz, das auf ihn reagiert, das ihn erfreut, nicht der augenblickliche Stand ihrer Reife. Gott weiß, dass wir als seine Kinder letztlich alle ins Reifestadium gelangen werden. Er nennt uns in jedem Stadium unseres Wachstums „schön“.

   a. Einige sind damit zufrieden, in einem Dienst zu stehen, ohne sich in das göttliche Liebeswerben hineinziehen zu lassen. Sie trachten danach, ihre Arbeit zu tun, aber eher in einer Sklavenmentalität. Sie dienen arbeitsorientiert statt liebesorientiert. Etwas ohne diese intime Nähe zu tun gleicht der Arbeit eines Sklaven. Diese Christen dienen ohne geistliche Intimität zu Jesus. Sie wollen vorrangig im Dienst gebraucht werden, doch möchte Jesus zunächst ihr Herz. Er genießt es, mit ihr gemeinsam zu arbeiten.

b. Es ist so einfach, Aufgaben zu erledigen, ohne in der Liebe Gottes als Anbeter gefestigt zu sein. Bräutliche Partnerschaft ist so anders als die Arbeit eines Sklaven. Eine Braut wird erfrischt, während sie arbeitet. Wenn wir den Herrn in unserer Arbeit und unserem Gehorsam anbeten (ihn also innig lieben), dann sind wir frei von eigener Mühe.

B. Jesus ruft ihr zu, aufzustehen, um mit ihm auf die Berge zu kommen. Damit ruft er sie aus ihrer Bequemlichkeit heraus.

„Mach dich auf ... und komm!“ (2,10a)

a. Sie sitzt noch an Jesu Tisch unter dem Schatten des Baumes (2,3), liegt auf ihrem Bett (1,16), doch Jesus ist bereit zu handeln. Er möchte, dass sie aufsteht, hinter der Mauer hervorkommt, aus dem Schatten des Baumes tritt. Es ist Zeit für den Kampf. Sie möchte lieber im Bett bleiben und mit Äpfeln verwöhnt werden.

b. Gott rüttelt auf verschiedene Weise an der Bequemlichkeitszone unseres Lebens. Er stellt uns in neue Beziehungen, neue Dienste, neue Arbeitsfelder, neue Bewegungen, neue Dinge im Gemeindeleben etc.

c. Sein Vater versprach ihm eine Braut, die mit ihm im gleichen Joch als reife Partnerin geht.

C. Es gibt drei schwierige Aspekte beim Verlassen der Bequemlichkeitszone.

1. Sie mag das Risiko eines Lebens im Glauben nicht. Sie möchte nicht auf die Höhen, fürchtet sich vor

den Bergen. John Wimber sagte einmal, dass Glaube R-I-S-I-K-O buchstabiert wird. Glaube ist der Weg des Reiches Gottes. Gott hat in seiner unendlichen Weisheit sein Königreich so eingerichtet, dass es durch Glauben in unsichtbare Dinge funktioniert (2. Kor 5,7; 4,18). Der Weg des Glaubens ist ein geheimnisvoller Weg, doch auf diese Weise funktioniert das Reich Gottes. Es funktioniert nur im Vertrauen auf Gott. Wir ehren Gott, wenn wir ihm auch dann vertrauen, wenn wir nichts spüren.

2. Sie mag die Auseinandersetzungen nicht, die mit der geistlichen Kampfführung einhergehen. Sie will nicht mit den Löwen und Leoparden kämpfen, die es auf den Bergen gibt (4,7-8). Doch die Partnerschaft mit ihm schließt geistliche Kampfführung ein. Es ist ein aufgezwungener Kampf. Der Teufel brüllt uns an und trachtet danach, uns zu verschlingen.

   „Euer Widersacher, der Teufel, geht umher wie ein brüllender Löwe, danach trachtend, wen er verschlingen kann" (1. Petr 5,8).

3. Die junge Braut mag keine Kämpferin sein, will lieber für den Rest ihres Lebens unter dem schattigen Baum sitzen und den Herrn genießen, ihn lieben und anbeten. Gott will, dass wir Anbeter *und* Krieger sind. Er will eine anbetende, kriegerische Braut. Er will, dass wir *sowohl* lieben *als auch* kämpfen, denn er selbst ist ein Krieger. Er ist der Herr der Heerscharen, der Armee seines Vaters.

D. Jesu Handeln ist notwendig, um sie in eine reife Partnerschaft zu bringen (2,8-10). Dafür tut er sieben Dinge, um sie aufzuwecken, um sie für die große Ernte vorzubereiten. Dies wird in sieben starken Verben ausgedrückt.

1. er kommt
2. er springt

3. er hüpft
4. er sieht
5. er steht
6. er schaut
7. er spricht

V. Ermutigt durch Zeichen der Fruchtbarkeit

Jesus ermutigt sie prophetisch, indem er ihr offenbart, dass jetzt eine Zeit der Fruchtbarkeit angebrochen ist (2,11-13). Der Herr rüstet sie aus, Furcht zu überwinden, damit sie aufstehen und ihm folgen kann. Sie ist immer noch unreif in ihrem Verständnis, dass er ein zuverlässiger und treuer Gott ist. Sie weiß: Er duftet gut und ist schön – aber kann man ihm auch vertrauen? Er weist auf die Zeichen der Zeit hin. Die prophetischen Zeichen stehen ihr direkt vor Augen. Es herrscht geistlicher Frühling. Er macht sie darauf aufmerksam, dass die Zeit der Ernte nicht mehr weit ist. Sie muss lernen, ihm zu vertrauen und zu gehorchen, und zwar *gerade jetzt*. Er sagt: „Die Ernte ist bald da."

„Denn siehe, der Winter ist vorbei, die Regenzeit ist vorüber, ist vergangen. Die Blumen zeigen sich im Lande, die Zeit des Singens ist gekommen, und die Stimme der Turteltaube lässt sich hören in unserm Land. Der Feigenbaum rötet seine Feigen, und die Reben, die in Blüte stehen, geben Duft. Mach dich auf, meine Freundin, meine Schöne und komm!" (2,11-13)

A. Jesus erinnert sie an seine Treue in der Vergangenheit.

> ***„Denn siehe, der Winter ist vorbei, die Regenzeit ist vorüber, ist vergangen"*** (2,11).

1. Er sagt, der Winter sei vorüber. Er ermutigt sie, indem er sie daran erinnert, wie treu er während des Winters zu ihr war, dass er ihr in dieser bitterkalten Jahreszeit geholfen hat. „Ich war dir im vergangenen, kalten Winter treu. Du bist durchgekommen, lebst noch. Die Prü-

fungen sind vorüber. Wir stehen hier und lieben einander noch immer."

a. Der Winter spricht von Prüfungen, die etwa durch den Nordwind symbolisiert werden (4,16a). Im Winter wächst nur wenig, es ist dunkel, kalt, eine schwere Zeit. Dennoch wird jetzt die Fruchtbarkeit der Winterzeit in ihrem Leben sichtbar. Die Feige ist eine Winterfrucht (2,13a).

b. Er sagt: „Ich habe dir in den vergangenen Prüfungen (in der Dunkelheit des Winters) geholfen. Warum glaubst du, sollte ich dich vergessen, wenn wir zusammen auf die Berge gehen? Warum fürchtest du dich? Warum versteckst du dich hinter der Mauer? Der Winter ist vergangen. Ich habe dich hindurchgebracht."

c. Er sagt: „Wenn wir die vergangenen Schwierigkeiten zusammen durchgestanden haben, dann werden wir das auch in Zukunft tun." Ein Grund, warum der Herr uns durch schwierige Zeiten bringt, ist, um uns unsere eigene, persönliche Geschichte in Bezug auf die Treue Gottes zu geben. Ohne Kämpfe kannst du keine nennenswerte persönliche Geschichte haben.

B. Er erinnert sie an sein vergangenes Eingreifen und seine Treue ihr gegenüber auf ihrer Reise. Er möchte, dass sie eine persönliche Geschichte mit der Treue Gottes entwickelt. Es spricht von einer Zeit der Schwierigkeiten und Unbequemlichkeiten.

„... die Regenzeit ist vorüber, ist vergangen" (2,11a).

1. Er sagt: „Ich half dir in vergangenen Prüfungen während des bitterkalten Winterregens. Warum sollte ich dich vergessen, wenn wir in die Berge gehen?"

2. Der Herr bringt uns dazu, unsere private Geschichte mit seiner Treue zu entwickeln. Der Glaube eines andern kann uns in Krisenzeiten nicht wirklich stärken. Da hilft nur unsere eigene persönliche Geschichte mit seiner Treue. Er ruft uns zu, aufzustehen und den Schwierigkeiten zu begegnen.

C. Die prophetischen Zeichen einer baldigen Ernte.

1. Er weist sie auf die Zeichen einer baldigen Ernte hin. Deshalb ist es *jetzt* Zeit, im Glauben zu reifen, denn die ersten Anzeichen der Erntezeit sind schon da. Er drängt sie, nicht ein unreifes Mädchen zu bleiben; ihn verlangt nach einer reifen Braut.

2. Jesus ermutigte die zwölf Apostel im Blick auf die baldige Ernte.

   „Ihr sagt: ‚Es sind noch vier Monate, dann kommt die Ernte.‘ Siehe, ich sage euch, erhebt eure Augen und seht das Feld, es ist schon weiß zur Ernte“ (Joh 4,35).

3. Die Felder waren weiß und somit reif für die Ernte. Die Apostel hatten gerade ihren Fischerjob und ihre Häuser aufgegeben, doch schon drei kurze Jahre später begann die Erweckung in Jerusalem, damals am Pfingsttag, gefolgt von den Erweckungen, die die Apostelgeschichte berichtet. Zu der Zeit hatten sie noch nicht viele zum Herrn geführt, dann aber evangelisierten sie Unzählige. Jesus sagte: „Die Ernte ist jetzt“ – obwohl sie noch drei volle Jahre entfernt war.

4. Was Jesus meinte, ist dies: „Apostelgeschichte 2 und der Tag der Pfingsten ist näher, als ihr denkt. Verkauft *jetzt* alles, was ihr habt. Folgt mir jetzt. Lernt meine Wege jetzt kennen, denn schon in drei kurzen Jahren werdet ihr all das brauchen, das ihr jetzt empfangt!“

D. Gottes Ernte steht jetzt am Anfang.

1. Es ist absolut notwendig, dass wir uns jetzt bereitmachen, denn ein neues Maß an Kraft und Gegenwart Gottes wird bald auf der Erde freigesetzt. Heute ist der Tag, uns für die kommende Ernte vorzubereiten.

2. Wir werden dann bereit sein, wie die zwölf Apostel am Tag der Pfingsten unseren Mann zu stehen, wenn wir *jetzt*, in der Vorbereitungszeit, gehorsam sind. Wir können keine weiteren fünf Jahre mehr verschwenden. Die ersten Anzeichen der Endzeiternte sind schon erkennbar, die volle Ernte wartet „um die Ecke".

E. Die Blüten, die wir im Natürlichen sehen, deuten wir als Zeichen der kommenden Ernte. Wenn Blüten an den Apfelbäumen erscheinen, dann wissen wir, dass wir bald mit Äpfeln rechnen dürfen.

„Die Blüten (andere üs.: *Blumen*) ***zeigen sich im Lande"*** (2,12a).

1. Der Weinstock blüht, bevor die Frucht kommt. Diese Blüten sind ein prophetisches Zeichen baldiger Ernte.

2. Die ersten Anzeichen der Erntezeit sind da. Jesus weckt die Braut, damit sie sich eilends für die kommende Zeit der Fülle bereitet.

3. Er sagt: „Es ist noch nicht ganz so weit mit der Fülle der Frucht, aber die Blüten, die kurz vor den Trauben kommen, sind ja schon zu sehen." Die Blüten zeigen sich schon. Die Zeichen der baldigen Ernte stehen ihr vor Augen. Es dauert noch, aber die Blüten, die den Trauben vorausgehen, sind schon am Weinstock sichtbar.

F. Das frohe Feiern, das mit der Ernte verbunden ist.

„... die Zeit des Singens ist gekommen" (2,12b).

1. Der Winter ist vorbei. Man singt, wenn die Erntefeier beginnt. Die Feier im Geist hat schon begonnen.

2. Das Singen hebt an. Das ist die Zeit für die Hirten Gottes, eine tiefe Geschichte mit Gott zu entwickeln. Es ist eine sehr kurze Zeit, seien es drei oder 20 Jahre. Historisch gesehen ist es eine kurze Zeit, bevor wir die ganze Fülle der Erweckung sehen werden.

   Ich glaube, dass der Herr heute sagt: „Die Knospen gehen auf, die volle Frucht ist noch nicht am Baum zu sehen, aber die Blüten sind schon da."

G. Die ersten Anzeichen der Erntezeit sind da.

„... die Stimme der Turteltaube lässt sich hören in unserm Land" (2,12c,d).

1. Die Stimme der Turteltaube wurde in Israel zur Erntezeit gehört. Jeder in Israel wusste, dass dies die baldige Ernte ankündigte.

2. Er ruft sie aus ihrem Bett heraus, sie soll mit ihm kommen.

H. Die Winterfrucht ist gereift durch die Prüfungen der Winterzeit.

„Der Feigenbaum rötet seine Feigen" (2,13a).

1. Feigen wachsen sogar in der Winterzeit. Kurz zeigen sich die grünen Feigen, bevor sie ihre reife Farbe kommen.

2. Solch eine Winterfrucht reifte durch die Winterzeit hindurch.

I. Für alle, die Ausschau danach halten, mehren sich die Beweise für die bevorstehende Ernte in unübersehbarem Maße.

„Die Reben, die in Blüte stehen, geben Duft“ (2,13b,c).

1. Der Duft der ersten Trauben kommt hervor, noch ganz zart.

2. Mit andern Worten: Es sind noch unreife Trauben.

J. Der Herr wiederholt die Dringlichkeit.

„Mach dich auf, meine Freundin, meine Schöne, und komm!“ (2,13,d,e)

1. Wir können auch aus unserer „christlichen Bequemlichkeitszone“ heraus in den Himmel kommen, aber dabei bringen wir keine Frucht. Dies ist nicht die Zeit, sich zurückzuziehen. Im Gegenteil: Tritt heraus im Glauben an Gottes unfehlbare Güte!

2. Jesus offenbart seine Leidenschaft für die junge Braut. Die Art, in der sich der Herr offenbart, bewirkt auch, dass ihre Leidenschaft für ihn bewahrt wird.

   a. Er erlaubt ihr, die Dunkelheit ihres Herzens zu erkennen, um alle Selbstgerechtigkeit und geistliche Selbstbeglückwünschung zu entfernen. Das Ergebnis ist ihre Leidenschaft für Jesus, die noch durch Dankbarkeit verstärkt wird. Das steht im Gegensatz zu einer Leidenschaft eines triumphierenden Geistes des Stolzes.

   b. Das zeigt den Grund, warum es der Herr zuließ, dass Petrus fallen durfte: Sein eifriges Herz sollte nicht mit Selbstgerechtigkeit befleckt werden. Stattdessen war er erfüllt mit Dankbarkeit, die in tiefe Demut mündete. Er bewahrt unseren Eifer, indem er uns die „Dunkelheit“, die „Schwärze“ unseres Herzens auf unserer Reise offenbart. Am Ende werden wir ihm reife Partner sein – und keine selbstgerechten Pharisäer.

K. Ihre Schönheit vor dem Herrn und seine Zuneigung für sie, als sie ihre Schwachheit erkennt.

„Mach dich auf, meine Freundin, meine Schöne, und komm!“ (2,13)

1. Sie ist sogar in ihrer Unreife schön. Der Herr offenbart, was er über sie denkt, während sie mit sich kämpft.

2. Jesus nennt sie zum zweiten Mal „meine Geliebte, meine Schöne“ (2,10 u. 13). Unentwegt motiviert er sie durch Liebe und Zuneigung. Er wirbt um sie mit dem Bild von der Brautschaft und verheißt ihr Fruchtbarkeit.

VI. Umarmt in ihrer Schwachheit

Der Herr offenbart sein zartfühlendes, ihr zugeneigtes Herz, als er ihr mitten in ihrem Kampf mit der Furcht zuruft, wie schön sie sei. Er ruft sie auf, ihm zu vertrauen, auch in einer Zeit der Schwachheit. Er weiß in Vers 2,14, dass er in Vers 17 abgelehnt wird. Wie bei Petrus hätte der Herr zu ihr sagen können: „Ich weiß, dass du mich aus Furcht dreimal verleugnen wirst. Ich weiß, dass dein Fleisch schwach ist, aber ich weiß auch, dass du einen willigen Geist hast“ (Matth 26,41). Dieser Abschnitt offenbart die Zärtlichkeit des Herzens Gottes.

„Meine Taube in den Schlupfwinkeln der Felsen, im Versteck an den Felsstufen, lass mich deine Gestalt sehen, lass mich deine Stimme hören! Denn deine Stimme ist süß und deine Gestalt anmutig“ (2,14).

A. Hier wird offenbar, wie Jesus ihre Ernsthaftigkeit und Schönheit sieht.

„Meine Taube“ (2,14a).

1. Er weiß, dass sie in 2,17 Kompromisse eingehen wird, dennoch nennt er sie zuerst „meine Taube“. Er sagte damit: „Ich weiß, du kämpfst mit dir, aber du bist immer noch meine Taube.“

   a. Eine Taube ist ein Vogel ohne Falsch, was von Reinheit, Unschuld und Treue spricht.

   b. Eine Taube hat keinen anderen Partner mehr, nachdem ihr erster gestorben ist. Darin ist sie einmalig in ihrer Treue.

   c. Eine Taube kann nicht peripher sehen; das spricht davon, dass sie ihren Blick ganz auf die Hingabe gerichtet hat.

   d. Der Heilige Geist wird auch als eine reine, unschuldige Taube dargestellt.

2. Er nennt sie nicht etwa „betrügerische Schlange“, sondern „seine Taube“. Ihre Aufrichtigkeit ist ihm wertvoll. Gott nimmt sie in ihrer Furcht zärtlich in den Arm.

B. Er sieht sie durch das vollendete Werk am Kreuz.

„Meine Taube in den Schlupfwinkeln der Felsen“ (2,14a).

1. Jesus ist der Fels Gottes. Ein Fels ist unbeweglich. Er besteht aus einem Material, das sich für ein Fundament eignet, stark und dauerhaft.

   „Du bist Petrus, auf diesen Fels will ich meine Gemeinde bauen“ (Matth 16,18).

2. Paulus lehrte, dass Jesus der wahre geistliche Felsen ist, welcher dem Volk Israel in den Tagen des Mose folgte.

   „Sie tranken von dem geistlichen Felsen, der ihnen folgte, und dieser Fels war Christus“ (1. Kor 10,4).

3. Solch ein Schlupfwinkel im Felsen war der Ort, wo Gott Mose versteckte, als seine Herrlichkeit an ihm vorüberging. Als der Herr dort dem Mose seine Herrlichkeit offenbaren wollte, gab es ein Problem: Mose war immer noch ein sündiger Mensch. Wenn Gott ihm seine unverhüllte Herrlichkeit zeigen wollte, dann musste Mose notwendigerweise von einem Schutzwall umgeben sein, um ihn zu bewahren. Die Herrlichkeit Gottes ist so rein und heilig, dass sie sündiges menschliches Fleisch tötet.

   „So soll es sein, wenn meine Herrlichkeit vorübergeht, dann will ich dich in die Felskluft stellen und meine Hand über dir halten, bis ich vorübergegangen bin *“* (2. Mo 33,22).

4. Mose wäre gestorben, wenn er Gott von Angesicht zu Angesicht gesehen hätte. Deshalb hatte Gott eine Kluft im Felsen bereitet, eine offene Stelle im Berg. Dort stellte er Mose hinein. Zudem hielt Gott noch seine Hand über Mose, um ihn zu schützen, während er vorüberging.

5. Dass Mose sich in der Felskluft versteckte, war ein Sinnbild für die Erlösung durch das Kreuz. Er versteckte sich, bildlich gesprochen, in „Christi Erlösung“.

6. Jesus ist der Fels, der uns in unserer Sündhaftigkeit vor der Herrlichkeit Gottes schützt. Wie Gott seine Hand über Mose hielt und ihn im Felsen versteckte, so legte Gott im Gericht über Jesus seine Hand auf uns, damit die Herrlichkeit Gottes uns nicht tötet.

7. Die Felskluft spricht von den Wunden in Jesu Seite, die ihm bei der Kreuzigung zugefügt wurden.

8. Die Felskluft spricht von dem Tod Jesu selbst. Gott schützt uns vor seiner Herrlichkeit durch die „Kluft“ oder die Wunden in der Seite Jesu. Der einzige Ort, an

dem man sicher mit Gott in Beziehung treten kann, sind die Wunden Jesu.

C. Gott will, dass wir uns in der Felskluft, welche Jesus ist, bergen. Verborgen in ihm. Er sieht seine Taube in der Felskluft.

„Meine Taube ... im Versteck an den Felsstufen“ (2,14b).

D. Er sieht sie durch seine Auferstehung.

1. Dieses „Versteck“ spricht von dem Geheimnis der Auferstehung. Die Auferstehung ist ein geheimer Ort in Gott. Die Auferstehung ist ein Geheimnis, das niemand versteht. Diese geheime Kluft, dieses Versteck, ist ein Ort des Geheimnisses, der von der Auferstehung spricht.

2. Der Ausdruck „das Versteck an den Felsstufen“ wird unterschiedlich übersetzt.

   a. Die *King James Bible* übersetzt, ähnlich wie die deutsche Elberfelder Bibel, „der geheime Ort der Stufen“.

   b. Die *New American Standard* schreibt „der geheime Ort eines steilen Pfades“.

   c. Die *New King James Version* gibt es als „der geheime Ort der Klippen“ wieder.

   d. Die Stufen, der steile Weg, führen aufwärts (Hinweis auf das Auferstehungsleben).

   e. Dieser geheime Aufstieg ist die Treppe zum Himmel. Dies spricht von Jakobs Leiter, die zum Himmel hinaufragte (1. Mo 28,12-17).

E. Jesus ruft sie dazu auf, inmitten ihrer Schwachheit vertrauensvoll zu Gott zu kommen. Der Vater sieht uns durch die Schönheit des Kreuzes und der Auferstehung. Sie sollte ihre Sicherheit in der Gnade Gottes an zwei Orten finden: in der Felskluft und auf der Klippe.

„In den Schlupfwinkeln der Felsen, im Versteck an den Felsstufen, lass mich deine Gestalt sehen, lass mich deine Stimme hören" (2,14c,d)

F. Gott wollte, dass sie vertrauensvoll und zuversichtlich zu ihm hinläuft – statt voller Verdammnisgefühle von ihm weg. Mit anderen Worten: Sie soll sich Gott im Vertrauen in Jesu Tod und Auferstehung aussetzen. Er möchte, dass wir seinem Werk am Kreuz vertrauen, indem wir aus der Verurteilung der Religiosität herauskommen. „Komm in deiner Schwachheit zu mir, denn ich sehe dich durch das Kreuz und die Auferstehung."

„Lass mich deine Gestalt sehen" (2,14c).

G. Gott möchte ihre Anbetung und ihr Gebet um Hilfe hören, gerade jetzt, wo die Krise des Kompromisses bevorsteht. Lauf Gott nicht in deiner Scham davon!

„Lass mich deine Stimme hören" (2,14d).

H. Jesus möchte, dass wir wissen, wie das Kreuz seine Sicht über uns verändert hat, wie er uns einschätzt, auch in Zeiten unserer Schwachheit. Gott möchte, dass seine Braut zu ihm flieht und sich bei ihm birgt.

„Denn deine Stimme ist süß und deine Gestalt anmutig" (2,14,e,f).

1. Ihre Stimme ist, wenn sie zu ihm betet, lieblich für Jesus – und nicht etwa abstoßend, wie der Geist der Religiosität uns einreden will. Unsere Gebete sind „süß" für Gott.

2. Ihre Gestalt ist ihm, trotz ihrer Unreife, „lieblich".

3. Warum möchte Gott deine Gestalt sehen und deine Stimme hören? Weil ihm deine Stimme süß und dein Angesicht angenehm ist. Er weiß, dass sie Kompromisse eingehen wird, aber er weiß auch, dass der Grund dafür nicht Rebellion, sondern Furcht ist.

I. Gott möchte ihre liebende Anbetung hören und ihre Gebete um Hilfe in der Krise ihrer Versuchung und des geistlichen Versagens. In dieser Situation war Petrus, als Jesus ihn drängte, in Gethsemane um göttliche Hilfe zu bitten.

„Dann sagte er zu Petrus: ‚Wacht und betet, damit ihr nicht in Versuchung kommt. Der Geist zwar ist willig, das Fleisch aber schwach'" (Matth 26,41).

1. Jesus sagte: Bete zu mir, Petrus, ich will deine Stimme hören, ich möchte dir helfen.

2. Wir glauben, dass, wenn wir innerlich mit Sünde kämpfen, unsere Stimme für Gott abstoßend klingt und unsere Gestalt auf ihn hässlich wirkt. Und darum laufen wir von ihm weg statt zu ihm hin.

3. Er sagt: „Bleibe ganz zuversichtlich in der Felsspalte, an dem geheimen Ort im Felsens. Du bist meine Taube, du bist meine Reine. Die Ernte ist bald da. Du liebst mich. Du bist schön. Lass mich deine Stimme hören. Rufe mich um Hilfe an. Zieh dich nicht aus Scham zurück. Rufe um Hilfe!"

J. Zusammenfassung: Dies ist einer der gewaltigsten Abschnitte der Bibel. Er sagt: „Ich möchte deinen Schrei um Hilfe hören. Ich weiß, du zitterst. Bitte mich, dir zu helfen. Fordere meine Partnerschaft heraus, dir zu helfen, um treu zu werden. Versuche nicht, es aus eigener Kraft allein zu meistern."

VII. Ihr Gebet um Befreiung von Kompromissen

A. Sie bittet um Befreiung, als sie um Hilfe wegen der kleinen Füchse bittet. Hier, in diesem verzweifelten Rufen, kann man die Ernsthaftigkeit ihres Herzens sehen. Sie ist nicht rebellisch, nur unreif. Er hatte gerade gesagt: „Lass mich dein Angesicht sehen, deine Stimme hören." Genau das tut sie hier, indem sie betet: „Herr, bitte fang uns die Füchse."

„Fangt uns die Füchse, die kleinen Füchse, die die Weinberge verderben. Denn unsere Weinberge stehen in Blüte" (2,15).

B. Ihr verzweifeltes Rufen zu Gott um Befreiung von Furcht und Kompromissen. Sie ist überführt.

„Fangt uns die Füchse, die kleinen Füchse, die die Weinberge verderben" (2,15a).

1. Füchse sind listige kleine Tiere, die die Weinberge Israels im Schutz der Nacht durchwühlten.

2. Füchse sind keine kühnen, starken Löwen, die während des Tages angreifen. Sie sind schnell, scharfsinnig und geschickte Tiere, die nur schwer einzufangen sind. Sie kommen während der Nacht, um zu zerstören. Deshalb verpassen fleischlich gesinnte Christen oft, die ‚kleinen Füchse' in ihrem Leben zu fangen. Sie fangen die Bären, aber nicht die Füchse. Die Braut sagt: „Ich lebe nicht mehr in Unmoral. Ich bin nicht wie die verschleierte Frau." Die Probleme sind jetzt subtiler, nicht die Tat-Sünden, sondern die Unterlassungs-Sünden.

3. Das spricht von den kleinen Gebieten in ihrem Leben, die so schwer einzufangen sind. Diese schlauen kleinen Füchse, die etwa meine Sprache verunreinigen, die Ängste, die mich gefangen halten.

4. „Fangt (ihr) die Füchse!“ Mit anderen Worten: Ich kann es nicht allein, wir müssen es zusammen tun. Fangt diese gewieften Zerstörer meines Weinbergs. Sie entschlüpfen so schnell, ich kann sie nicht selber fangen!“ Sie sehnt sich danach, dass die Kompromisse „gefangen“ werden. Sie bittet den Herrn, ihr zu helfen, dass diese kleinen Gebiete des Kompromisses „gefangen, umzingelt“ werden, genau wie die Furcht, von der sie noch nicht weiß, wie man sie überwindet.

5. Wir müssen den Herrn auf diesen Gebieten ständig um Hilfe bitten. Der Herr will uns gerne helfen. Sie erkannte die Existenz der kleinen Füchse (ihrer Kompromisse) und sagte: „Jesus, ich sehe die Füchse in meinem Weinberg. Mein Herz ist traurig. Ich flehe dich um Hilfe an.“ Da ist keine Abwehr oder Rebellion. Sie nimmt die Aufforderung „Steh auf“ aus 2,10 ernst, aber sie hat noch keine Kraft zum Gehorsam gefunden.

   „Fangt uns ... die kleinen Füchse, die die Weinberge verderben“ (2,15b).

C. Sie möchte sich tiefer in Gott bergen.

   1. Die kleinen Kompromisse, die uns davon zurückhalten, tiefere Erfahrungen mit der Liebe Gottes zu machen, sind eine ernste Angelegenheit. Sie erkennt jetzt, wie wichtig diese kleinen Gebiete sind, weil sie sich so zerstörerisch auf das Leben in tiefer Intimität mit Gott auswirken.

   2. Jetzt, im Gegensatz zu 1,6, hütet sie ihren Weinberg. Dennoch sabotieren die kleinen Füchse ihre Fruchtbarkeit. Sie erkennt die Furcht und Unsicherheit als zerstörend für ein Leben an, das sich tief in Gott gründen will.

D. Sie sehnt sich nach Hilfe für ein tieferes Leben mit Jesus. Sie möchte einen Weg gehen, den nur wenige gelernt haben zu gehen.

„Fangt uns ... die kleinen Füchse, ... denn unsere Weinberge stehen in Blüte (oder: *haben zarte Trauben*)" (2,15c).

1. „Unsere Weinberge" sprechen von Gebieten unseres Lebens, die unser geistliches Leben beeinflussen. So wie der natürliche Weinstock Lebenssaft enthält, so spricht auch der geistliche Wein unseres Lebens von dem geistlichen Leben, das dadurch strömt. Jesus sprach in Johannes 15 von diesem Wein und den Reben.

2. Ihre zarten Trauben sprechen von ihrem noch unreifen geistlichen Leben. Denn so wie die natürlichen Reben zarte Trauben haben, die noch Zeit zum Reifen brauchen, so haben auch unsere geistlichen Reben Knospen und Triebe, die noch heranreifen müssen. Mit anderen Worten: Sie weiß, dass sie noch kein reifer Weinberg ist. Und doch hat sie schon die ernste Vision, nach den tieferen Dimensionen zu streben, die Jesus ihr geben möchte.

VIII. Sie drückt ihre aufrichtige Liebe aus

A. Mitten im Straucheln drückt sie ihre aufrichtige Liebe zu Gott aus. Sie sagt: „Ich liebe dich und weiß, dass du mich liebst."

„Mein Geliebter ist mein, und ich bin sein, der in den Lilien weidet" (2,16).

1. Sie ruft aus und bekennt, dass sie nur zu Jesus gehört.

   „Mein Geliebter ist mein" (2,16).

a. Sie vertraut darauf, dass sie ihren Platz in Gottes Herzen nicht verloren hat. Sie weiß, dass Jesus immer noch ihr gehört.

b. Gott hat sie wegen ihrer inneren Kämpfe nicht abgeschrieben. Sie sagt: „Ich weiß, dass du mich immer noch liebst."

2. Sie ist nicht rebellisch und sie heuchelt nicht. Sie ist eine wahre Liebhaberin Gottes, und Gott liebt sie. Sie ist hingegeben und ernsthaft, nur eben noch nicht voll herangereift.

   „Ich bin sein" (2,16).

   a. Hier kommt zum ersten Mal klar ans Licht, dass sie sein Eigentum ist.

   b. Wenn sie sagt: „Ich bin sein", anerkennt sie ihre Überzeugung, dass sie nur um seinetwillen leben will.

IX. Vier Schlüsselaussagen des Fortschritts

A. Das Hohelied beschreibt ihre Entwicklung von der Selbstzentriertheit zur Gotteszentriertheit in vier Schlüsselaussagen. Viermal wechselt und definiert sie ihre Erfahrungen neu. Sie beginnt damit, dass sie nur auf sich gerichtet ist, und endet, indem sie gereift und auf Gott ausgerichtet ist. Wir können ihren Reifewerdegang in diesen vier Aussagen durch das Buch hindurch miterleben. Dies sind Aussagen ihrer fortschreitenden Reife. So sehen wir etwa den Wechsel von Selbstzentriertheit zu einem Ausgerichtetsein auf Gott in den vier Aussagen über das Erbteil (1,14; 2,16; 6,3; 7,10). Am Anfang ist sie nur auf ihre eigene Freude an Jesus ausgerichtet. Sie spricht davon, was er *für sie* bedeutet, ohne sich dessen bewusst zu sein, was *sie ihm* bedeutet. In 2,16 und 6,3 und schließlich in 7,10 gebraucht sie die gleiche Sprache, wechselt aber die Reihenfolge, um auszudrücken, was *sie für Jesus* bedeutet. Jesus ist ihr Erbteil.

B. Ihr anfänglicher Fokus lag *nur* auf ihren geistlichen Freuden. Am Anfang eines Lebens in seiner Gnade ist das für Jesus akzeptabel. Es geht ihr nur darum, dass *sie* geliebt ist und ein Erbe in ihm hat. Zu diesem Zeitpunkt hat sie keinen Blick dafür, dass *sie sein Erbteil* sein könnte.

„*Mein Geliebter* ist mir..." (1,13.14)

C. Beim zweiten Mal sagt sie: „Er ist mein, er gehört zu mir. Und doch erkenne ich jetzt, dass ich auch zu ihm gehöre." Sie fügt also eine neue Dimension hinzu, die, dass ihr Leben ihm gehört. Sie sieht jetzt die Notwendigkeit, ihn zu lieben, weil sie sein Erbe ist. Doch ist dieser Aspekt zu diesem Zeitpunkt für sie noch zweitrangig.

„*Mein Geliebter* ist mein, *und ich* bin sein" (2,16).

D. Beim dritten Mal benutzt sie die gleichen Worte wie in 2,16, jedoch wechselt die Reihenfolge, wenn sie sagt: „Ich gehöre ihm – und ich erkenne weiter, dass er immer noch mein ist. Er gehört mir. Mein Geliebter ist mein." Der dritte Fortschritt drückt dieselbe Wahrheit aus, aber die Reihenfolge ändert sich. Sie sagt: „Zuerst er, ich komme später." Sie ändert die Prioritäten. Sein Erbe in ihr liegt ihr jetzt zuerst am Herzen. Ihr Erbe in ihm ist zwar wichtig, jedoch zweitrangig.

„*Ich gehöre* meinem Geliebten, *und mein Geliebter* gehört mir" (6,3).

E. In ihrer vierten und diesbezüglich letzten Aussage sagt sie: „Ich gehöre ihm – und ich bin ganz darauf ausgerichtet, was er möchte. Die Tatsache, dass sein Verlangen nach mir steht, lässt mich danach streben, zu 100 Prozent für ihn da zu sein. Er besitzt mich ganz. Mir liegt das am Herzen, was ihm wichtig ist."

„Ich gehöre **meinem Geliebten,** *und nach mir ist* **sein** *Verlangen"* (7,11).

E. Sie erkennt, dass Jesus sie mit Reinheit nähren möchte.

„Mein Geliebter..., der in den Lilien weidet" (2,16).

1. Die Lilien deuten auf reine, weiße Unschuld hin (so auch 2,1-2; 5,3,13; 6,2-3). Lilien sprechen auch von der Herrlichkeit Gottes.

   „Und warum sorgt ihr euch um die Kleidung? Schaut die Lilien auf dem Feld an, wie sie wachsen; sie arbeiten nicht, auch spinnen sie nicht. Ich sage euch, dass auch Salomo in aller seiner Herrlichkeit nicht gekleidet gewesen ist wie eine von ihnen" (Matth 6,28-29).

   a. Salomo in seiner Herrlichkeit wird von Jesus mit einer Lilie verglichen.

   b. Sie sah sich selbst als reine Lilie vor Gott (2,1).

2. Vorher fragte sie Jesus: „Wo weidest du deine Herde?" (1,7) Wo lässt du sie lagern? In 1,8 gibt er ihr eine Antwort, die aus einer allgemeinen Bestätigung und drei spezifischen Aussagen besteht.

3. In 2,16 entdeckt sie die vierte Antwort. Sie sagt: „Ich weiß, wo du mich weiden willst. Du wirst mich unter den Lilien weiden, während ich mich nach der tiefen Reinheit der Liebe und des Gehorsams ausstrecke."

4. Sie sagt: „Ich weiß: Du wirst mich unter den Lilien weiden" und benutzt für „Lilien" den Plural.

   a. „Ich bin eine Lilie des Tales." Die Lilie ist im Singular, als sie ihre persönliche Identität im Herrn entdeckt.

b. Hier jedoch stehen die Lilien im Plural, das spricht vom Volk Gottes allgemein, außerhalb der Mauer der Isolierung, die auch nach einer außergewöhnlichen Liebe zu Jesus trachten.

c. Sie sagt: „Ich weiß, wo du mich weiden wirst: in der Gemeinschaft der Gläubigen, die dich sehnsüchtig wollen. Sie sind wie ich – schwach, aber willig, den ganzen Weg mit Gott zu gehen. Deshalb sind sie vor Gott so rein wie Lilien."

5. „Ich weiß, du wirst mich nur in der Fülle Jesu weiden, wenn ich unter anderen bin, die sich auch nach dem tiefen Umgang mit dir sehnen. Ich weiß, dass du nicht nur mich alleine in die Fülle bringst." Sie erkennt, dass andere, die sich auch danach sehnen, Jesus auf tiefere Weise zu erleben, für sie auf ihrer Reise wichtig sind.

X. Ihr schmerzlicher Kompromiss

A. Aus Furcht, die in ihrer geistlichen Unreife begründet liegt, weigert sie sich, ihm zu gehorchen.

„Wenn der Tag verhaucht und die Schatten fliehen, kehre um, mein Geliebter, gleiche einer jungen Gazelle oder einem jungen Hirsch auf den Bether-Bergen" (2,17; aus dem Engl.).

B. Ihr Kompromiss wird deutlich, als sie ihm sagt, dass er umkehren und fortgehen soll zu den Bergen – ohne sie.

„Kehre um, mein Geliebter, gleiche einer jungen Gazelle ... auf den Bether-Bergen" (2,17).

1. Er kehrt um und geht für einen kurzen Augenblick ohne sie. Sofort spürt sie seine Abwesenheit sehr schmerzlich. Sie suchte ihn und kann ihn nicht finden (3,1). Das ist eine neue Erfahrung für sie, die ja „krank vor Liebe" geworden ist.

2. Der Herr respektiert ihre freiwillige Entscheidung, sich zurückzuziehen. Unsere Beziehung mit Jesus basiert auf freiwilliger Liebe.

C. Sie verweigert sich ihm, bis sie in den dunklen Orten ihres Herzens Sieg findet.

„Wenn der Tag verhaucht und die Schatten fliehen ...“ (2,17a,b)

1. Es ist dunkel, bis der Tag anbricht und neues Licht bringt. Tagesanbruch ist die Zeit, wenn das helle Licht (steht für Reife) sichtbar wird.

   a. Der Tag bricht morgens an, wenn neues Licht hereinbricht. Es ist die Zeit, wenn die Schatten und alles Zwielichtig-graue verschwindet.

   b. Sie sagt: Um diese Gebiete in meinem Herzen überwinden zu können, bedarf es deiner Hilfe. Ich kann nicht auf die Berge gehen, solange nicht das Licht des Tages anbricht und die Schatten, die grauen Stellen, verschwinden.

2. Es ist dunkel in den Schatten. Sie betet, dass Jesus sie fliehen lässt. Sie erkennt die dunklen Bereiche in den Schatten. Es sind Bereiche ihres Lebens, die noch nicht voll im Licht sind.

   a. Sie erkennt, dass diese dunklen Bereiche immer noch da sind – in Form von Unglauben, Angst, Egoismus („kleine Füchse“ – nicht offener Ungehorsam).

   b. Sie sagt: „Gott, du musst umkehren, bis ich mehr im Licht lebe und reifer bin. Ich kann nicht aufstehen.“

3. Es musste ihr das Herz brechen, als sie sagte: „Ich möchte, dass du ohne mich gehst, bis der Tag anbricht

und die Schatten fliehen.“ Sie weiß in ihrem Herzen, dass sie dazu geschaffen ist, mit Jesus auf den Bergen zu leben, mit ihm in einer außergewöhnlichen Liebe und bräutlichen Partnerschaft.

D. Sie anerkennt, dass Jesus weiter die Werke des Vaters tun muss.

„Kehre um, mein Geliebter, gleiche einer jungen Gazelle oder einem jungen Hirsch auf den Bether-Bergen“ (2,17).

1. Traurig erkennt sie, dass Jesus gehen und wie eine Gazelle sein muss (2,8). Auch kann Jesus niemals seine Persönlichkeit ändern, ebenso wenig sein Mandat, das er vom Vater bekommen hat, nämlich „über die Berge zu hüpfen“ (2,8-9). Zu Ende des Hohelieds befindet sich Jesus auf diesen Bergen.

   „Enteile, mein Geliebter, und tu es der Gazelle gleich oder dem jungen Hirsch auf den Balsambergen“ (8,14)

2. Sie sagt ihm, dass er wie ein junger Hirsch sein soll, der alles überwindet, während er auf den Bergen ohne sie läuft.

E. Sie versteht, dass unvermeidlich eine Trennung kommen muss.

„Gleiche einer jungen Gazelle oder einem jungen Hirsch auf den Bether-Bergen“ (2,17)

1. Das Wort „Bether“ heißt im Hebräischen wörtlich „Trennung“, also „die Berge der Trennung“. Einige Bibelübersetzungen schreiben denn auch „Trennung“ statt „Bether“. Die Berge sind Hindernisse, die Trennung bringen.

2. Sie erkennt, dass es eine Trennung geben wird

a. In Kapitel 3,1 verlässt er sie. Er trennt sich von ihr, bis sie in Vers 2 gehorsam ruft: „Aufstehn will ich."

b. Sie begegnet ihm und sagt: „Ich werde das nie wieder tun. Ich werde ihn nie wieder loslassen."

F. Sie weiß, dass ihre Schwachheit nicht bedeutet, dass ihre Liebe zu Jesus falsch ist. Sie nennt ihn weiterhin „mein Geliebter".

***„Wende dich her** (oder: kehre um), **mein Geliebter**"* (2,17).

Kapitel 9

Göttliche Züchtigung (3,1-5)

„Auf meinem Lager zur Nachtzeit suchte ich ihn, den meine Seele liebt, ich suchte ihn und fand ihn nicht. ‚Aufstehn will ich denn, will die Stadt durchstreifen, die Straßen und die Plätze, will ihn suchen, den meine Seele liebt.‘ Ich suchte ihn und fand ihn nicht. Es fanden mich die Wächter, die die Stadt durchstreifen: ‚Habt ihr ihn gesehen, den meine Seele liebt?‘ Kaum war ich an ihnen vorüber, da fand ich ihn, den meine Seele liebt. Ich ergriff ihn und ließ ihn nicht mehr los, bis ich ihn ins Haus meiner Mutter gebracht hatte und in das Gemach derer, die mit mir schwanger war. Ich beschwöre euch, Töchter Jerusalems, bei den Gazellen oder bei den Hirschkühen des Feldes: Weckt nicht, stört nicht auf die Liebe, bevor es ihr selber gefällt“ (3,1-5).

I. Überblick über 3,1-5

A. Jesus verbirgt sich vor der jungen Braut. In 2,8-17 fordert der Herr die Braut auf, aus ihrer Bequemlichkeitszone herauszukommen. Er lädt sie in die bräutliche Partnerschaft ein. Das ist eine Antwort auf ihr ursprüngliches Gebet „Zieh mich dir nach und lass uns zusammen laufen“. In 1,5-2,17 zieht er sie zu sich, damit sie eine außergewöhnliche Anbeterin wird. Jetzt ist es Zeit für sie, mit ihm in die Berge zu laufen. Sie erlebt die Züchtigung eines liebenden Vaters, der ihre Hände löst von den Dingen, die sie gebunden halten (Heb 12,5-12). Diese Züchtigung wird dadurch ausgedrückt, dass er seine spürbare Gegenwart von ihr nimmt. Als sie sich dann im Gehorsam erhob, kehrte seine Gegenwart wieder.

B. Der Vater liebt die junge Braut zu sehr, um ihr zu erlauben, etwas Geringeres zu sein als die herrliche reife Braut des Herrn Jesus. Er ist nicht ärgerlich, er ist eifersüchtig. Das ist ein großer Unterschied. Jesus zeigt keinerlei Zorn, sondern nur zarte Disziplinierung, damit sie seine Werte als reife Braut teilt. Jesus sehnt sich nach tieferer Partnerschaft mit uns.

II. Wenn der Herr fortgeht – die Spannung verstehen lernen

„Denn er selber hat gesagt: ‚Ich werde dich nie verlassen noch versäumen'" (Heb 13,5).

A. Zunächst stellen wir fest, dass der Herr uns, was die Erlösung anbetrifft, niemals verlassen wird. Unsere Errettung wird kein Ende finden.

B. Zweitens: Er wird niemals zulassen, dass eine Sünde oder der Druck so groß wird, dass wir sie nicht ertragen könnten.

„Keine Versuchung hat euch ergriffen als nur eine menschliche; Gott aber ist treu, der nicht zulassen wird, dass ihr über euer Vermögen versucht werdet, sondern mit der Versuchung auch den Ausgang schaffen wird, so dass ihr sie ertragen könnt" (1. Kor 10,13).

1. Er wird uns niemals zumuten, eine Last über unsere Kraft hinaus tragen zu müssen, wird uns niemals in derartiger Weise verlassen.

2. Er veranlasst eine ganz kleine Prüfung, die dazu angetan ist, unser Herz aufzuwecken. Wir alle kennen Geschichten über Menschen, die einen scheinbar unerträglichen Druck ertragen müssen. Ich stelle mir vor, wie der Herr sagt: „Ich erlaube gerade den Druck, der ausreicht, um die Antwort zu bewirken, die ich erreichen möchte." Jesus erlaubt niemals die härteste Prü-

fung, doch erscheint dem Fleisch schon die sanfteste sehr schwer. Sie dient dazu, dass auch die tiefsten, verborgenen Punkte unseres Herzens aufgeweckt werden. Unser Bekenntnis ist: „Sein Banner über mir ist Liebe" (2,4). Die Flagge und das Motto, die die Handlungen Gottes in unserem Leben definieren, heißen „Liebe". Mit andern Worten, sie bringen Liebe hervor und sind niemals schwerer als notwendig. Schließlich erkennt sie, dass es geistlich zu ihrem Besten war, dass er sein Gesicht verbarg (3,1).

C. In der Schrift zeigt Gott, dass er uns manchmal verlässt, damit wir fähig werden, seine spürbare Gegenwart von seiner Abwesenheit zu unterscheiden. Wir sagen dann etwa: „Ich spüre den Herrn nicht so wie sonst."

1. Eigentlich ist es also nicht so, dass er uns verlässt, vielmehr ist unsere Fähigkeit, seine Gegenwart zu spüren, nicht intakt.

2. Sehr planvoll nimmt er uns das Gefühl seiner Gegenwart, um uns etwas mitzuteilen.

   a. Er demütigt uns, damit wir erkennen, wie sehr wir ihn brauchen.

   b. Er macht uns auf Probleme aufmerksam.

   c. Er erweckt in uns einen tiefen Hunger nach ihm selbst.

III. In diesem Zeitalter erkennen wir den Herrn nur schemenhaft

„Wir sehen jetzt durch einen Spiegel ein dunkles Bild, dann aber von Angesicht zu Angesicht. Jetzt erkenne ich stückweise, dann aber werde ich erkennen, wie ich erkannt bin" (1. Kor 13,12).

A. Im Blick auf die Spiegel-Metapher, die Paulus hier gebraucht, muss man etwas über die Beschaffenheit der Spiegel zur damaligen Zeit wissen. Sie bestanden aus einem Stück poliertem Metall, das nur eine schwache Spiegelung gab. Er war nicht wie ein moderner Spiegel, der etwas klar wiedergibt. Später werden wir von Angesicht zu Angesicht sehen. Dann werden wir ein umfassendes Verständnis und eine tiefe Offenbarung Gottes haben. Der Apostel Paulus lehrte, dass in diesem Zeitalter, dem Zeitalter des Glaubens, wir nur dunkel sehen, eben wie in einem antiken Spiegel. Im Moment haben wir nur ein wenig Offenbarung.

1. Das „dunkle Schauen" Gottes in dieser Zeit ist eine Tatsache, die einige Verwirrung im Volk Gottes schafft.

2. Es ist nicht biblisch zu lehren, dass man jetzt unentwegt „von Angesicht zu Angesicht" Wissen über Gott hat. Ich höre einige Übertreibung heraus, wenn manche davon sprechen, dass die Gegenwart Gottes allezeit stark sei.

B. Gott hat es so angeordnet, dass wir im Glauben leben, nicht durch Gefühl oder Sehen. Deshalb sehen wir Gott im Moment nur „dunkel".

1. Gefühle kommen gelegentlich als Ermutigung, aber nicht häufig genug, um durch sie leben oder das Leben darauf aufbauen zu können.

2. Wir leben im Vertrauen auf Gottes Wort, auch wenn wir seine Gegenwart nicht spüren. Das Vergnügen, Gott zu erleben, kommt in kurzen Zeitabschnitten und verschwindet dann wieder. Dennoch haben diese kurzen Momente eine enorme Auswirkung auf unser emotionales Leben. Gott setzt das Gespür für seine Gegenwart in jedem Leben unterschiedlich frei.

3. Sogar die Erinnerung vergangener Erlebnisse mit Gott ermutigt unser Herz in gewissen Situationen. Ich kenne Zeiten, wo Gott sein Angesicht vor mir verborgen hatte. Ich konnte seine Gegenwart nicht fühlen. Dennoch gab mir die Erinnerung an solche Momente, wo Gott sich selber meinem Geist offenbart hat, Mut und Kraft, durch trockene Zeiten voranzugehen. Manchmal klingt der Duft seiner Gegenwart (die Erinnerung, wie süß das war) noch in unseren Herzen.

4. Wenn er seine manifeste Gegenwart zurückhält, ist er jedoch niemals wirklich fortgegangen. Zu solchen Zeiten versucht uns der Feind, wenn er sagt: „Warum probierst du es nicht mal mit Trinken, Unmoral etc.?“ Dann erinnern wir uns des süßen Geschmacks jener Momente, als wir bei der Feier im Festsaal seine Nähe spüren durften.

5. Die Wahrheit darüber, dass Gott sein Angesicht verbirgt, ist ein wichtiges Thema. Es gibt höhere Gründe in Gottes Gedanken, warum er das tut. Im Glauben zu leben bringt Demut hervor, geistlichen Hunger und viel Dynamik, die uns hilft, Sünde zu überwinden.

IV. Geläufige Übertreibungen über das Erleben von Gottes Gegenwart

A. Die meisten von uns haben Bücher gelesen, die sich auf übertriebene geistliche Erfahrungen beziehen. Ich glaube, viele Biographien übertreiben in dem Punkt der Gemeinschaft mit Gott. Biographien sind allgemein von denen geschrieben, die in ihren geistlichen Helden verliebt sind. Nicht, dass sie bewusst lügen, aber sie erzählen auch nicht die ganze Wahrheit. Gewöhnlich erzählen sie einfach nicht die vielen schlechten Dinge.

B. Am Anfang meines Lebens mit dem Herrn habe ich alles geglaubt, was in den Biographien stand. Ich wollte so sehr werden wie diese Leute, von denen ich gerade las. Diese Biographien waren gut, weil sie mir eine größere geistliche Vision gaben, mehr von Gott zu wollen. Einige jedoch brachten auch Schaden, denn sie waren übertrieben und vermittelten unrealistische Erwartungen. Falsche Erwartungen und Übertreibungen können Schmerzen in unserem geistlichen Leben verursachen.

1. Junge Gläubige schließen daraus oft, dass Gott sie nicht so liebt wie die andern. Sie denken, dass sie falsch liegen oder unwürdig sind. Das Problem der Übertreibung ist, dass die Menschen unter den Schmerz kommen, in gewisser Weise schlechter zu sein als alle anderen, was nicht gerade hilfreich ist.

2. Der junge Gläubige erwartet Erfahrungen, wie sie die Person gemacht hat, deren Biographie er gerade gelesen hat. Dabei hat dieses Erlebnis in Wahrheit niemals so stattgefunden, wie es beschrieben wurde.

3. Die einzigen Biographien, die total stimmig sind, sind die, die Gott in der Bibel hat aufzeichnen lassen. Er erzählt uns über Sünde, Mord, Ehebruch, Ärger und auch über das Abfallen seiner Diener.

C. Eine der allgemein bekannten Übertreibungen ist, wie Gott sich unserem Herzen offenbart. Einige berichten, dass Gottes Gegenwart Tag und Nacht ohne Unterlass auf ihnen ruht. Andere lehren, dass Gottes Gegenwart auf eifrigen Gläubigen ruht und dann immer stärker wird. Wir stellen uns vor, dass einige Menschen Angesicht-zu-Angesicht-Begegnungen mit Gott haben – bei vollem Bewusstsein ...

1. Das erwartete ich als Jungbekehrter, aber so traf es nicht ein. Was schloss ich daraus? Dass Gott mich nicht liebte. Jahre später jedoch erkannte ich, dass diese Bücher, die ich da las, übertrieben hatten und Gott mich die ganze Zeit über geliebt hat.

2. Übertreibungen bringen die Menschen, die sie glauben, unter Verdammnis. Deshalb ist es so wichtig, sie bloßzustellen. Wenn wir unsere geistlichen Erfahrungen übertreiben, dann verurteilt das andere. Du denkst: „Was ist nur falsch bei mir, Gott? Du liebst mich nicht!" Nein, du musst biblisch bleiben. Paulus selber sagte, dass die Begegnung mit Gott von Angesicht zu Angesicht einem künftigen Zeitalter vorbehalten ist.

V. Göttliche Züchtigung hat ihre Wurzeln in göttlicher Liebe

A. In Zeiten göttlicher Disziplinierung offenbart Gott sein Missfallen an einer bestimmten Sache in unserem Leben. Dabei geht es nicht darum, dass er an unserer Person an sich Missfallen hätte. Gott kann etwas an unserem Verhalten auszusetzen haben, ohne uns abzulehnen.

1. Er züchtigt uns und hat dennoch tiefe Liebe und Freude an uns. Einige Menschen verwechseln Korrektur mit Ablehnung. Die Züchtigung und Korrektur Gottes ist in seiner Zuneigung verwurzelt.

2. Wenn jemand uns korrigiert, fühlen wir uns abgelehnt. Der Herr ist so anders. Seine Liebe ist stark, sogar und erst recht in den Zeiten der Züchtigung. Es ist für uns schwer, die Methoden seiner Beziehungspflege zu verstehen, weil sie uns so fremd sind.

B. Wenn wir unser Erbe verstanden haben, dass wir als seine Braut regieren, dann verstehen wir den Wert und die Notwendigkeit seiner Züchtigung (Offb 3,21; Rö 8,17; Eph 2,6-7)

1. Wir haben schon von dem Ringen mit dem Herrn gehört, wenn sich jemand weigert, ihm in einer bestimmten Sache zu gehorchen. Das Problem dabei ist, dass Gott immer gewinnt. Es ist weiser, schnell nachzugeben, denn der Herr verliert keine Ringkämpfe mit de-

nen, die er liebt. Es mag sein, dass er uns Wochen oder sogar Monate ringen lässt, aber am Ende gewinnt er immer.

2. Wegen seiner verzehrenden Liebe wird er alles in unserem Leben zerstören, das gegen ihn ist. Unser Gott ist ein verzehrendes Feuer (5. Mo 4,24; Heb 10,29). Gottes Eifersucht ist eine gute Eifersucht. Göttliche Liebe ist wie ein Feuer, das alles in unserem Leben verzehrt, das uns von ihm trennt. Seine feurige Zuneigung uns gegenüber bringt ihn dazu, uns zu züchtigen (Heb 12,5-12).

C. Die Heiligkeit Gottes hat viele Dimensionen. Gottes Heiligkeit ist mehr als sein Hass auf sündige Taten. Das Wort „heilig" stammt von einem Wort ab, das oft gebraucht wird, um „Trennung", „Unterschied" oder „Einmaligkeit" zu vermitteln. Gottes Heiligkeit spricht von etwas Einmaligem und vollkommen anderem als alles andere, das wir kennen.

1. Darin liegt das Konzept „heilig" = „total anders" = „einmalig". Und zwar in der Weise, wie er gegenüber sündigen Menschen fühlt.

   „Der Übeltäter lasse von seinem Wege ... und bekehre sich zum Herrn, so wird er sich seiner erbarmen ... denn bei ihm ist viel Vergebung. Denn meine Gedanken sind nicht eure Gedanken und eure Wege sind nicht meine Wege, spricht der Herr. Denn so weit der Himmel höher ist als die Erde, so sind auch meine Wege höher als eure Wege und meine Gedanken als eure Gedanken" (Jes 55,7-9).

2. Wenn wir das Thema Heiligkeit richtig verstehen, dann offenbart es uns Gottes einmalige Leidenschaft für zerbrechliche und zerbrochene Menschen. Denn so hoch der Himmel über der Erde ist, so einmalig sind seine Empfindungen für derartige Menschen. Er ist „vollkommen anders" als irgendein anderer. Seine Leiden-

schaft für Menschen ist „anders". Sein Erbarmen und seine Liebe sind heilig, unterscheiden sich von allen anderen.

VI. Gottes offenkundige Gegenwart hat sich zurückgezogen

A. Die junge Braut erlebt göttliche Disziplinierung

„Auf meinem Lager zur Nachtzeit suchte ich ihn, den meine Seele liebt, ich suchte ihn und fand ihn nicht" (3,1).

1. Das war eine neue Erfahrung für sie, ihn zu suchen und nicht zu finden. Sie war ungehorsam Gott gegenüber, weil sie nicht aufstehen wollte, um in der Gemeinschaft mitzuwirken, so wie der Herr es ihr gesagt hatte (2,10-13).

2. Sie steht hinter der Mauer der Isolierung und betet auf ihrem Bett, unter dem Schatten des Baumes, während sie Trauben und Rosinenkuchen isst, statt ihre Bequemlichkeitszone zu verlassen (2,8,17). Jesus weigert sich, zu ihr zu kommen, bis sie gehorcht, weil er sie zu sehr liebt, als sie in ihrer Position des Ungehorsams lassen zu können.

B. Die Zeit der Nacht im geistlichen Leben.

„Auf meinem Lager zur Nachtzeit suchte ich ihn, den meine Seele liebt" (3,1a).

1. Nacht ist das Gegenteil vom Tag. Diese Nachtzeiten gehören zum göttlichen Plan.

   a. Die moralische Nacht – das spricht von einer Zeit moralischen Versagens und Dunkelheit. Sie sucht Gott in dieser Nacht der Versuchung.

b. Die Nacht in den Umständen – das spricht von einer Zeit der Prüfung und schwierigen Situationen. König David suchte den Herrn des Nachts in der Wüste, als Saul versuchte, ihn zu töten.

c. Die physische Nacht – spricht davon, Gott in der natürlichen Nacht zu suchen, weil wir verzweifelt Hunger danach haben, ihn zu kennen. Diese Verzweiflung ist stark genug, um die natürliche Neigung des Schlafens zu überwinden. Hunger nach seiner Gegenwart schafft ein Verlangen in uns, das so stark ist, dass wir ihn trotz der Unbequemlichkeit später Nachtstunden suchen.

d. Die geistliche Nacht – die Denker des ausgehenden Mittelalters sprachen von der „dunklen Nacht der Seele". Das ist eine Zeit von Leid oder Bedrückung, weil das Gefühl für die Gegenwart Gottes nicht da ist.

C. Die junge Braut sucht den Herrn ohne Gehorsam

„Auf meinem Lager zur Nachtzeit suchte ich ihn, den meine Seele liebt, ich suchte ihn und fand ihn nicht" (3,1).

1. Es ist ihr Bett im Gegensatz zu seinem Bett, seiner Lagerstatt (1,4,16; 3,7). Es war ihre (gemeinsame) Lagerstatt (1,16), aber jetzt ist es *ihr* Bett, ein Zeichen, dass sie im Augenblick keine tiefe Partnerschaft pflegen.

2. Es ist ein Bruch in ihrer Beziehung. Er ist abwesend, sie ist allein auf ihrem Bett. Auf dem Bett zu sein steht auch im Gegensatz dazu, aufzustehen und mit ihm zu gehen (2,10.13).

D. Das ernsthaft liebende Herz der Braut erfährt Bestätigung.

„Auf meinem Lager zur Nachtzeit suchte ich ihn, den meine Seele liebt“ (3,1).

1. Sie war aufrichtig in ihrer Liebe ihm gegenüber, als sie ausrief: „Ich gehöre meinem Geliebten, und er ist mein“ (2,16). Ihre Liebe gilt immer noch ihm, auch in ihren geistlichen Schwierigkeiten. Sie ist keine hoffnungslose Heuchlerin, nur weil sie in ihrer Furcht Kompromisse macht. Sie hat ihre Liebe zu ihm nie verloren. Manche denken, sie seien Heuchler, wenn sie mit ihrem schwachen Fleisch konfrontiert werden. Wir kämpfen – und wir lieben ihn. Sie kann immer noch mit Recht sagen: „Er ist der Eine, den ich liebe.“ Es ist wichtig zu verstehen, dass wir ihn immer noch „der Eine, den ich liebe“ nennen dürfen, auch wenn noch lange nicht jedes Gebiet unseres Lebens geistlich gereift ist.

2. Sie sucht ihn eifrig. Es gibt kein mächtigeres Verlangen als das einer aufrichtigen Seele, die mehr von Jesus Christus haben will. Dieses Verlangen wird uns zu einem heiligen Drängen führen, nachdem wir die Süße seiner Gegenwart in der Vergangenheit geschmeckt haben.

3. Menschen, die die Botschaft der Liebe Gottes für sie in ihrer Schwachheit verstanden haben, werden innerlich gezogen und gedrängt, ihn mehr zu suchen. Dieses Verstehen gibt uns nicht die Freiheit, mehr zu sündigen. Wenn diese mächtige Wahrheit verstanden wird, wird sie uns zu ihm hintreiben, nicht von ihm fort. Die echte Botschaft der Liebe und Gnade Gottes wird uns niemals von ihm wegbringen.

E. Die junge Braut sucht den Herrn ernsthaft.

„Auf meinem Lager zur Nachtzeit suchte ich ihn, den meine Seele liebt, ich suchte ihn und fand ihn nicht“ (3,1).

1. Sie benutzt alle bekannten geistlichen Prinzipien, die sie aus ihrer Vergangenheit her kennt, um ihn zu finden – aber es funktioniert nicht. Er möchte, dass sie ihn dadurch findet, dass sie in der Nacht aufsteht, in der Zeit der Dunkelheit. Es ist so leicht, in den Zeiten der Dunkelheit aufzugeben. Er möchte, dass wir aufstehen, nicht aufgeben. Wir alle erleben Zeiten der Finsternis. Jeder der Apostel hat sie erlebt. Das ist Teil der göttlichen Strategie, deshalb sei nicht entmutigt, wenn du dich in solch einer Nachtzeit befindest.

2. Sie hält daran fest, Gott durch bekannte geistliche Übungen wie Gebet, Wortbetrachtung usw. zu suchen, so wie in 2,3-6 beschrieben ist. Dort betet sie: „Erhalte mich, da ich an deinem Tisch sitze und deine Umarmung erlebe."

3. Suche ihn, aber suche ihn nicht immer genauso wie zu anderen Zeiten. Sie suchte Gott sogar in ihren dunklen Zeiten, als sie seine Gegenwart nicht spüren konnte. Der Prophet Jesaja klagte: „Ist da niemand, der den Namen Gottes anruft oder sich aufmacht, dass er sich an Gott halte?" (Jes 64,6). Er lehrte, dass es eine Zeit gibt, wo man sich selbst aufmachen muss, um sich an Gott zu halten, weil Gott sein Angesicht so lange verborgen hält, bis wir ihn ernstlich suchen. Das ist nicht das Gleiche wie religiöses Getue oder Gesetzlichkeit. Es gibt eine Zeit im Glauben, wo wir nichts spüren und sagen „Ich suchte ihn fortwährend", und im nächsten Atemzug: „Aber ich kann ihn nicht finden."

F. Jesus enthält ihr seine Gegenwart vor.

„Auf meinem Lager zur Nachtzeit ... und fand ihn nicht" (3,1).

1. Jesus züchtigt sie dadurch, dass er seine Gegenwart zurückhält. Er wartet, bis wir im Gehorsam zu ihm kommen. Er möchte, dass sie erkennt, dass der einzig si-

chere Platz der Welt da ist, wo sie sich aufmacht, um in Partnerschaft mit ihm zu leben.

a. Geistliche Übungen sind kein Ersatz für Gehorsam. Ihre geistlichen Übungen haben ihr Problem nicht gelöst. Gebet ist niemals ein Ersatz für Gehorsam. Denn es geht nicht darum, dass wir zu Jesus kommen, um unseren Geist zu nähren. Jesus liebt unser Gebet: „Fang die Füchse", wenn wir stolpern und versagen.

b. Die vertrauten geistlichen Übungen, in denen wir Gott während der einen Zeit fanden, funktionieren nicht automatisch in der nächsten Situation, etwa dann nicht, wenn Gott eine ganz spezielle Antwort des Gehorsams erwartet. Jetzt zieht sie die Verbindungslinie zwischen ihrem Kompromiss von 2,17 und ihrer jetzigen Unfähigkeit, seine Gegenwart zu genießen. Jetzt erlangt der Herr ihre Aufmerksamkeit.

2. Wenn wir darum ringen, die Gegenwart des Herrn zu erleben, indem wir die Übungen früherer Tage anwenden, dann sollten wir überlegen, ob der Herr vielleicht eine ganz spezielle Antwort haben möchte.

G. Der Segen der Zeiten göttlichen Rückzugs.

1. Manchmal hält er seine Gegenwart zurück, um uns zu einem ganz neuen, intensiven Suchen seines Angesichts anzustacheln. Der Mangel an Gottes Gegenwart in unserem Leben bedeutet nicht immer, dass er Missfallen an uns hat. Solche Zeiten bringen Gewinn, weil wir dann entschlossener werden, den Herrn tiefer und persönlicher kennen zu lernen.

2. Wir werden dahin geführt, unsere Herzen tiefer nach verborgenen Fehlern zu durchsuchen. Solch ein ehrliches Durchforschen hilft uns, noch unerkannte Dinge

zu finden, die verhindern, dass wir in unserem Leben die Gegenwart Gottes erfahren.

3. Manchmal spricht er durch eine vollkommen andere Sprache – die „Sprache der Stille". Auch das ist ein sehr starkes Kommunikationsmittel.

4. Das Zurückhalten seiner Gegenwart zwingt uns dazu, im Glauben zu leben statt in unseren Gefühlen. Das stärkt unsere Fähigkeit, „das Unsichtbare zu sehen". Diese Zeiten prüfen die Beständigkeit unserer Liebe und die Reife unseres Glaubens.

5. Er verbirgt sich vor uns, weil er weiß, dass er so eine stärkere Ernsthaftigkeit in unseren Herzen bewirken kann. Nur der Herr kennt die vollkommene Formel für unser geistliches Wohlbefinden. Jesus verbindet die Intensität von Segen und Zurückhalten von Segen, um die richtige Antwort in unseren Herzen hervorzurufen. Diese Zeiten bewirken größere Demut, indem wir unsere eigene Schwachheit und Abhängigkeit von Gott erkennen. Hätten wir beständig das Empfinden von Gottes Gegenwart, während unsere Leiber noch in Sünde leben, würden wir in geistlichen Stolz und Selbstgerechtigkeit verfallen.

6. Wir sind abhängig vom Heiligen Geist als der Quelle göttlicher Emotion und Leidenschaft. In Psalm 18,1 sagte David in seiner Schwachheit: „Ich liebe dich, oh Herr, meine Stärke." David sah den Herrn als die Quelle der Stärke seiner Gefühle und seiner Liebe zu Gott. Die Gnade Gottes belebt unsere Herzen für Christus und verleiht uns Energie.

7. Zusammenfassung: Unsere Seele wird so verzweifelt in der Suche nach Gott, sowohl in den Zeiten, wo er seine Gegenwart zurückhält, als auch bei Prüfungen und Leid. Menschen, die niemals die Süße von 2,3-4 erlebt haben, haben nicht das gleiche Verlangen, wenn er

seine Gegenwart zurückhält. Er erlaubt Zeiten herrlicher Gemeinschaft, die uns in Zeiten des Zurückhaltens „heißhungrig" nach ihm machen.

VII. Die junge Braut fügt ihren Gebeten den Gehorsam hinzu

„Aufstehn will ich denn, will die Stadt durchstreifen, die Straßen und die Plätze, will ihn suchen, den meine Seele liebt. Ich suchte ihn und fand ihn nicht" (3,2).

A. Sie will aufstehen und gehen und dem Auftrag gehorchen, der ihr in 2,10 und 13 gegeben wurde.

„Aufstehn will ich, ... will die Stadt durchstreifen" (3,2).

1. Er sagte: „Steh auf, meine Geliebte, und komm mit mir" (2,10 u. 13). Jetzt steht sie auf und gehorcht dem Auftrag. Die Enttäuschung, dass sie seine Gegenwart verloren hat, motiviert sie, von ihrem Bett aufzustehen und ihre Bequemlichkeitszone zu verlassen. Unsere Furcht wird in dem Moment überwunden, wenn wir den ersten Schritt des Gehorsams getan haben. Es ist unser Erbteil, frei zu sein von jeder uns bindenden Furcht. Der Herr wacht eifersüchtig darüber, dass wir in völliger Übereinstimmung leben, deshalb will er, dass die Furcht in unserem Leben zerbrochen wird. Der Vater hat Jesus das Mandat gegeben, die Nationen zu Jüngern zu machen. Wir müssen aufstehen und uns zu ihm gesellen.

2. Sie ergänzt ihre geistlichen Übungen durch den Gehorsam. Sie sah, dass Gebete allein ihr Problem (in dieser Situation) nicht lösen konnten. Aktiver Gehorsam war gefragt. Er hielt sich eisern zurück, bis sie aufstand und im Gehorsam ging.

3. Wir wissen nicht, wie viel Zeit zwischen Vers 1 und Vers 2 liegt. Es könnte ein Tag, eine Woche, ein Monat oder gar Jahre sein. Unser Fortschritt hängt von unserer Antwort des Gehorsams ab. Es ist nötig, dass wir in heiliger Leidenschaft wachsen.

B. Die junge Braut tritt in das Gemeinschaftsleben des Leibes Christi ein.

„Aufstehn will ich, ... will die Stadt durchstreifen“ (3,2).

1. Die Stadt spricht von der Gemeinde, die die „Stadt Gottes“ genannt wird.

    „Aber ihr seid gekommen zum Berg Zion und der Stadt des lebendigen Gottes, das himmlische Jerusalem ... zu der ... Gemeinde der Erstgeborenen, die im Himmel angeschrieben sind“ (Heb 12,22-23).

    „... denn er wartete auf die Stadt, die einen festen Grund hat, deren Erbauer und Schöpfer Gott ist“ (Heb 11,10).

2. Die „Stadt Gottes“ spricht von den Absichten Gottes (Heb 11,10). In die Stadt gehen bedeutet sich mit andern befassen, denn in der Stadt findet Gemeinschaftsleben und Aktivität in größtem Ausmaß statt.

3. In der Stadt spielt sich die größte Aktivität der Menschen ab. Die Gemeinde der Ewigkeit wird als eine herrliche Stadt dargestellt, erfüllt mit Schönheit. Das steht im Gegensatz zur Isolierung auf dem Bett. Die Stadt hat eine Regierung (Älteste) und göttliche Ordnung, was wiederum von der Gemeinde spricht.

C. Ein Ort des Risikos außerhalb der sicheren Mauer und des bequemen Betts.

„... die Stadt durchstreifen, die Straßen und Plätze ...“ (3,2).

1. Jesus ruft sie aus ihrer Kammer heraus auf die Straße. Straßen und Plätze sprechen von Orten, wo Menschen arbeiten, reden und sich austauschen, Beziehungen pflegen.

2. Sie fühlt sich verwundbar und spürt, dass es dort auf den Straßen weniger Schutz gibt. Sie verlangt so sehr nach Jesus – und er ist draußen auf den Straßen. Das ist der einzige Ort, wo sie ihm begegnen kann. Deshalb geht sie dorthin, wo er ist. Ihr begegnen viele Dinge, die zu geistlicher Kampfführung herausfordern, Konflikt und Gefahr in sich bergen. Sie ist auf den Straßen der Stadt, wo es vor Risiken und aller Art von Aktivität wimmelt. Dort, in der Stadt, könnte ihr auch Schaden zugefügt werden.

D. Sie bleibt dran, Jesus in der Nacht zu suchen.

„*... will ihn suchen ... ich suchte ihn ...*“ (3,2)

1. Sie fährt fort, Jesus zu suchen, egal, ob diese Suche unmittelbare Ergebnisse zeitigt oder nicht. Das ist die Art von Zähigkeit, die Gott liebt und belohnt. Gott „bezahlt“ so gut, wenn er uns belohnt. Sie sucht ihn fortwährend im Gehorsam. Das können wir tun, indem wir Tag für Tag die Bibel lesen!

2. Sie trachtet danach, dem dreifachen Mandat zu gehorchen, das Jesus ihr in 1,8 gab, als er ihre Frage beantwortete, wo er seine Herde weiden würde. Die dreifache Antwort lautete:

   a. Ich möchte, dass du den Fußspuren der Herde folgst, dass du also im Leib Christi lebst, nicht in Einsamkeit.

   b. Ich möchte, dass du für die Kleinen sorgst, die ich dir gebe.

c. Ich möchte, dass du bei den Zelten der Hirten bist.

E. Sie findet Jesus nicht sofort

„... ich ... fand ihn nicht“ (3,2).

1. Jesus erwartete von ihr, dass sie sich erhob und „den Fußspuren der Herde“ folgte und sich um die kleinen Ziegen müht (spricht von den kleinen Verantwortungsbereichen; 1,8). Dann fügte er jedoch hinzu, dass er möchte, dass sie dies in der rechten Beziehung zu geistlicher Autorität tut (1,8d). Er möchte, dass du aufstehst und in die Stadt gehst, wo du nahe den Zelten der Hirten lebst.

2. Sie sagt: „Ich erhob mich. Ich suchte ihn, aber ich fand ihn nicht.“ Er sagt: „Ich möchte, dass du es genauso machst, wie ich es dir in 1,8 beschrieben habe.“ Sie erhob sich, aber sie war noch nicht bei den Zelten der Hirten. Sie stand noch nicht in richtiger Beziehung zur göttlichen Autorität. Sie musste zu allen drei Dingen ja sagen, auch zu denen, gegen die sie wegen der negativen Erfahrungen in 1,5-8 noch widerstrebte.

F. Die junge Braut ist durch die Liebe motiviert

„Ihn, den meine Seele liebt ...“ (3,2)

1. Sie liebt Jesus von Herzen. Sie trägt ihre Belohnung in ihrem Herzen. Ihre Belohnung ist die Gabe, die Liebe von Gott zu spüren und auch wie sie ihn wiederliebt. Die Freude unserer Arbeit liegt in der Gabe, Gottes Liebe zu spüren. Das ist das größte Vergnügen dieses Lebens.

2. Es gibt noch andere gute Vergnügungen, aber dies ist die Belohnung schmerzhafter Arbeit. Sie braucht das viel mehr, wenn sie in den Straßen ist.

G. Die junge Braut sucht Jesus bei den Zelten der Hirten.

„Die Wächter, die in der Stadt umhergehen, fanden mich ...“ (3,2c-3)

1. Die Wächter sprechen von den Ältesten der Gemeinde oder geistlicher Autorität oder geistlichen Leitern (Hes 3,17; Jes 62,6). Die Wächter waren verantwortlich, die Dinge der Stadt zu beobachten und die Stadt zu ‚bewachen‘, damit sie nicht von ihren Feinden angegriffen werden konnte. Die Wächter können Propheten oder Fürbitter sein, aber in diesem Zusammenhang sind sie die geistlichen Leiter, die Ältesten der Stadt. Es sind die Hirten von 1,8. Die Sicherheit einer Stadt (Gemeinde) wird ihnen von Gott anvertraut. Sie „wachen auch über die Seelen der Gläubigen“ (Heb 13,17). Endlich gehorcht sie der Ermahnung von 1,8, indem sie sich an die Leiter des Leibes Christi hält, statt sich in Einsamkeit zurückzuziehen. Sie anerkennt die geistliche Autorität des Leibes.

2. *„Es fanden mich die Wächter...“* – Als die Wächter eifrig ihre Arbeit taten, bemerkten sie, dass das Mädchen betrübt war.

I. Die junge Braut bat um Hilfe.

„Habt ihr ihn gesehen, den meine Seele liebt?“ (3,2c-3)

1. Sie demütigt sich ihnen gegenüber, indem sie um ihre Hilfe bittet. Ihre Demut, dass sie ihre Hilfsbedürftigkeit erkennt, ist eine neue Disziplin für sie, die sehr schnell belohnt wird, indem seine Gegenwart zurückkehrt (3,4).

2. Gemeinschaft mit geistlichen Menschen, die erfahren sind in der Gnade Gottes, ist für uns alle wertvoll. Gläubige, die noch neu sind in ihrem Eifer, brauchen die Hilfe der erfahreneren Wächter, die schon siegreich

die Kämpfe mit den Feinden ausgefochten haben. Sie bedarf ihrer Hilfe, wenn sie solchen allgemein bekannten Feinden wie Isolierung, Gesetzlichkeit, Überreaktion, Unausgewogenheit, Perspektivlosigkeit, Ungeduld, Bitterkeit, Verteidigung, unerkanntem Stolz etc. begegnen will.

I. Sie möchte Leiter, die eine tiefe Beziehung mit Jesus haben.

„*Habt ihr ihn* **gesehen** *...?*" (3,2c-3)

1. Eine Stimme oder ein Echo? Gott hält Ausschau nach Hirten, die ihn *gesehen* haben und die zu denen sprechen können, die ihn suchen.

   „***Ich habe von dir vom Hörensagen gehört, aber jetzt hat mein Auge dich gesehen***" (Hiob 42,5).

2. Sie möchte mit den tiefen Dingen Jesu ernährt werden.

J. Ihr beständiger Nachdruck darauf, dass sie Jesus liebt.

„***... den Einen, den meine Seele liebt?***" (3,2c-3)

1. Im Leiden der Nacht liebt sie Jesus noch immer. Sie lässt nicht davon ab, geliebt zu sein und zu lieben. Es geht immer um Liebe, nicht darum, gesalbt und gesegnet zu werden.

2. Trotz ihrer vom Kompromiss gekennzeichneten Situation sieht sie sich immer noch als Liebhaber Gottes und nicht als eine hoffnungslose Heuchlerin.

VIII. Als Antwort auf ihren Gehorsam kehrt Jesu Gegenwart zurück

„Kaum war ich an ihnen vorüber, da fand ich ihn, den meine Seele liebt. Ich ergriff ihn und ließ ihn nicht mehr los, bis ich ihn ins Haus meiner Mutter gebracht hatte und in das Gemach derer, die mit mir schwanger war“ (3,4).

A. Sie findet Jesus zu Gottes Zeit, als sie ihn in der Nacht suchte und aufstand, um ihn in der Stadt zu suchen.

„... da fand ich ihn ...“ (3,4)

1. Der Herr erneuert plötzlich seine Gegenwart als Antwort auf ihren Gehorsam.

2. In 1. Mo 32,26, während einer dunklen Phase seines Lebens, ging es Jakob schlecht. Die Bibel beschreibt ihn als einen, der mit Gott ringt. Jakob war auch allein in der Nacht seiner Furcht, als er vor seinem Bruder Esau, seinem Feind, weglief. Er rang und besiegte Gott. Jakob weigerte sich aufzugeben, bevor Gott ihn nicht angerührt hatte.

   a. Das ist ein Bild von siegreichem Ringen im Gebet, wo wir so lange am Herrn festhalten, bis wir größere Segnungen von ihm erhalten. In Hosea 12 beschreibt der Prophet Hosea die Erfahrung Jakobs und fügt hinzu, dass Jakob den Herrn ernsthaft mit Tränen und Flehen suchte.

   b. Jakob besiegte das Herz Jesu durch sein ernsthaftes Gebet, das Weinen und Flehen mit einschloss. Jesus kann nicht auf fleischliche oder menschliche Weise ringen. Die Kraft eines Mannes ist für den allmächtigen Gott kein Gegenüber. Der Engel des Herrn hätte niemals durch die Kraft Jakobs besiegt werden können. Es war kein fleischliches Ringen, das auf natürlichen Kräften basiert hätte.

c. So wie ein Kind die Zuneigung seines Vaters und seiner Mutter durch ernsthaftes Flehen erlangt, so gewinnt die junge Braut das Herz Jesu.

3. Michael Sullivant träumte einmal, wie er mit einem seiner Söhne rangelte. Im Traum erlaubte Michael seinem Sohn, sich auf ihn zu setzen und seine Arme am Boden festzuhalten. Sein Sohn lachte und sagte: „Ich habe meinen Dad überwältigt, ich habe ihn geschlagen." Diese Art Ringkämpfe mit seinem Sohn machten Michael großes Vergnügen.

   a. Der Herr sprach zu Michael im Traum: „Ich habe mich von dir festhalten lassen, weil es mir solch eine Freude macht. Es macht mir Spaß, dir zu erlauben, dass du mit mir ringst, damit du deinen Stand in den Dingen einnimmst, die ich dir verheißen habe."

   b. Es erfreut Gottes Herz ganz besonders, wenn wir mit ihm darum ringen, unser Herz mit mehr Fassungsvermögen für die Liebe zu Jesus auszustatten. Wir können sicher sein, dass er sich darin zur rechten Zeit „festnageln" lässt, wenn wir darum ringen, das erste Gebot zu befolgen. Aber ringen müssen wir schon.

   c. Mittels seiner leidenschaftliche Zuneigung zu der Braut hat sich der Herr festgelegt, seiner Braut zu antworten. Er wird solch ein sehnsüchtiges Verlangen von ihrer Seite nicht zurückweisen, seine emotionale Beschaffenheit und seine Leidenschaft für uns macht ihm das unmöglich.

   d. Sein Herz ist tief bewegt. Zur Beschreibung gebraucht er verschiedene Metaphern: die des Vaters, der zärtlich zu seinen Kindern ist, die der Mutter, die ihre stillenden Kinder nicht vergessen kann, des Bräutigams, der sich über seine Braut freut. Vielfältig sind die Bilder, mit denen er seine zarten Gefühle schwachen Menschen gegenüber zum Ausdruck bringt.

4. In unserem geistlichen Hunger wissen wir: Wenn wir leben können, ohne etwas in Gott zu haben, dann ziehen wir auch oft ohne etwas davon, doch umgekehrt stimmt es genauso. Der Herr sagt: „Wenn du etwas, das in Gottes Willen ist, haben möchtest, und du verspürst, dass du nicht ohne es leben kannst, dann wirst du es zur rechten Zeit bekommen."

   a. So ist es etwa für jeden Gläubigen ein Vorrecht, ein Herz zu bekommen, das durch das Wort Gottes weich gemacht wurde. Halte dem Herrn in Gebet und Fasten dein Herz entgegen.

   b. „Herr, wir wollen deine Gegenwart in unserem Leben. Wir wollen, dass unsere Herzen weich gemacht werden. Wir möchten, dass das Wort Gottes in uns lebt. Wir wollen einen Geist des Gebets. Wir lassen dich nicht, bis wir diese Aspekte deiner Gegenwart erlebt haben."

   c. Das Leben mit Gott muss uns nicht langweilen. Es ist faszinierend, welche Zärtlichkeit in unserem Leben erwächst, wenn wir Gott erkennen. Jesus will die Langeweile aus unserem Leben herausnehmen. Es wird sich nicht alles in einem Monat verändern, aber mit der Zeit werden große geistliche Veränderungen geschehen.

B. Sie umfängt Jesus auf eine neue Art.

„... den meine Seele liebt. Ich ergriff ihn und ließ ihn nicht mehr los" (3,4).

1. Sie entdeckt eine neue heilige Umarmung.

2. Dies ist Teil des göttlichen Umwerbens und war Gottes Hauptanliegen, als er seine Gegenwart zurückzog. Jesus wusste, dass diese Kämpfe ein loderndes Feuer in ihr entfachen würden.

C. Sie hält ihn mit einem neuen Eifer und Überzeugung fest.

„Ich ... ließ ihn nicht mehr los“ (3,4).

1. Dieses Versprechen, ihn nie mehr loszulassen, erfüllt sie den ganzen Rest des Hohelieds hindurch.

2. Eine neue, heilige Entschlossenheit entspringt aus ihrer schmerzhaften Zeit geistlicher Dunkelheit. Diese heilige Entschlossenheit war Gottes Absicht, als er seine Gegenwart entzog.

3. Sie entdeckte in 3,1, dass sie seine Gegenwart verlieren konnte. Sie legt in ihrem Wandel eine neue Sorgfalt an den Tag (Hes 36,26), Ausdruck ihrer Dankbarkeit und auch ihrer Verzweiflung. Sie ist tief entschlossen, nie mehr bewusst Kompromisse mit den „kleinen Füchsen“ (2,15) einzugehen, die ihr Leben in den tiefen Angelegenheiten Gottes zerstören.

4. Zeiten geistlicher Verwirrung und Aufruhrs bringen manchmal eine „heilige Gewalttätigkeit“ in uns hervor, die uns mehr an Jesus festhalten lässt, bis wir noch tiefer mit Gott leben (Matth 11,12). Das spricht von einem Festhalten an Jesus im Gebet, bis wir die tieferen Dinge seines Herzens erfasst haben. Das schafft geistlich „stürmische“ Menschen, in denen der Geist Gottes eine unausrottbare Entschlossenheit gewirkt hat, seinen Willen zu tun. Und das wiederum gebiert eine heilige Entschlossenheit in unseren Herzen, alles haben zu wollen, was Gott uns geben will. Diese „heilige Gewalt“ bewirkt eine Entschlossenheit, alles zu geben, einen unauslöschbaren Gehorsam und Hingabe.

D. Sie findet Jesus sofort, nachdem sie sich mit den Hirten in Verbindung gesetzt hat.

„Kaum war ich an ihnen vorüber, da fand ich ihn ...“ (3,4)

1. In der von Wächtern beschützten Gemeinde findet sie Jesus sofort.

2. Sie findet Jesus nach ihrer Begegnung mit der Stadt Gottes (Gemeinde) und den Wächtern (geistliche Autorität). Christus ist nicht weit entfernt von denen, die in ernsthafter Demut aushalten.

E. Ihre Liebe zu Jesus

„... da fand ich ihn, den meine Seele liebt. Ich ergriff ihn und ließ ihn nicht mehr los“ (3,4).

1. Die Segnung Gottes kehrt schnell zu ihr zurück wegen der neuen Tiefe ihres Gehorsams und ihrer Demut. Das ist das Ergebnis ihres Gehorsams dem Ruf gegenüber, aufzustehen und sich den Wächtern gegenüber zu demütigen. Sofort findet sie ihren Geliebten (3,4).

2. Der Herr nimmt geistliche Autorität, Teamarbeit und die örtliche Gemeinde sehr ernst, denn sie sind Teil seiner Absichten. Göttliche Ordnung bedeutet Gott sehr viel. Es gibt viele Probleme, die unnötigerweise auftreten, weil wir die geistliche Ordnung seines Reichs ablehnen. Er stellt die Teamarbeit wieder her. Er setzt wieder Männer und Frauen mit wahrer geistlicher Autorität ein.

F. Ihr Gehorsam erstreckt sich auch auf schwierigste Angelegenheiten und Orte.

„... bis ich ihn zum Haus meiner Mutter gebracht hatte ...“ (3,4d,e)

1. Die Mutter ist ein Bild der Gemeinde bekennender Gläubiger. Jesus ist der Ehemann und Hausvater.

2. Alle, die Gottes Willen tun, sind seine Mutter und Brüder (Matth 12,46-50). In Offenbarung 12,5 wird das Volk Gottes als eine Mutter dargestellt, die einen Knaben gebiert.

3. Oft ist es am schwierigsten, Jesus in die vertraute familiäre Beziehung hineinzunehmen. Ein Prophet hat keine Ehre in seinem eigenen Haus. Dass sie Jesus in ihr Haus bringen will, ist ein bedeutendes Zeichen von Gehorsam seinem Gebot gegenüber, aufzustehen und mitzukommen, damit sie „ihre kleinen Zicklein nähren" kann.

4. Jackie Pullinger sagte: „Warte nicht darauf, bis du im Flugzeug sitzt, bevor du Gott dienst. Diene ihm gerade jetzt bei denen in deinem Haus und deiner Nachbarschaft. Beginne nicht groß. Fange lieber mit kleinen Schritten des Gehorsams an – und gehe von dort weiter."

G. Sie dient Jesus in den intimsten Aspekten des Lebens.

„... in das Gemach derer, die mit mir schwanger war" (3,4d,e).

1. In 1,4 brachte Jesus sie in seine Kammer, um intime Dinge mit ihr zu teilen. Jetzt bringt sie Jesus in die Kammer ihrer Mutter. Die Kammern sprechen von den intimen Orten des Lebens.

2. Sie dient erfolgreich denen, mit denen sie vertraut ist. Diese respektieren sie, indem sie ihr Zugang zu den Kammern ihrer Herzen geben, weil sie ihrem Herzen und ihrer göttlichen Weisheit vertrauen.

H. Sie ist eine gesalbte Botschafterin Jesu.

„... bis ich ihn ins Haus meiner Mutter gebracht hatte“ (3,4d,e).

1. Sie bringt Jesus an genau die Orte, an die er ohne ihren Gehorsam nicht gelangt wäre.

2. Am Ende des Hoheliedds bringt sie Jesus zu allen Menschen.

   „Ich würde dich führen, dich hineinbringen ins Haus meiner Mutter, die mich gebar. Ich würde dir vom Würzwein zu trinken geben, vom Most meiner Granatäpfel“ (8,2).

IX. Jesus „behütet“ sie während dieses Abschnitts ihrer Erfahrung

„Ich beschwöre euch, Töchter Jerusalems, bei den Gazellen oder bei den Hirschkühen des Feldes: Weckt nicht, stört nicht auf die Liebe, bevor es ihr selbst gefällt“ (3,5).

A. Der Heilige Geist sorgt dafür, dass die Braut nicht gedrängt wird, weiter zu gehen, bis sie dazu bereit ist.

„Ich beschwöre euch ... Weckt nicht, stört nicht auf die Liebe“ (3,5e).

1. Der Herr hat für jeden von uns einen Weg, individuell auf uns und den von uns zu gehenden Weg maßgeschneidert. Jesus sagt jedem anderen Gläubigen, dass er uns nicht stören soll. Er möchte nicht, dass wir in dieser Zeit durch ungeheiligte Barmherzigkeit oder falschen Trost, was die Disziplinierung Gottes unterminieren würde, in unserer Entwicklung behindert würden. Jesus schützt die Braut in diesem einmaligen Zeitabschnitt ihres Lebens vor Störung.

2. Geistlich unempfindsame Menschen beraten noch unreifere, aber hingegebene Gläubige manchmal auf un-

gute Weise, meist mit Gesetzlichkeit, oder sie raten zu Kompromissen unter dem Deckmantel der Gnade. Jesus möchte nicht, dass etwas frühzeitig im Namen der Liebe „aufgeweckt“ wird, weil dadurch sein Werk der Züchtigung und Zurechtbringung gestört wird.

3. Störe sie nicht, wenn sie sich im Willen Gottes befindet. Wir müssen das Prinzip erkennen, dass es verschiedene Zeiten gibt, in denen Gott unterschiedlich mit uns umgeht.

B. Der Ruf, die Gnade Gottes in dem Leben der jungen Braut zu erkennen.

„Ich beschwöre euch ... Weckt nicht, stört nicht auf die Liebe, bevor es ihr selber gefällt“ (3,5e).

1. Das Hebräische lässt hier offen, wem es „gefallen soll“. Ich glaube, der Heilige Geist spricht zu den Töchtern Jerusalems, das Mädchen nicht zu stören.

2. Wenn das hebräische Wort mit „ihm“ übersetzt würde, dann würde es sich auf den Herrn beziehen, der nicht geweckt oder gestört werden will durch die Töchter Jerusalems. Aber er hat es nicht nötig, von ihnen geweckt zu werden. Er hat es nicht nötig, vor religiösem Verhalten geschützt zu werden durch die Zartheit, die durch die Gazellen auf dem Feld symbolisiert werden.

3. Er sagt den Töchtern Jerusalems in der Gemeinde: „Kommt mir jetzt nicht in die Quere. Ich handle an der Braut auf eine ganz spezielle Weise. Stellt euch nicht zwischen sie und mich. Sie ist jetzt so zufrieden. Der Heilige Geist wird sie bald auf sehr überraschende Weise stören.

4. Dreimal spricht der Heilige Geist den Satz: „Stört (oder: weckt) meine Geliebte nicht auf, bis es ihr gefällt“ (2,7; 3,5; 8,4).

C. Der Heilige Geist appelliert an die Notwendigkiet von Zartheit und Unterscheidung.

„Ich beschwöre euch ... bei den Gazellen oder bei den Hirschkühen des Feldes ...“ (3,5c,d)

1. Dieser Ausdruck unterstreicht, wie vorsichtig und behutsam Jesus möchte, dass mit seiner jungen Braut umgegangen wird. Eine Gazelle wird leicht gestört und erschrickt. Wenn der Herr sein Volk betrübt, dann kommen wir leicht aus der Spur und fallen in falschen Trost. Der Herr verweist auf „Gazellen und Hirschkühe“, bezieht sich auf diese Tiere, die so leicht vom Kurs abkommen. Er sagt: „Ihr müsst behutsam mit ihnen umgehen, wenn sie eine ganz besondere Phase des Lebens mit mir durchmachen.“

2. Behutsamkeit und besondere Sensibilität für Menschen in unterschiedlichen Lebens- und Erfahrungsabschnitten ist wichtig. Das steht im Kontrast zu religiösen Meinungen, die für das geistliche Wachstum des Mädchens hinderlich wären.

D. Der Heilige Geist spricht zum Leib Christi mit Blick auf die junge Braut.

„Ich beschwöre euch, Töchter Jerusalems“ (3,5b).

1. Hier sind unreife Gläubige gemeint, die noch kein geistliches Unterscheidungsvermögen haben. Diese Christen verstehen die unterschiedlichen Verfahrensweisen des Geistes nicht, auch nicht die verschiedenen „Gezeiten“ des Lebens in Gott. Es ist, als würde der Herr sagen: „Ich habe sie gerade dort, wo ich sie haben möchte. Lasst sie in Ruhe.“

2. Das ist der gleiche Schutz, den Jesus der jungen Braut in 2,7 gab. Gott geht mit uns durch verschiedene Phasen, Jahreszeiten gleich. Die Mahnung gilt vor allem

den geistlich betäubten Gliedern der Gemeinde, die nicht den Eifer der Braut haben. Die Töchter Jerusalems waren nicht erfahren in heiliger Leidenschaft und deshalb nicht dazu gerüstet, der jungen Braut auf geeignete Weise zu helfen.

E. Die ernste Mahnung Gottes, mit ihm die geistlichen Jahreszeiten zu durchleben.

„Ich beschwöre euch, Töchter Jerusalems" (3,5).

1. Er sagt anderen Christen sehr deutlich und mit Ernst, dass sie jetzt nicht gestört werden soll. Gott hat sie gerade in einer strategisch wichtigen Phase.

2. Der Herr möchte nicht, dass sie durch fromme Meinungen getröstet werden soll.

Kapitel 10

Eine Offenbarung von Jesus als dem sicheren und zuverlässigen Erretter (3,6-11)

„Wer ist sie, die da herauskommt aus der Wüste, Rauchsäulen gleich, umduftet von Myrrhe und Weihrauch, von allerlei Gewürzpulver des Händlers? Siehe da, die Sänfte Salomos! Sechzig Helden sind rings um sie her von den Helden Israels. Sie alle sind Schwertträger, geübt im Kampf. Jeder hat sein Schwert an seiner Hüfte gegen den Schrecken der Nachtzeit. Einen Tragsessel machte sich der König Salomo aus Hölzern des Libanon. Seine Füße machte er aus Silber, seine Lehne aus Gold, seinen Sitz aus rotem Purpur. Das Innere ist ausgelegt mit Ebenholz. Ihr Töchter Jerusalems, kommt heraus und betrachtet doch, ihr Töchter Zions, den König Salomo in der Krone, mit der ihn seine Mutter gekrönt hat am Tag seiner Hochzeit und am Tag der Freude seines Herzens“ (3,6-11)

I. Überblick über 3,6-11

A. Dies ist die vierte Offenbarung über Jesus im Hohelied. Hier bezeugt die Braut den Töchtern Jerusalems ihre neue Entdeckung: die, dass Jesus ein sicherer, verlässlicher Erretter ist (3,6-10). Jesu Menschwerdung und Sterben und Tod beweisen, dass er nur unser Bestes im Sinn hat.

B. Der Heilige Geist stellt eine rhetorische Frage und gibt dann eine zweifache Antwort. Diese Antwort teilt die Braut dann den Töchtern Jerusalems mit.

1. Die erste Antwort finden wir in 3,7-8. Hier benutzt der Heilige Geist eine militärische Sprache, um zu zeigen, wie sicher das Volk Gottes unter Jesu Führung ist.

2. Ihre zweite Antwort steht in 3,9-10. Hier gebraucht der Heilige Geist die Bilder einer königlichen Prozession, um zu zeigen, wie sicher das Volk Gottes unter Jesu Führung ist.

C. Dann ermutigt sie die Töchter, angesichts seiner herrlichen Erlösung und vortrefflichen Leiterschaft näher zu Jesus zu kommen (3,11)

1. Das ist ihr erster Dialog mit den Gliedern des Leibes seit 1,6. Ihre persönliche Erfahrung von 1,7 bis 3,3 war nur mit dem Herrn.

2. Sie erhielt die Offenbarung über Jesu sichere Leiterschaft, als sie an ihm „festhielt" (3,4). Der Herr nahm ihr die Furcht aus dem Herzen, als sie gehorsam aufstand (3,2) und sich einbinden ließ in die Absichten Gottes (das „Leben in der Stadt"). Jetzt riskiert sie den Dienst an anderen, nachdem sie sich von ihrem Bett erhob, um in der Stadt zu dienen.

D. Jesus wird hier als ein „sicherer, zuverlässiger Retter" offenbart. Der einzig sichere Ort für unsere Herzen steht im Zusammenhang mit hundertprozentigem Gehorsam. Nun offenbart sie die Frucht ihrer Entdeckung den Töchtern von Jerusalem. Sie sieht Jesus als den Retter, der auf ihrer Reise durch die Wüste für Sicherheit sorgt.

1. Das Versprechen der Sicherheit richtet sich vorrangig auf die geistliche Sicherheit, die unsere Herzen schützt.

2. Als Zweites spricht es von physischem Schutz und Schutz in den irdischen Umständen.

E. Dieser Abschnitt erweist sich als eine bedeutende Offenbarung, die sie auf die große Wende vorbereitet, die sie in ihrer Hingabe vornehmen wird (4,6-16). Sie glaubt, dass ihr Herz sicher sein wird, deshalb fürchtet sie sich nicht länger, ihre Bequemlichkeitszone zu verlassen. Sie weiß, dass Gehorsam Leben bringen wird, nicht Tod und Verderben. Die Tiefe der Hingabe, die sie in den Kapiteln 4 bis 8 zeigen wird, fließt aus diesem neuen Einblick in die sichere Leiterschaft des Herrn.

F. Viele unserer irdischen Autoritätsfiguren erwiesen sich als nicht verlässlich. Der Feind belügt uns ständig über Jesus, unser eigentliches Vorbild für Autorität. Wir können ihn nur dann als wirklich sicher und verlässlich ansehen, wenn wir ihn mit den Augen der Ewigkeit betrachten. Er ist allwissend. Er sieht das Ende von Anfang an und weiß deshalb, wie er uns führen muss. Das ist schwer zu verstehen, aber der Schlüssel zur Erkenntnis, was er im Sinn hat.

II. Der Heilige Geist stellt eine Frage

„Wer ist sie, die da herauskommt aus der Wüste, Rauchsäulen gleich, umduftet von Myrrhe und Weihrauch, von allerlei Gewürzpulver des Händlers?" (3,6)

A. Der Heilige Geist benutzt das Beispiel von Jesu Himmelfahrt – nach seiner Fleischwerdung und Kreuzigung –, um der jungen Braut Sicherheit zu garantieren.

„Wer ist sie, die da herauskommt aus der Wüste?" (3,6a)

B. Der Heilige Geist benutzt diese Frage, um die Dramatik hervorzuheben, die mit der Wiederkunft Jesu in die ewige Stadt verbunden ist. Es ist eine rhetorische Frage, deren Antwort offensichtlich ist.

1. Die Frage wird auf zwei verschiedene Weisen beantwortet (3,7-8 u. 3,9-10)

2. Der Heilige Geist stellt die rhetorische Frage. Dann proklamiert die Braut den Töchtern ihre neue Entdeckung über Jesu sichere Führung. Sie entdeckt die Großartigkeit seiner Leiterschaft. Er ist in keiner Weise fahrlässig in seiner Führung. Er ist ein triumphierender König, der große Weisheit und Kraft einsetzt.

C. David wiederholt in ähnlicher Weise diese Frage und zwar mit der gleichen Absicht, nämlich uns die Schönheit, die Dramatik und den Prunk von Jesu Wiederkehr in den Himmel zu zeigen.

„Erhebt eure Häupter, oh ihr Tore! und seid erhoben, ihr immerwährenden Tore! Und der König der Herrlichkeit soll einziehen. Wer ist der König der Herrlichkeit? Der Herr stark und mächtig, der Herr mächtig im Kampf“ (Ps 24,7-8).

D. Gottes Plan beinhaltet notwendigerweise auch Zeiten der Wüste für Bräutigam und Braut.

„Wer ist sie, die (oder: *„er, der“*) ***da herauskommt aus der Wüste, Rauchsäulen gleich?“*** (3,6)

1. Die Wüste kann mehreres bedeuten.

   a. Die Wüste spricht vom Leben in diesem gefallenen Zeitalter. Israels 40-jährige Reise durch die Wüste ist ein Bild unserer Kämpfe in einer gefallenen Welt auf unserem Weg in das verheißene Land, das mit der Herrlichkeit Gottes gefüllt ist.

   b. Die Wüste spricht von einer intensiven Zeit der Prüfung.

   c. Sie spricht von einer Zeit des Versagens und der Sünde. Die Wüste ist eine Zeit, wo das Fleisch und die Sünde im Kampf miteinander liegen.

d. Wüste spricht von einer Zeit geistlicher Kampfführung gegen Satan.

e. Sie spricht von einer Zeit der Begegnung mit Gott. Jesus und Johannes der Täufer hatten beide in der Wüste eine Begegnung mit Gott.

2. Jesus wurde vom Heiligen Geist in eine wirkliche Wüste getrieben, um dort 40 Tage lang versucht zu werden.

   a. Jesus verbrachte 33 Jahre auf der Erde, in der Wüste dieser gefallenen Welt. Er legte die Gestalt Gottes beiseite und nahm die Gestalt der Schöpfung an. Er verlässt die ewige Stadt, um in eine bedrückende, von Sünde getriebene Welt hinabzusteigen, die gefüllt ist mit Dämonen und Unterdrückung. Für ihn ist diese Welt eine Wüste. Er besaß solch eine heilige Sensibilität, dass er sicher vieles im Geist gespürt hat, was hier vor sich ging. Wir wissen von Menschen, die sehr sensibel im Geist sind und die die Lasten und Bedrückung im Geist spüren. Jesus lebte 33 Jahre in dieser Sensibilität, eine Sensibilität, die noch erhöht wurde, als der Heilige Geist auf ihn kam.

   b. Jesus verbrachte 40 Tage fastend in der Wüste, als er dem Vater begegnete. Jesus wurde vom Heiligen Geist getrieben, in eine echte Wüste zu gehen, um dort geprüft zu werden und sich als Hohepriester zu qualifizieren, der die Sühnung für Sünde bringen konnte (Heb 2,17; Matth 4,11-11).

   c. Jesus kannte die Wüste der Prüfung, die er im Garten von Gethsemane und schließlich am Kreuz durchstand.

E. Jesu Sieg über die Wüste.

> ***„Wer ist sie, die*** (oder: *„er, der“*) ***da herauskommt aus der Wüste?“*** (3,6)

1. Nach der Auferstehung fuhr Jesus, den vollkommenen Sieg im Gepäck, zum Vater auf, wo er wieder in die himmlische Herrlichkeit der ewigen Stadt einging. Die Heerscharen des Himmels waren Zeugen davon, dass Jesus wieder aus der Wüste der gefallenen Welt herauskam und nach seiner Auferstehung seine Position auf dem Thron der Herrlichkeit zur Rechten des Vaters einnahm.

2. Die Engel beobachteten Jesus bei der Auferstehung. Er wird beschrieben als einer, der aus dieser gefallenen Welt herauskommt, um in die himmlische Herrlichkeit der Ewigen Stadt einzutreten. Als Jesus kam, hätten die himmlischen Heerscharen und der Geist Gottes sagen können: *„Wer ist dieser, der aus der Wüste kommt, aus dieser gefallenen und dunklen Welt?“*

3. Jesus kehrt zurück in die Elfenbeinpaläste der Ewigen Stadt.

   „All deine Gewänder sind mit Myrrhe und Aloe und Kassia getränkt, aus Elfenbeinpalästen erfreut dich Saitenspiel“ (Ps 45,8).

   a. Psalm 45 trägt den Untertitel „Ein Liebeslied“. Es ist ein Psalm, der in der Sprache des Hohelieds geschrieben wurde.

   b. Jesu Fleischwerdung wird als ein „Herauskommen aus den Elfenbeinpalästen“ beschrieben.

   c. Diese Elfenbeinpaläste sprechen von seinem göttlichen Leben in der Ewigkeit, im Himmel, in der ewigen Stadt.

d. Jesus verließ die Elfenbeinpaläste, um in der Gestalt eines Menschen in der Wüste einer gefallenen Welt zu wohnen. In den Palästen trugen seine Kleider deren seltene Düfte. Als Jesus den Thron Gottes verließ, kam er auf die Erde als jemand, der mit Duft erfüllt war.

e. Nun stieg wieder zu dem dufterfüllten Palast auf. In Hohelied 8,14 wird der Himmel als „Balsamberg" bezeichnet, auch ein Bild für Duft und Wohlgeruch.

4. Jesus kommt siegreich aus der Wüste heraus (3,6). Jesu Sieg über die gefallene Welt macht ihn zu einem mitfühlenden Hohepriester, der uns in unseren Versuchungen versteht.

   „Denn wir haben nicht einen Hohepriester, der nicht mit unserer Schwachheit mitempfinden kann, sondern der wie wir in allem versucht wurde, jedoch ohne Sünde" (Heb 4,15).

   a. Er spürt unseren Schmerz. Jesus wird in der Schrift beschrieben als einer, der in einmaliger Weise zu Mitgefühl fähig ist, eine Eigenschaft, die weder den Engeln noch dem Vater in diesem Ausmaß bescheinigt wird. Des Vaters Mitempfinden und Barmherzigkeit sind nicht das Gleiche wie Jesu menschliches Mitgefühl. In seiner Menschlichkeit schämte Jesus sich nicht seiner schwachen und sündigen Brüder. Er kennt jeden Schritt des Prozesses der Versuchung und Prüfung.

      „Er schämt sich nicht, sie Brüder zu nennen ..." (Heb 2,11).

   b. Er steht nicht von weitem und ruft uns zu sich. Vielmehr erlebte er selbst das menschliche Leben in der gefallenen Welt, die sich als Wüste darstellt. Er weiß, was wir durchmachen, um siegreich aus der Wüste herauszukommen.

c. Diese Einzigartigkeit qualifiziert ihn, uns an einen Ort der Sicherheit zu führen, weil er die gefährliche Reise versteht. Er wanderte ja auch durch die Wüste.

d. Er kam siegreich aus der Wüste, deshalb brauchen wir uns nicht zu fürchten. Er offenbart sich der Braut als der Eine, dem zu gehorchen sie sich nicht fürchten muss. Wir sind mit dem Einen, der die Wüste überwunden hat, eingejocht. Deshalb werden auch wir in ihm die Wüste überwinden.

5. Dieselbe Frage wird an zwei verschiedenen Stellen im Hohelied gestellt (3,6; 8,5).

   „Wer ist sie, die da herauskommt aus der Wüste, an ihren Geliebten gelehnt?" (8,5).

   a. Beim ersten Mal kommt Jesus siegreich aus der Wüste, dann, am Ende ihrer Reise, lässt *sie* die Wüste siegreich hinter sich.

   b. Die Braut kommt genau wie Jesus siegreich aus der Wüste hervor. Ihr Sieg in 8,5 ist ein Spiegelbild seines Sieges hier in 3,6.

F. Jesus fährt zum Himmel, in die Herrlichkeit Gottes, auf.

„... Rauchsäulen gleich ..." (3,6)

1. Er wird mit Rauchsäulen verglichen.

2. Rauch spricht von der Herrlichkeit und den Wundern Gottes.

„Der ganze Berg Sinai aber rauchte, weil der Herr auf den Berg herabfuhr im Feuer, und der Rauch stieg auf wie der Rauch von einem Schmelzofen, und der ganze Berg bebte sehr“ (2. Mo 19,18).

„Ich sah den Herrn sitzen auf einem hohen und erhabenen Thron ... Seraphin standen über ihm ... und riefen: ‚Heilig, heilig, heilig ist der Herr‘ ... und das Haus ward voll Rauch“ (Jes 6,1-4).

„... dann wird der Herr über der ganzen Stätte des Berges Zion und über ihren Versammlungen eine Wolke schaffen am Tage und Rauch und Feuerglanz in der Nacht. Denn über all der Herrlichkeit wird ein Schutz sein“ (Jes 4,5).

„Und nach diesem will ich meinen Geist ausgießen auf alles Fleisch ... und ich will Wunderzeichen geben am Himmel und auf Erden: Blut, Feuer und Rauchdampf (im Engl.: *„Säulen von Rauch“*)“ (Joel 3,1-3).

„Und ich will Wunder tun oben am Himmel und Zeichen unten auf Erden, Blut und Feuer und Rauchdampf“ (Apg 2,19).

„Und der Rauch des Räucherwerkes stieg mit den Gebeten der Heiligen von der Hand des Engels hinauf vor Gott“ (Offb 8,4).

„... so dass die Priester nicht ins Haus des Herrn hineingehen konnten, weil des Herrn Herrlichkeit das Haus des Herrn füllte“ (2. Chr 7,2).

„Und der Tempel wurde voll Rauch von der Herrlichkeit Gottes und von seiner Kraft, und niemand konnte in den Tempel gehen ...“ (Offb 15,8)

G. Rauch steht oft für die Herrlichkeit und die Wunder Gottes. Es ist eine Manifestation der heiligen Gegenwart Gottes. Rauch ist verbunden mit dem Feuer des Heiligen

Geistes. Der Rauch spricht von dem heiligen Feuer, dem er entspringt. Das Feuer Gottes füllte Jesus und der Rauch seines Eifers steigt als süßer Duft auf zu Gott. Rauch stieg auch aus den Opfern auf, die die Liebe Gottes offenbarten. Er ist erfüllt von der Rauchsäule. Er ist das Opfer, das Gott dargebracht wurde. Der Rauch seines Opfers ist wie der Rauch der Opfer, die von den Priestern verbrannt wurden, ein weiterer Hinweis auf Jesus in seiner Herrlichkeit als unser Opfer. Er steigt bei seiner Auferstehung auf wie solch eine Säule aus Rauch.

1. Er ist bekleidet mit dem Rauch der Herrlichkeit Gottes. Er steigt aus der Wüste auf, eingehüllt in himmlische Gewänder, die das Wunder Gottes herrlich offenbar machen.

2. Sie beschreibt Jesus als einen, der, als er siegreich aus der Wüste hinaufkommt, einer Säule aus Rauch gleicht, nach Myrrhe und Weihrauch duftend.

H. Der Duft des auferstandenen Christus.

„*... umduftet von Myrrhe und Weihrauch*“ (3,6c).

1. Er ist von zwei unterschiedlichen Duftnoten umgeben: Myrrhe und Weihrauch. Myrrhe war ein teures, duftendes Gewürz, das auch zur Balsamierung von Toten gebraucht wurde. Der Gebrauch von Myrrhe weist auf zweierlei hin: einerseits auf Tod, aber auch auf süßen Wohlgeruch. Der Tod bekam einen süßen Wohlgeruch. Er hat das Werk am Kreuz vollendet. Er war mit Myrrhe getränkt, als er wieder zum Thron Gottes auffuhr.

   a. Myrrhe ist ein Harz, das mit Tod und Beerdigung in Verbindung steht. Als Jesus am Kreuz ausrief: „Es ist vollbracht!“, durchtränkte ihn die Myrrhe Gottes.

   b. Wenn er schon so für sie litt, wieviel mehr wird er sie auch beschützen? Er ist ein mitfühlender Hohepriester. Er erlebte die Gefahren der Wüste. Er ist wieder mit der Herrlichkeit Gottes bekleidet. Er macht den Unterschied. Er ist mit Myrrhe getränkt. Er hat das Kreuz angenommen und ist dann mit dem Wohlgeruch des Weihrauchs versehen worden.

2. Weihrauch spricht vom Duft seiner Fürbitte, die er für die Heiligen tut (Heb 7,25). So wie der jüdische Hohepriester das Allerheiligste mit dem goldenen Weihrauchgefäß betrat, so ging Jesus in das himmlische Allerheiligste, in der Hand das herrliche Weihrauchgefäß mit seiner Fürbitte.

   a. Die Schale in Offenbarung 5,8 ist mit Weihrauch gefüllt, den Gebeten der Heiligen.

   b. Er übergibt dem Vater seine Myrrhe, das vollendete Werk am Kreuz, sein Blut, und sagt: „Vater, ich bin nicht nur mit Myrrhe getränkt, ich habe auch Weihrauch bei mir. Bitte, suche meine Braut heim, hilf ihr! Sende deine Engel! Setze deine Kräfte frei!" So betet er Tag und Nacht für uns (Heb 7,25).

3. Als die drei Weisen ihn an der Krippe besuchten, da brachten sie ihm Gold, Weihrauch und Myrrhe. Sie kamen zu ihm mit drei prophetischen Geschenken, die kundtaten, was seinen Dienst ausmachen würde. Das Gold sprach von seiner Göttlichkeit und Königswürde. Alle drei sprachen von seinem Leben und Dienst auf Erden. Einige Menschen beziehen das auf seinen dreifachen Dienst als Prophet, Priester und König.

4. Jesu Taten sind ein Wohlgeruch.

   „All deine Gewänder sind mit Myrrhe und Aloe und Kassia getränkt, aus Elfenbeinpalästen erfreut dich Saitenspiel" (Ps 45,9).

a. Alle Taten Jesu rochen nach Myrrhe. Er starb aus freiem Willen, um den Willen Gottes zu tun, deshalb waren seine Gewänder mit Myrrhe getränkt. Des Herrn Wunsch ist, dass auch unsere Kleider, unsere Taten, mit Myrrhe getränkt sind. Das soll die „Süße" symbolisieren, die entsteht, wenn wir uns selber sterben, um den Willen Gottes zu tun.

b. Als er ausrief: „Es ist vollbracht!", da durchtränkte ihn das Parfüm der Myrrhe Gottes.

5. Dieser Sprachgebrauch stimmt auch mit den Opfern des Alten Testaments überein.

I. Jesu Hingabe an die Braut.

„... von allerlei Gewürzpulver des Händlers" (3,6d).

1. Der Heilige Geist beschreibt einen dritten Aspekt seines göttlichen Duftes. Er fuhr auf wie eine Säule aus Rauch, umwölkt von Myrrhe und Weihrauch, doch roch er auch nach den aromatischen Pulvern des Gewürzhändlers.

2. Es gibt zwei Möglichkeiten, den Händler in den Gleichnissen Jesu zu interpretieren. Er sprach von dem Kaufmann als einem, der alles verkaufte, um einen verborgenen Schatz zu erlangen. Der Kaufmann fand eine Perle und verkaufte alles, um sie erwerben zu können.

„Das Himmelreich gleicht einem Schatz, verborgen im Acker, den ein Mensch fand und verbarg; und in seiner Freude ging er hin und verkaufte alles, was er hatte, und kaufte den Acker. Wiederum gleicht das Himmelreich einem Kaufmann, der gute Perlen suchte ..." (Matth 13,44-45).

a. Zuerst ist Jesus selbst dieser Kaufmann, der eine Perle sah und alles verkaufte, um sie zu besitzen.

Diese Perle ist seine Braut, die ihn alles kosten durfte. Er bezahlte den vollen Preis, einschließlich seinem Tod am Kreuz.

b. Zweitens sind wir die Kaufleute, die alles verkaufen, um ihm zu folgen. Das ist eine andere Weise, um dieses Gleichnis zu interpretieren.

3. Die duftenden Puder, mit denen der Kaufmann handelte, gaben ihren Geruch an den Kaufmann ab. Die Kaufleute rochen gut, weil sie ständig mit diesen teuren Pulvern umgingen. Das spricht von dem Duft Christi für Gott, als er das Kreuz annahm. Der „Duft des Kaufmanns" haftet Jesus in vollkommener Weise an.

J. Zusammenfassung: Jesus hat alles getan, um unsere Sicherheit und Geborgenheit zu garantieren. Er tut alles, um uns in die Sicherheit zu bringen. Er ist nicht fahrlässig, er übersieht nichts. Jesu Fleischwerdung und Tod beweisen, dass er nur Gutes im Sinn hat (6-7a). Wenn er für sie litt, wie viel mehr wird er sie auch beschützen! (Rö 8,32). Er ist ein mitfühlender Hohepriester. Er weiß, wie er uns durch die Wüste führen muss. Als Gläubige sind wir durch sein Werk am Kreuz geschützt (Myrrhe), und er tritt weiter in Fürbitte (Weihrauch) für uns ein, während wir auf unserer Reise durch die Wüste sind. Er kann als sicher und zuverlässig gelten, weil er der Kaufmann ist, der alles hingab, um uns zu erlösen. Wir brauchen uns nicht zu fürchten, ihm zu folgen.

1. Er duftet nach Myrrhe – das vollendete Werk am Kreuz.

2. Er duftet nach Weihrauch – er widmet sich ausdauernd der Fürbitte.

3. Er duftet nach den aromatischen Gewürzen der Kaufleute – er steht entschlossen und in völliger Hingabe zu uns.

III. Der Dienst des Heiligen Geistes zu unserem Schutz

Der Heilige Geist salbt sie, damit sie diese Botschaft vom Schutz an die Töchter Jerusalems weitergeben kann, damit auch sie ihre Furcht überwinden. In Vers 11 sehen wir, wie sie zu den Töchtern redet. Einige Versionen deuten darauf hin, dass der Heilige Geist spricht, einige, dass die Braut spricht. Eigentlich spielt es keine besondere Rolle, weil die Wahrheit auf beide zutrifft. Die besondere Sicherheit und der Schutz in der Gnade Gottes werden hier in militärischer Sprache ausgedrückt.

„Siehe da, die Sänfte Salomos! Sechzig Helden sind rings um sie her von den Helden Israels. Sie alle sind Schwertträger, geübt im Kampf. Jeder hat sein Schwert an seiner Hüfte gegen den Schrecken der Nachtzeit“ (3,7-8).

A. Die überraschende Ankündigung einer königlichen Prozession.

   „Siehe da, die Sänfte Salomos!“ (3,7)

   1. Salomo war der König Israels. Er ist während des ganzen Hohelieds ein Abbild des Königs Jesu.

   2. Die Sänfte steht über die Zeitalter hinweg für alle bereitet, die freiwillig kommen. Sie kommt aus der Wüste einer gefallenen Welt, durchwoben mit dem Duft der „Gewürzpulver des Händlers“. Wir stehen nicht, wir werden an himmlischen Orten mit ihm sitzen, dort, auf des Herrn Sänfte, ruhend im vollbrachten Werk des Kreuzes. Sie saß mit ihm auf seiner Lagerstatt, ein Hinweis auf das Evangelium.

      a. Das spricht von dem schützenden, erhaltenden und bewahrenden Dienst des Heiligen Geistes. Alles, was er tut, ist gut. Er ist sicher! Salomos Sänfte spricht von Jesus, der jetzt vom Sieg über all seine Feinde ruht (Ps 110; Eph 1,20-22).

b. Der Sünder findet dort, im Werk von Golgatha, ebenso Ruhe. Unsere ewige Bestimmung ist, mit Jesus als seine Braut auf seinem Hochzeitsbett zu sitzen (Offb 19,6-7).

c. Eines Tages werden wir in himmlischen Orten neben ihm auf einem Thron sitzen – als seine Königin. Wir sitzen jetzt schon im Glauben an himmlischen Orten (Eph 2,6), dann aber in alle Ewigkeit neben ihm als seine Königin.

d. „Wer kommt da herauf?“ – Es ist nicht nur Salomo, der als Gottes König kommt. Es ist Salomos Sänfte. In der orientalischen Welt wurde die Braut an ihrem Hochzeitstag von Männern auf einem Tragsessel getragen, eine Anspielung auf die Sänfte.

3. Er sorgt dafür, dass seine Braut die ganze Ewigkeit hindurch an seiner Seite ruhen kann, ausgestattet mit seiner Autorität und Zuneigung. Wenn der Herr uns einmal an diesem Ort sitzen lässt, wie viel mehr wird er uns als seine zukünftige Braut schützen?!

b. Hesekiel 1 beschreibt Jesu Sänfte als einen herrlichen Streitwagen. Elia verließ diese Welt in solch einem Wagen.

4. „Siehe da“ weist auf eine überraschende Ankündigung hin. Die Sänfte ist für alle bereitet, die freiwillig zu ihm kommen.

B. Die Frage lautet: „Wer ist das, der da wie Rauchsäulen aus der Wüste kommt, umgeben mit dem Duft von Myrrhe, Weihrauch und aromatischen Gewürzen? Wer ist das?“

1. Mit einem Satz beantwortet: Es ist Salomos Sänfte. Es ist Jesus Christus selbst und mit ihm Schutz für die Braut.

a. Er kommt, duftend nach Myrrhe, dem vollendeten Werk am Kreuz, umwölkt von Weihrauch, seiner fortwährenden Fürbitte im Himmel. Er kommt, das köstliche Aroma der Gewürze verströmend, das von seiner vollkommenen Hingabe an uns zeugt. Er sitzt in seiner Sänfte, die Braut ruht sicher an seiner Seite.

b. Es ist der König, der auf der Sänfte aus der Wüste heraufkommt, 60 kampferprobte Männer um sich. Das ist eine große Prozession, vorneweg der König, umgeben von seinen 60 „Bodyguards". Eine echte Liebesgeschichte: Sie kommen, um die junge Braut aus der Wüste zurück in den Palast zu eskortieren. Geistlich interpretiert: Aus der Wüste einer gefallenen Welt wird sie in den Himmel eskortiert.

2. Die Sänfte oder der Prunkwagen kommen, um sie zur Hochzeit zu geleiten. Das verursacht den Rauch und Staub in der Wüste. Die Zuschauer rufen bewundernd aus: „Wer ist das? Oh, es ist Salomo mit seiner Sänfte, der für seine Braut kommt." Aber in der Symbolik ist Jesus der König, der aus der Wüste kommt, durchtränkt von Myrrhe und Weihrauch. Die „Sänfte", also das Evangelium, bringt das Mädchen zum Hochzeitsfest, zu dem Ort, wo sie (und wir) mit ihm in himmlischen Orten sitzen werden.

3. Furcht vor vollkommenem Gehorsam ist ein wichtiger Grund, warum Menschen Kompromisse eingehen. Offensichtlich wirkt beides noch in uns: das Fleisch und das Prinzip der Sünde.

a. Furcht vor diesem 100 %-Gehorsam war auch ihr Problem (2,8-17). Sie bringt viele dazu, sich zurückzuziehen, denn sie fürchten, verletzt und alleine gelassen zu werden, abgeschnitten von den hilfreichen Quellen.

b. Das sind die Anschuldigungen des Teufels gegen Jesus. Der Teufel sagt: „Du wirst verletzt werden, wenn du gehorchst. Du wirst alles verlieren, an allem Mangel haben." Wir müssen diesen Lügen widersprechen. Wenn wir spüren, dass Furcht in unserem Herzen aufsteigen will, können wir dem Feind die Verse 7 und 8 direkt in Gesicht schleudern. Das ist die Antwort des Heiligen Geistes, ebenso ihre Antwort an die Töchter. „Siehe, Salomos Sänfte kommt herauf aus der Wüste einer gefallenen Welt, umgeben vom Duft der Gewürze, von Myrrhe und Weihrauch.

C. Unsere besondere Sicherheit im Evangelium.

„Sechzig Helden sind rings um sie her" (3,7b).

1. Das beschreibt in militärischer Sprache den Dienst des Heiligen Geistes, wie er schützt, erhält und bewahrt. Die Sänfte ist von 60 starken Männern umgeben. Das zeigt Salomos Fähigkeit, mit seinen Feinden im natürlichen Kampf umzugehen. Geistlich gesehen spricht es von geistlicher Kriegführung.

2. Die mitmarschierenden Krieger sprechen von der Sicherheit derer, die in der Sänfte sitzen. Die Zahl von sechzig weist auf einen besonderen Schutz hin. Ein Staatschef oder Ministerpräsident reist mit vielleicht zwanzig, dreißig Leibwächtern, „sechzig" bedeutet hervorragenden Schutz, die auch in der Lage sind, Überraschungsangriffen zu widerstehen.

   a. Die Stiftshütte wurde von 60 Säulen gestützt. Die aus 60 Männern bestehende Leibgarde spricht von dem besonderen Schutz, unter dem die Sänfte auf ihrem Weg zum Hochzeitsmahl steht.

   b. Der Heilige Geist ist ein geübter Kämpfer, der uns sogar vor Löwen und Leoparden bewahren kann

(4,8). Der Heilige Geist benutzt viele Wege und Mittel, um uns zu bewahren: Fürbitte, Engel, Gaben des Geistes, Autorität in Jesu Namen, die Liebe des Vaters, das Kreuz Jesu etc. Es gibt viele Wege, die den Schutz offenbaren.

3. Starke Männer – das spricht von Salomos Fähigkeit, seine Braut zu bewahren. Im alten Orient versuchten feindliche Sippen häufig, fürstliche Prozessionen zu überfallen, besonders solche, die auf dem Weg zu einer Hochzeitsfeier waren, denn da gab es zumeist viel Gold und andere Schätze zu holen. Deshalb nahm der Fürst starke, treue Soldaten mit, wenn sie loszogen, um die Braut heimzuholen. Manchmal stammte die Braut aus einer benachbarten Nation. Als Salomo eine der Töchter Ägyptens heiratete, gab es auch eine große Prozession, mit der die Braut zur Hochzeit gebracht wurde.

4. Genauso versucht der Feind, die Heiligen zu überfallen, aber der Herr wacht über uns, wie die 60 starken Männer zeigen, die uns mit großer Sorgfalt und Kraft bewachen. In Bezug auf das Evangelium sitzt Jesus mit ihr in der Sänfte, wo sie reichlich Schutz durch die geübten Kämpfer erfährt. Salomo sandte die Sänfte, um sie zu sich zu bringen, während er in Jerusalem wartete. Er ist immer bei uns und der Dienst des Heiligen Geistes schützt uns bis zu dem Tag, wo wir ihn von Angesicht zu Angesicht sehen werden.

5. „... um sie her" – Jesus wird gezeigt als einer, der aus der Wüste kommt, umgeben von einer Schar von „sechzig Helden". Der Heilige Geist *umgibt* die Braut während ihrer Reise durch die Wüste dieser gefallenen Welt. Es gibt viele Wege, durch die der Herr seinen Schutz offenbart. Umgeben zu sein von diesen Kämpfern spricht von den verschiedenen Möglichkeiten, durch die Jesus uns in der Gnade Gottes schützt.

D. Jesu treue Wache erzeigt außergewöhnlichen Schutz.

„*... von den Helden Israels ...*“ (3,7c)

1. Warum ist hier ausdrücklich von den „Helden Israels“ die Rede? Die eingeborenen Leibwächter waren echte Israeliten, die den König liebten. Sie dienten ihm in Treue. Deshalb würden sie ihr Leben geben, wenn sie sähen, dass der König gefährdet ist. Es sind keine Mietlinge oder Söldner, die fliehen würden, wenn der Druck zu groß wäre (Luk 10,11-14).

2. Sie haben eine außergewöhnliche Treue beweisen, der Schutz ist somit gewährleistet. Der König nimmt Eingeborene, Patrioten, die hingegeben sind und die Israel lieben, Experten im Kampf, trainiert darauf, ihn zu schützen. „Die Helden Israels“ – die Besten der Besten, weil sie in Treue bewährt und zudem Experten auf ihrem Gebiet sind.

E. Geübte Streiter weisen auf besonderen Schutz hin.

„*Sie sind alle Schwertträger, geübt im Kampf*“ (3,8a,b).

1. Es sind reife Krieger, keine Grünschnäbel im geistlichen Kampf. Dieser Trupp stellt einen großartigen Schutz dar. Das Bild schildert die Bewachung durch hochqualifizierte Krieger. Der Weg zum Hochzeitsmahl ist optimal geschützt.

2. Diese erfahrenen Soldaten sind Experten im Kampf, sie kennen jegliche Strategie und Taktik Satans und wissen, wie sie überwunden werden kann (Eph 6,10-12). Der Heilige Geist weiß, wie er die Gnade Gottes freisetzen muss, um Menschen oder Engel zu uns zu senden. Der Heilige Geist hat ausgezeichnete kämpferische Fähigkeiten. Er ist der beste Beschützer, den man sich denken kann, ein Experte im Kampf, geübt in jeglicher Taktik.

3. Der Herr schützt uns leidenschaftlich, geübt, eifrig und mit Sorgfalt. Deshalb entgeht nichts seiner Aufmerksamkeit, wenn der Feind plant, uns anzugreifen, während wir in der Sänfte des Evangeliums auf dem Weg zum Hochzeitsfest (Offb 19) sind. Er wird alles tun, um uns zu schützen – das ist hier die Botschaft.

F. Eine vorbereitete Wache weist auf einen besonderen Schutz hin.

„Jeder hat sein Schwert an seiner Hüfte gegen den Schrecken zur Nachtzeit“ (3,8d)

1. Ihre Hüften sind mit Schwerter umgürtet, die jeden Augenblick gezogen werden können. Das weist nicht gerade auf einen schlafenden Soldaten hin, der nachts sein Schwert ablegt und beiseite legt. Hier wird ein Soldat beschrieben, der bereit war zur Aktion – streitbar, wachsam, sorgfältig, jederzeit bereit zu handeln. Auch Jesus wurde aufgefordert, sein Schwert als Fürbitter umzugürten, um über die Mächte der Finsternis zu siegen (Ps 45,4).

   a. Die verschiedenen Gnaden Gottes schützen wie so ein Elitesoldat. Jeder hat ein Schwert an der Hüfte aus Furcht vor den Schrecken der Nacht.

   b. Jemand sagte: „Ich habe Angst, dass der Teufel mich zur Sünde verleiten will.“ Der Herr entgegnet: „Gib mir dein Herz, und ich verspreche dir, dass 60 Kämpfer bereit stehen werden, treue, hingegebene Kämpfer, Experten, die ihr Schwert an der Seite tragen.“

   c. Der Psalm der Liebe beschreibt Jesus mit seinem Schwert, das auf seiner Seite gegürtet ist.

   „Gürte dein Schwert um die Hüfte, du Held, deine Majestät und die Pracht“ (Ps 45,4).

2. Die „Schrecken der Nachtzeit" deuten auf die Mächte der Finsternis hin. Darum liegen ihre Hände am Schwertknauf, bereit, jederzeit auf die Angriffe des Feindes zu reagieren.

G. Das Versprechen des Herrn, uns mit großer Kraft zu erhalten.

„Dem aber, der euch vor dem Straucheln behüten kann und euch untadelig stellen kann vor das Angesicht seiner Herrlichkeit mit Freuden ..." (Jud 1,24)

1. Wer ist in der Lage, die befreiende Kraft des Herrn aufzuhalten? Er ist fähig, uns fleckenlos zu machen, dass wir an dem Tag mit großer Freude bestehen können. Er ist fähig, uns zu erhalten, wenn wir in den einfachen Grenzen und Prinzipien der Heiligen Schrift bleiben. Wenn wir das Wort Gottes als das Bekenntnis unseres Herzens festhalten und nicht den Worten der Verdammnis unser Ohr leihen. Wenn Furcht und Versuchung kommen und wir dann das Wort Gottes aussprechen und bekennen, dann wird er uns auf diesem sehr einfachen Weg schützen.

2. Keine Sünde ist so groß, als dass er uns nicht zur rechten Zeit den Sieg darüber geben könnte – wenn wir Gott unser Herz geben. Kein Druck kann so groß sein, dass wir deswegen bitter gegen den Herrn werden sollten. Er hat uns vor allem bewahrt, was zu schwer für uns sein könnte. Tatsächlich glaube ich sogar, dass er uns den jeweils leichtesten Weg zeigt, um die tiefsten Stellen unseres Herzens zu erreichen. Natürlich ist es oftmals hart für das Fleisch und sehr schwierig, aber der Herr weiß, wie und mit welcher Intensität er vorgehen muss, um in und mit uns seine Ziele zu erreichen. Und das geschieht so sanft wie nur möglich, auch wenn es in unserer Erfahrung manchmal fast gewalttätig aussieht.

3. Die „siegreichen Heiligen“ der Geschichte waren eigentlich ganz schwache, zerbrochene Männer und Frauen, die sich aber an der einfachen Richtschnur der Heiligen Schrift festhielten – und die dadurch vom Heiligen Geist gehalten wurden. Er ist dazu in der Lage, denn er ist eben ein „geübter Krieger“.

IV. Die Beschreibung der Erlösung der Braut durch Jesus

In 3,7-8 wurde der Schutz durch den Heiligen Geist beschrieben. Jetzt geht es um die Erlösung der Braut durch Jesus.

„Einen Tragsessel (oder: *„eine Sänfte“*) ***machte sich der König Salomo aus Hölzern des Libanon. Seine Füße machte er aus Silber, seine Lehne aus Gold, seinen Sitz aus rotem Purpur. Das Innere ist ausgelegt mit Liebe von den Töchtern Jerusalems“*** (so die *King James Bibel*, die hier dem Masoretischen Text folgt; Elb. üs.: *„mit Ebenholz, ihr Töchter Jerusalems“*; Anm. des Verlags; 3,9-10).

A. Unsere Sicherheit wurzelt in dem göttlichen Plan der ewigen Erlösung durch den Tod des Sohnes Gottes am Kreuz.

1. Am Ende unserer Reise werden wir sicher durch die Wüste zum Hochzeitsmahl des Lammes geführt werden. Die Braut hat eine Offenbarung über die himmlische Prozession, die in Offenbarung 19,6-7 beschrieben wird.

2. Wie sicher ist sicher? Gott hat seinen eigenen Sohn geopfert, das ist Sicherheit in höchster Potenz. Wie sicher ist sicher? Er ging hinab in die Wüste und kam wieder heraus. Er nahm Menschengestalt an und dann wieder die Gestalt Gottes. Er duftet nach Myrrhe und Weihrauch. Sicherer geht es nicht. Sechzig treue, leidenschaftliche Krieger stehen jederzeit bereit, um gegen alles anzugehen, das uns vom guten Willen Gottes wegbringen will. In dieser Sänfte, auf seinem Tragsessel,

seinem prächtigen Wagen sind wir sicher – darum geht's.

B. König Jesus sorgt für eine ewige Sänfte für seine Braut.

„Einen Tragsessel (oder: *„eine Sänfte"*) ***machte sich der König Salomo"*** (3,9).

1. Salomo, der König von Israel, ist im Hohelied ein Typus für den König Jesus.

2. Er machte einen tragbaren Sessel, der mit Vorhängen umgeben war und der mittels Stangen von königlichen Gefolgsleuten getragen wurde. Das ist die Sänfte von Vers 7. Die *King James Version* nennt es einen „Kriegswagen". Dieser königliche Wagen wurde für die werdende Königin am Hochzeitstag gebraucht. Er war sehr luxuriös und komfortabel, so groß, dass man darin liegen konnte. Diese Konstruktion variierte in Größe und Ausstattung je nachdem, was sich der König leisten konnte. Diese königliche Sänfte, dieser Prachtwagen, trug sie auf ihrer langen Reise durch die Wüste.

3. „... er machte sich ..." – das spricht von Jesu Werk am Kreuz. Er konnte nicht befehlen, sie zu machen, er musste es selber tun. König Salomo machte einen Wagen, um seine Königin zu tragen. Die Braut des Königs Jesus sitzt an seiner Seite in dieser Sänfte und ruht und erfreut sich seines Schutzes, während sie durch die Wüste der gefallenen Welt reisen, auf dem Weg zur Hochzeitszeremonie in der Ewigkeit (Offb 19).

C. Erlösung kam durch einen menschgewordenen Messias.

„... aus Hölzern des Libanon ..." (3,9a)

1. Die Sänfte wurde aus dem Holz des Libanon gemacht. Holz steht in der Symbolsprache des Alten Testaments für Menschlichkeit.

a. Jesus ist der Fels, der Rest der Menschheit ist aus „Holz“. Aber Jesus musste Mensch werden, „aus dem Holz des Libanon“.

b. Der Sessel wurde nicht von einem Gott gefertigt, der fernab im Himmel blieb und unser Dilemma aus der Distanz betrachtete. Jesus musste Mensch werden, „Holz“. Er musste den Elfenbeinpalast verlassen, um menschliche Gestalt anzunehmen. Das Holz musste ins Feuer Gottes kommen. Dieser Sessel wurde von einem Gott gemacht, der willens war, Fleisch zu werden und selbst den Preis zu bezahlen.

c. Im Tempel nahmen sie Holz und verkleideten es mit Gold. Holz im AT spricht oft von Menschlichkeit – zwar stark, aber doch dem Verfall preisgegeben. Es konnte durch Feuer zerstört werden. Es gibt viele Bilder, in denen Holz von Menschlichkeit spricht.

d. Das Holz der Stiftshütte, überzogen mit Gold, spricht von Jesus als Mensch, der jedoch auch völlig Gott war. Der Libanon hatte die stärksten und teuersten Hölzer, die man in Israel bekommen konnte. Es war wertvoll und geschätzt, das Holz der Zedern des Libanon.

e. Jesus hätte diese Sänfte nicht machen können, wäre er im Himmel geblieben. Er musste seine göttliche Gestalt beiseite legen und Mensch werden. Der Sessel musste aus Holz sein, ein anderes Material kam nicht in Frage. Jesus musste Fleisch werden.

f. Das Herrliche und Bewundernswerte an dieser Sänfte war, dass sie aus dem kostbarsten und kraftvollsten Fleisch gemacht war, das je auf Erden gelebt hat. Doch geht es nicht nur darum, dass diese Sänfte stark und teuer sein sollte. Vielmehr musste er Menschengestalt, Fleisch annehmen, damit das Ganze überhaupt funktionieren konnte. Noch einmal, denn darum geht es hier: Wenn er schon die Gestalt Gottes beiseite legte, wie viel mehr wird er uns schützen?

g. Wie erniedrigend war es für Jesus, der menschlichen Natur teilhaftig zu werden, damit er seinen Brüdern in allen Dingen gleich wurde (Heb 2,17).

h. Er wurde wie das Holz des Libanon. Adam war vor der Sünde das edelste, stärkste, bestduftende Holz, das die menschliche Rasse je gekannt hat, und dennoch konnte er der Versuchung Satans nicht widerstehen. Jesus kommt in dem gleichen sündlosen Status wie Adam und hat Sieg über Satan und seine Versuchungen, darum ist er auf einmalige Weise das „Edelholz des Libanon".

i. Das war ein sehr teures Holz. Die Bäume des Libanon waren die stärksten, kräftigsten, duftendsten und zugleich seltensten und teuersten aller Hölzer. Aus diesem Holz wurde Salomos Tempel gemacht, der Wohnort der Herrlichkeit des Herrn. Der Herr wollte, dass er aus Libanonholz gemacht wurde, ganz ausgewähltem Holz. Er möchte einen Wohnort, der aus der erlösten Menschheit gefertigt wurde.

2. Er wird „Fels" genannt, wenn es sich auf seine Göttlichkeit bezieht, und „Holz", wenn es um sein Menschsein geht. Holz vergeht schließlich – Jesus starb am Kreuz. Dieses sind die beiden Hauptmaterialien, aus denen Gottes Haus gebaut ist: Holz und Fels, Göttlichkeit und Menschlichkeit. Die Sänfte wurde von Jesus selber gemacht, er machte sie eigenhändig. Er blieb nicht im Himmel und regelte alles per Erlass. Er kam herab und macht diese Sänfte aus ausgewähltem Holz des Libanon.

D. Die Erlösung der Braut durch Jesus wird beschrieben.

„Seine Füße (andere üs: *„Säulen“*) *machte er aus Silber, seine Lehne aus Gold, seinen Sitz aus rotem Purpur“* (3,10).

1. Die Lehnen, eine Art Geländer, waren rund um den purpurnen Sitz angebracht. Die Lehnen aus Gold, also Gottes schützendes „Geländer“ umgeben das Evangelium.

2. „Säulen, Füße“ – die stabilisierenden bzw. tragenden Strukturen waren aus Silber.

3. „Gold“ spricht von göttlichem Charakter. Die Lehnen sind aus Gold. Der Schutz ist aus göttlicher Weisheit und Kraft gemacht. Der Schutz ist so angefertigt, dass die werdende Braut, diese rechtmäßig verlobte, aber noch nicht völlig offenbarte Braut, nicht herausfallen kann. Es gibt ein goldenes Geländer da herum. Gottes Weisheit umgibt sie von allen Seiten und beschützt sie auf der Sänfte.

4. „Silber“ symbolisiert Erlösung, Gold den göttlichen Charakter, Purpur steht für Königswürde und Autorität. Das Evangelium, auf dem wir ruhen, wurde von Gott geplant. Es war die Autorität dessen, der von alters her ist, die dahinterstand. Er selbst hat den Sessel geplant. Niemand kann ihn umwerfen, weil er mit königlicher Autorität gemacht ist.

E. Gott ist durch seine eigene ewige Liebe motiviert.

„Das Innere ist ausgelegt mit Liebe von den Töchtern Jerusalems“ (3,10d,e).

1. Die *King James*-Bibel sagt „für“ die Töchter Jerusalems. Es ist mit Liebe „für“ die Töchter Jerusalems ausgelegt, nicht „durch“ sie oder von ihnen. Das stünde auch im Gegensatz zu dem, was hier geschieht, wenn

sie diejenigen wären, die die Sänfte ausgelegt hätten. Es ist *das Werk Jesu* für die Töchter – und nicht das Werk der Töchter *für Jesus*.

2. „... ausgelegt mit Liebe“ bedeutet, dass die Zuneigung Jesu grundlegend ist für seine Erlösung. Gottes Pläne werden immer und nur durch Liebe für die Heiligen ausgeführt. Das Innere, alle Wandbehänge dieser Sänfte, bestand aus Liebe. Gottes Siege und Absichten offenbaren sich den Heiligen immer und ausschließlich in Liebe zu ihnen. Das Innere ist mit Gottes leidenschaftlicher Liebe für schwache Menschen ausgelegt.

3. „Das Innere“, die Auskleidung der Sänfte (mithin des Evangeliums), wurde durch Gottes Liebe zu uns gewebt. Er wird uns keine Schwierigkeit ersparen, wenn sie dazu dient, unsere Liebe zu ihm zu erweitern, aber er überansprucht uns darin nie. Beachte wir nur einmal den Luxus dieser Sänfte!

   a. Das Innere ist mit Liebe für die Töchter Jerusalems ausgelegt. Gottes Pläne bestehen immer und einzig und allein aus Liebe. Er ist so sanft wie möglich in seinem Tun. Er wird uns keine Schwierigkeit ersparen, aber er wird sie so sanft wie möglich gestalten. Alles, was er für uns im Evangelium bereithält – selbst seine Disziplinierung und Züchtigung –, ist mit Liebe ausgekleidet. Das Innere des Evangeliums, das innere Werk, wird von der Liebe Gottes geziert.

   b. Der Herr will es uns so leicht wie möglich machen, ohne dabei seine Bestrebungen, uns zu trainieren und zu disziplinieren, zu kompromittieren. In seiner Liebe kennt er viele Wege, auf denen er uns umwirbt, zubereitet und beschützt. Das Evangelium breitet sich immer da am meisten aus, wo Gottes liebende Zuneigung klar erkannt wird. Er sagt: „In meiner vollkommenen Weisheit lege ich dir keine

Last auf, die nicht notwendig wäre, damit du in meiner Liebe wächst."

4. „... von den Töchtern Jerusalems"; die *King James*-Bibel sagt: *„für* die Töchter Jerusalems". Die ganze Gemeinde bekommt die Auswirkungen von Jesu Zuneigung zu spüren. Es ist für sein Volk, für die Töchter Jerusalems gemacht. Die ganze Gemeinde hat teil daran. Es ist nicht nur für die Gereiften, nein, sogar für die Fleischlichen. Er hat es für die Schwachen, Zerbrochenen und Zerbrechlichen getan. Er tat es für jene Töchter Jerusalems, die stolpern und straucheln.

F. Zusammenfassung: Die Sänfte (der Tragsessel, Wagen) spricht von drei Dingen: Zunächst vom Evangelium. Es ist dieser Sessel, den er zuerst und vor allem anbietet. Dann stellt sie die gesamte Gemeinde dar. Wir sind die Sänfte, auf der er einherfährt. Der Weg, durch den Jesus sich durch diese Welt bewegt, ist die Sänfte, der Leib Christi. Mittels des Leibes Christi, der Gemeinde, zieht Jesus durch die Welt und vollstreckt seinen Willen. Drittens spricht diese Sänfte auch von seinem Plan für unser Leben. Auch wir sitzen in der Sänfte und ziehen auf ihr unseren Weg, mit Ziel und Richtung, durch die Wüste und hinaus. Die Hauptbedeutung liegt jedoch auf dem Evangelium, das die beiden anderen Gedanken einschließt.

V. Die junge Braut ermutigt die ganze Gemeinde

„... kommt heraus und betrachtet doch, ihr Töchter Zions, den König Salomo in der Krone, mit der ihn seine Mutter gekrönt hat am Tage seiner Hochzeit und am Tage der Freude seines Herzens" (3,11).

A. Die Braut ermutigt die jungen Gläubigen.

„... betrachtet doch, ihr Töchter Zions, den König Salomo in der Krone" (3,11a,b).

1. Es ist eine Ermutigung für die ganze Gemeinde. „Töchter Zions, seht den König mit der Krone!“ Ihr Reden spiegelt regelrecht ihre Begeisterung wider.

2. „... ihr Töchter Zions“ (3,11a). Die Töchter Jerusalems werden als „Töchter Zions“ angesprochen. Sie benutzt die gleiche Art, sie im Wachstum zu ermutigen, wie sie selbst in ihrem eigenen Wachstum ermutigt wurde. Sie drückt prophetisch aus, wer sie einmal sein werden.

   a. Mit anderen Worten sagt sie: Auch ihr werdet euch erheben und zur Reife kommen, wenn ihr erkennt, wer ihr, die Töchter Zions, in der Gnade Gottes einmal sein *werdet*. Sie sind noch die „Töchter Jerusalems“, werden auf schon als die reifen „Töchter Zions“ angesehen.

   b. Der Herr spornt sie in 4,1-5 an. Er schaut sie an und benennt Dinge, die noch nicht sind, als wären sie schon. Er sagt ihr, wer sie in ihm ist, und sie gibt es entsprechend weiter, indem sie sagt: „Ihr seid die Töchter Jerusalems. Ihr seid zwar schwach und unreif, aber ihr seid mehr als das. In seiner Sicht seid ihr die Töchter Zions. Ihr gelangt zu königlicher Reife, um seine Braut zu sein. Ich habe schon den Tag gesehen, wenn er von euch gekrönt wird“, – denn die Töchter werden ihn an seinem Hochzeitstag zum König krönen.

   c. Die Sicherheit des Evangeliums wird uns umgeben, auch in unseren Nöten und unserer Schwachheit. Sie ist wirklich gefesselt von dem Gedanken, wie sicher, zuverlässig und treu er ist. Vor Gehorsam ihm gegenüber braucht man sich nicht zu fürchten, denn wir sind sicher in Jesu Armen. „Kommt und seht den König Salomo mit seiner Krone! Schaut Jesus an in seiner Souveränität!“

3. Sie sagt: „Töchter ... seht den König!“, schaut auf ihn, Jesus. Die Offenbarung seiner selbst macht den ganzen Unterschied.

   a. Sie möchte ausdrücken: „Wenn ihr den Jesus finden könntet, den ich gefunden habe (in Vers 3-4), dann werdet ihr euch nicht mehr fürchten.“

   b. Zu sagen: „Ich fürchte mich nicht mehr“ bedeutet nicht, dass sie nie wieder Augenblicke der Angst haben wird, doch wird sie nicht mehr von Furcht beherrscht. Sie sagt: „Ich habe den König gesehen. Ich habe ihn festgehalten. Ich fand ihn und ich möchte, dass auch ihr ihn seht, denn ihr könnt auch von eurer Furcht befreit werden, so wie ich von meiner befreit wurde.“ Furcht ist nicht mehr die beherrschende Kraft ihres Lebens wie noch in Kapitel 2, als sie sich fürchtete aufzustehen.

4. „König Salomo mit der Krone“ (3,11b). Jesu Souveränität und Königsschaft zu sehen, heißt, seine Autorität über Satan und über alles, das uns schaden kann, zu erkennen. Wenn wir seine Krone sehen, werden wir die Berge nicht mehr fürchten, nicht die Leoparden und nicht die Löwen (4,8). Sie predigt den Töchtern und ermutigt sie, ihren Glauben an einen triumphierenden, souveränen König aufbauen zu lassen.

B. Die Gemeinde wird in Ewigkeit mit freiwilliger Liebe erfüllt sein.

„... mit der ihn seine Mutter gekrönt hat“ (3,11c).

1. „Seine Mutter“ – spricht von der Gemeinde. Der Same der Frau ist Jesus, der das Fundament der Gemeinde ist. Alle, die Gottes Willen tun, sind ihm Mutter und Bruder (Matth 12,46-50).

a. In Offenbarung 12,5 wird das Volk Gottes als eine „Mutter“ dargestellt, die einen Knaben gebiert. Gott ist der Urheber unserer natürlichen und unserer geistlichen Geburt. Instrument dafür ist im Natürlichen eine Frau, unsere Mutter.

b. Bei unserer geistlichen Geburt benutzt Gott ein Glied des Leibes Christi, der Gemeinde. Gott ist unser Vater und von der Gemeinde wird als von unserer Mutter gesprochen. In der Jungfrauengeburt kam Jesus durch den Samen einer Frau (1. Mo 3,15). Paulus sprach von dem Neuen Jerusalem (der ewigen Gemeinde in der himmlischen Stadt) als von unserer „Mutter“ (Gal 4,26). Mittels der Gemeinde wurden wir durch den Geist geboren, denn durch den Leib Christi gelangte die errettende Erkenntnis Jesu zu uns.

2. Seine Mutter krönte ihn. – Offenbarung 19,12 sagt: „Er ist gekrönt mit vielen Kronen“, d.h., er ist König über viele Sphären – König über die Himmel, die Engel, die Erde, die Gemeinde, die Zukunft, die Schöpfung und die Ewigkeit.

a. Die Gemeinde krönt Jesus als König, wenn sie persönlich auf seine Königsherrschaft reagiert. Seine Königsherrschaft über Milliarden von Seelen offenbart sich, wenn sie sich ihm in freiwilliger Liebe unterordnen. Er hat sich selber dahingehend in der Erlösung Grenzen gesetzt, dass er unseren freien Willen nicht missachtet.

b. Es gibt eine Krone, nach der ihn mehr verlangt als nach allen anderen: Er möchte die Krone der freiwilligen Liebe seiner Braut. Er hat viele Kronen, doch ist das die Krone, mit der wir ihn krönen werden. Er wird „an seinem Hochzeitstag“ gekrönt werden. Das beschreibt Offenbarung 19,5-10. Auf diese Krone wartet er. Es wird einen Tag geben, an dem die Gemeinde der ganzen Geschichte ihn als König krönen wird.

c. Sie sagt: „Wenn ihr sehen könntet, dass er Macht und Autorität hat über alle Werke der Finsternis, dann würdet ihr euch nicht fürchten. Wenn ihr sehen könntet, dass er der Herr der Ernte ist, dann wüsstet ihr, wie vorgerückt die Stunde ist. Wenn ihr doch sehen könntet, dass er an seinem Hochzeitstag gekrönt sein wird, und wer ihr als seine Braut seid! Seht den König! Seht, wer er ist! Seht, wer ihr seid durch das, was und wer er ist! Fürchtet euch nicht!" Sie drängt sie, aufzustehen und die Wahrheit zu erkennen. Er ist König, ob die Gemeinde das erkennt oder nicht. Hier wendet sie sogar etwas von der Weisheit an, die der Herr bei ihr gebrauchte, als er ihr in 2,11-13 von der baldigen Ernte erzählte.

d. Jesus trägt, wenn die Endzeiternte mit Macht eingeholt wird, eine Krone (Offb 14,14). In diesem Sinn krönt die Gemeinde ihn, wenn sie zur Reife gekommen ist, als König. Johannes, der Apostel, sieht den Sohn des Menschen mit einer Krone auf seinem Haupt, eine Sichel in der Hand, um die große Ernte am Ende der Zeitalter einzubringen. So werden wir ihn die große Endzeiternte einbringen sehen, eine Krone auf seinem Haupt.

3. Das Mädchen weissagt den Töchtern: „Eines Tages werdet ihr ihn als König krönen. Warum wollt ihr ihn nicht schon jetzt als König eures Lebens haben? Unvermeidlich werdet ihr in Ewigkeit unter seiner Herrschaft sein, warum also lasst ihr ihn nicht schon jetzt Herr über euch sein? Warum wollt ihr wie die Töchter Jerusalems leben, wenn es eure Bestimmung ist, Töchter Zions zu sein? Widersteht eurer Sünde, wie ich es in 1,6-7 tat, und widersteht eurer Furcht, wie ich es tat, als ich mich erhob, um ihm zu gehorchen (3,2). Wie habe ich das gemacht? Indem ich auf den König und

seinen Sieg geschaut habe. Es gab mir Glauben und Mut, an ihm teilzuhaben, als ich erkannte, wie sicher es bei ihm ist."

C. Jesu Freude am Hochzeitstag.

„... am Tag seiner Hochzeit und am Tag der Freude seines Herzens" (3,11d,c).

1. „Seht ihn, gekrönt als König, an seinem Hochzeitstag" ist eine Ermutigung und Ermahnung an sie selber, sich als das Erbteil des Herrn zu sehen. Oder, um das Bild noch einmal aufzugreifen: Du bist in der Sänfte. Du bist ein Teil der Braut. Sieh, wer du bist! Die „Rose von Scharon". Sie bittet die Töchter, die noch unreifer sind: „Seht, was ich gesehen habe. Seht nicht nur den König in seiner Macht und Autorität. Seht ihn gekrönt an seinem Hochzeitstag und erkennt die Rolle, die ihr dabei spielt. Die Freude seines Herzens wird nur dann vollkommen sein, wenn sein Volk an jenem Tag seine Braut ist." Er ermutigt sie also zu begreifen und anzunehmen, wer sie als Braut Christi ist.

2. „... am Tag seiner Hochzeit." Der letzte Triumph wird in Offenbarung 19,1-16 beschrieben, dem Hochzeitstag von Jesus und seiner Gemeinde. Das ist der letzte Tag (Offb 19,1-16). Dann werden wir in vollkommener Weise seine Braut sein, am Tag seiner Hochzeit, wenn wir ihm alles übergeben. Der Hochzeitstag wird die „Freude des Herzens Gottes" genannt. Jesus wird dargestellt als einer, der uns mit der Freude eines Bräutigams empfängt. Jesaja 62 sagt: „Wie der Bräutigam sich über die Braut freut, so wird Gott sich über dich freuen." Es ist eine Brautfreude, die Gott haben wird. Der Tag der Auseinandersetzungen und der Schmerzen wird bald vorüber sein. Der Kampf mit Satan und dem Fleisch wird bald ein Ende haben, Versuchungen und Prüfungen werden ausgestanden sein. Es kommt ein Tag ... der „Tag der Freude seines Herzens"!

3. In Offenbarung 19,6 freut sich der ganze Himmel mit großer Freude, weil es der Tag seiner Hochzeit ist, der Tag der Freude im Herzen Gottes. Der Herr Jesus wird gezeigt, wie er uns freudig und froh als Bräutigam in Empfang nimmt.

4. Es wird auch der Tag der Freude *unseres* Herzens sein, wenn wir unseren Bräutigam durch die Ewigkeiten hindurch lieben werden. Es gibt einen Tag, an dem wird auch dein Herz übervoll vor Freude sein, dann, wenn wir ihn als König der Könige krönen, indem wir ihm die Herrschaft über alles geben, was in unserem Herzen ist.

D. Die wesentliche Offenbarung über unseren himmlischen Bräutigam-König.

„... kommt heraus und betrachtet doch ... den König Salomo in (oder: *„mit"*) ***der Krone"*** (3,11a,b).

1. „Kommt hervor und betrachtet den König." Seht König Salomo, schaut auf Jesus. Das Prinzip, das vermittelt werden soll, ist, dass die Offenbarung Jesu uns zum Leben im Gehorsam motiviert.

   a. Die Gemeinde wird ermahnt, unverwandt auf Jesus, den triumphierenden Bräutigam, zu blicken.

   b. Als sie auf den Herrn schaute, erlangte sie eine neue Offenbarung von seiner Sicherheit und Herrlichkeit. Sie will, dass die Töchter das Gleiche erkennen, damit auch sie sich erheben können. Sie bringt jetzt anderen das Evangelium. Sie hat die Sänfte gesehen, die Sicherheit, die Wüste, den Hochzeitstag, seine Autorität und seine Liebe.

2. Sie möchte, dass jeder es sieht: „Kommt hervor, erhebt euch, wie ich es tat!“

   a. Nichts kann uns mehr dazu motivieren, andere zum Glaubensgehorsam herauszufordern, als dass wir unsere Sünde sehen (Kapitel 1), unsere Ängste erkennen (Kapitel 2) und dann die Krone, die Sänfte, seinen Sieg in der Wüste – dann werden unsere Herzen ermutigt.

   b. Wenn wir die Scham wegen unserer Sünde und die Kraft der Furcht vor Augen haben und beides durch die Offenbarung des Triumphes Jesu überwinden – egal, zu welchem Grad –, gibt uns das Kraft, andere hinzuzurufen. Und das ist es, was das Mädchen jetzt macht. „Zieh mich zu dir und lass uns zusammen laufen.“ Jetzt ist sie voll dabei, ihren Dienst auszuüben.

3. *„... betrachtet doch ... den König Salomo in* (oder: *„mit“*) *der Krone.“* Schau auf Jesus (1. Kor 3,18; Heb 12,2). Noch einmal: Die Offenbarung Jesu motiviert uns, in vollem Gehorsam zu leben (Phil 3,8). Die Gemeinde wird ermahnt, ihre Augen auf den triumphierenden König Jesus als dem himmlischen Bräutigam zu fixieren. Sie schaute auf den Herrn und empfing neue Offenbarung. Jetzt will sie, dass die Töchter die gleiche Offenbarung empfangen, damit auch sie sich zu furchtlosem Gehorsam erheben können.

4. *„... kommt heraus!“* Eine frische Offenbarung der Majestät Jesu als König über alles lässt uns unausweichlich zum Handeln fortschreiten. Wenn die Kraft der Furcht durch diese Offenbarung zerbrochen wurde, kommt es zu einem neuen, kühnen Weitergehen in aktiver Partnerschaft mit Jesus.

Kapitel 11

Das prophetische Herz des himmlischen Bräutigams (4,1-8)

„Siehe, schön bist du, meine Freundin. Siehe, schön bist du! Deine Augen ‹leuchten wie› Tauben hinter deinem Schleier hervor. Dein Haar ist wie eine Herde Ziegen, die vom Gebirge Gilead hüpfen. Deine Zähne sind wie eine Herde frisch geschorener ‹Schafe›, die aus der Schwemme heraufkommen, jeder hat seinen Zwilling, keiner von ihnen ist kinderlos. Wie eine karmesinrote Schnur sind deine Lippen, und dein Mund ist lieblich. Wie eine Granatapfelscheibe ‹schimmert› deine Schläfe hinter deinem Schleier vervor. Dein Hals ist wie der Turm Davids, der rund (oder: *„in Steinschichten“*) *gebaut ist. Tausend Schilde hängen daran, alles Schilde von Helden. Deine beiden Brüste sind wie zwei Kitze, Zwillinge der Gazelle, die in den Lilien weiden. – Wenn der Tag verhaucht und die Schatten fliehen, will ich zu meinem Myrrhenberg hingehen und zum Weihrauchhügel. – Alles an dir ist schön, meine Freundin, und kein Makel ist an dir. Mit mir vom Libanon, ‹meine› Braut, mit mir vom Libanon sollst du kommen, sollst herabsteigen vom Gipfel des Amana, vom Gipfel des Senir und Hermon, weg von den Lagerstätten der Löwen, von den Bergen der Leoparden“* (4,1-8).

I. Überblick über 4,1-8

A. In 2,10 forderte der Herr sie heraus, aufzustehen. Sie fürchtete sich davor, hunderprozentig gehorsam zu sein. In 2,17 war sie ungehorsam, doch in 3,2 stand sie dann auf, tat, was ihr geboten war. Sie wollte, dass Jesus unter dem schattigen Baum bei ihr ist, auf dem Bett, am Tisch, dass er mit ihr Trauben isst (1-2). Als sie sich erhob (3,2), erhielt sie eine neue Offenbarung über Jesus (3,4). Diese Offenbarung teilte sie anderen mit (3,6-11). Dies sind die ersten Worte, die der Herr an sie richtet, nachdem er sie diszipliniert hatte. Der Herr bricht das Schweigen.

B. Jesus bestätigt prophetisch acht Tugenden der Braut, die sich noch im Knospenstadium befinden. Diese Bestätigungen sind Teil der göttlichen Strategie, um die unreife Gemeinde gegen Satans Anschuldigungen auszurüsten. Jesus ruft diese knospenden Tugenden hervor, die in Zusammenhang stehen mit ihrem Verlangen, ihm ohne Furcht zu gehorchen.

C. Das ist ein Aspekt des Dienstes des Heiligen Geistes, den zu empfangen sich manche Gläubige schwer tun , weil sie von religiösen Lehren runtergemacht wurden. In 4,1-5 umfängt Jesus dieses schwache Mädchen, das seine Braut werden soll.

1. Viele Eltern interpretieren die knospenden Tugenden an ihren Kindern nicht so, dass diese schließlich ausreifen. Sie sehen nicht den Samen der Hingabe, sondern nur das, was sie dann „Faulheit“ oder „Disziplinlosigkeit“ nennen. Der Herr jedoch lockt den aufgehenden Samen der Hingabe und Disziplin hervor.

2. Durch die Verausgabung unserer emotionalen Energie, die wir verbrauchen, wenn wir uns dem Feuer der Verurteilung und Wertlosigkeit entgegenstellen, werden wir davon abgehalten, effektiv mit dem Herrn zu leben. Die emotionale Last des Versagens und der Verurteilung rauben uns eine Menge an Energie – und es bedarf wirklich viel Energie, ein Leben zu führen, das unter dem Vorzeichen der Ablehnung steht. Es hält uns auch davon ab, andere Menschen zu erreichen, weil wir so sehr mit unseren eigenen emotionalen Nöten und Schmerzen beschäftigt sind.

D. Dies sind acht Charakterzüge, von denen Jesus möchte, dass sie an seiner Braut Gestalt gewinnen. Die Symbolik, die hier gebraucht wird, sehen wir in der ganzen Heiligen Schrift.

1. Taubenaugen – Augen des Glaubens und der Offenbarung

2. Haare wie Ziegen – Hingabe an Gott, geistliche Abdeckung und Unterordnung

3. Zähne wie bei geschorenen Schafen – Kauen der Nahrung – „Fleisch" vom Wort Gottes –durch langes und liebendes Meditieren

4. Lippen wie Karmesin – verbale Kommunikation, die durch die Erlösung geprägt ist

5. Küsse auf den Mund – Intimität mit Gott

6. Verschleierte Wangen – Emotionen, die durch die Gnade Gottes beeinflusst sind

7. Nacken wie der Turm Davids – der freie Wille

8. Brüste wie Rehkitze – Kraft, andere aufzubauen und zu nähren

II. Überblick über 4,1-5,1

In 4,16 sieht sie ihre Erlösung nicht nur als etwas, durch das sie gesegnet wird. Sie sieht, dass sie in Gottes Plan ist und ein Geschenk an seinen geliebten Sohn Jesus. Nach und nach lässt sie sich von dem Gedanken gefangen nehmen, dass sie sein Erbe sein soll – und nicht nur umgekehrt er ihr Erbteil ist. Sie möchte ihn lieben, wie er sie liebt, voll in dem Bewusstsein, dass sie auf diese Weise das Geschenk des Vaters an seinen Sohn wird.

1. Jesus bestätigt die Braut (4,1-5).

2. Sie antwortet mit der Verpflichtung, vollkommen gehorsam zu sein (4,6-8).

3. Er bestätigt sie nochmals (4,9-15).

4. Sie betet, dass Jesus ihren Glauben vervollkommnet (4,16).

5. Jesus beantwortet das Gebet (5,1).

III. Das liebevoll-besorgte Herz Jesu

„... dass er sie vor sich stelle als eine Gemeinde, die herrlich sei und keine Flecken oder Runzeln habe ..., sondern die heilig und untadelig sei. So sollen auch die Männer ihre Frauen lieben ... nähren und pflegen ... wie der Herr es bei seiner Gemeinde tut“ (Eph 5,27-29)

A. Paulus lehrte, dass die Gemeinde „herrlich und strahlend“ sein wird (Eph 5,27). Die Gemeinde wird mit Herrlichkeit gefüllt sein und Gottes Leben ausstrahlen. Die Freude der Liebe lässt die Gemeinde leuchten.

B. Der Heilige Geist möchte diesen liebevoll sorgenden Dienst des Herzens Jesu unserer Generation neu offenbaren, in der Jesus als der himmlische Bräutigam offenbart wird. Die Weise, mit der Gott seine schwache, noch sündige Braut verändert, geschieht dadurch, dass er sie „nährt und liebevoll pflegt“. Die NIV übersetzt hier „speisen und sie versorgen“, wobei das Wort „versorgen“ eigentlich noch etwas zu schwach ist.

C. Paulus zeigt, wie Jesus seine Gemeinde dazu bringen wird, in Herrlichkeit zu erstrahlen. Seine jetzt noch zersplitterte, unmoralische, bittere, ärgerliche Gemeinde wird mit Herrlichkeit erfüllt sein. Er wird sie zu Glanz bringen. Jesus versorgt sie liebevoll, indem er die Flecken der Sünde aus ihrer Seele entfernt. Diese Art, seine Braut zu verändern, ist der einzige erprobte und bewährte Weg, der in der Geschichte bisher funktioniert hat. Nähren, pflegen, liebevoll versorgen – das sind Gottes Methoden, um Menschen zu verändern, die unter unserer geistlichen Autorität stehen. Das ist auch der einzige bewährte und erprobte Weg, wie ein Mann seine Frau oder seine Kinder verändern kann. Wenn der Herr uns diszipliniert, tut er es durch Nahrung und liebevolle Pflege.

D. Es gibt viel Beschreibung darüber im Hohelied Salomos, wie er seiner Braut seine Liebe zukommen lässt. Diese „liebevoll-besorgte Dimension“ des Herzens Gottes ist für das Hohelied so bezeichnend, deshalb ist es für die Stunde, in der wir stehen, so bedeutend.

E. Viele Männer hadern mit der Vorstellung, von Gott umsorgt, umarmt oder umworben zu werden. Das wird sich jedoch nicht als Dauerproblem erweisen, denn der, welcher diese Umarmung vollzieht, ist viel stärker als die Hemmungen derer, die umarmt werden. Selbst Männer werden durch die Kraft seiner Umarmung überwunden. Es wird uns verändern, wenn wir die Liebe Gottes empfinden und merken, dass wir Gott leidenschaftlich wiederlieben können.

F. Wie kommt Jesu liebevolle Sorge zu uns?

1. Indem er uns seine Zuneigung zukommen lässt. Die Gemeinde wird erstrahlen, wenn der Heilige Geist ihr Jesu herzliches Zugetansein offenbart.

2. Indem er uns einlädt, mit ihm völlig eine innige Partnerschaft einzugehen. Diese Einladung seiner schwachen Braut zu völliger Partnerschaft schließt vieles mit ein.

3. Indem er unsere knospenden Tugenden bestätigt. Mögen wir auch in unserer Schwachheit stolpern – er sieht unsere Knospen. Der Feind hat es geschafft, die Gemeinde durch Anschuldigungen und Verurteilung zu zermürben, doch der Herr bestätigt ihr einen willigen Geist. Er wertschätzt schon ihr Verlangen als Sieg. Er definiert sie nicht über ihren äußeren Kampf.

   a. Er sieht das Sehnen, dass er selber in sie gelegt hat, und zwar ohne dabei ihre Sünde zu übersehen. Aber er sieht eben nicht nur unsere negativen Kämpfe.

   b. Sie hat das Verlangen, ihm hingegeben zu sein, deshalb nennt er sie in dem Symbol der Haare „meine Hingegebene" (4,3). Sie möchte ihre Zunge zügeln, so sagt er: „Deine Lippen sind wie Honig" (4,11).

   c. Mehrere Male wies der Herr die 12 Apostel wegen ihrer harten Herzen zurecht. Er hat sie erwählt und gesalbt, als sie geistlich noch unreif waren. Das gibt uns Hoffnung, dass Gott seine Diener salbt, während er noch an Dingen in ihrem Leben arbeitet.

4. Gideon, ein mächtiger, tapferer Mann.

   a. Als Israel von den Midianitern angegriffen wurde, versteckte sich Gideon in seiner Weinkelter (Richter 6). Gideon fürchtete sich, als sich die Midianiter anschickten, Israel zu zerstören. Der Engel nannte ihn jedoch: „Du streitbarer Held!" Der Herr sah die Stärke in Gideons Geist, eine Stärke, in der er jedoch noch nicht lebte.

   b. Der Engel wusste, dass er nicht im Glauben handelte. Der Herr nannte ihn gemäß dem, was er nach Gottes Absicht werden würde. Der Vater sah in Gideon den Samen des Mutes. Gott nannte ihn einen Mann mit Mut, obwohl er zu der Zeit furchtsam war, fortrannte und sich versteckte. Und doch: Gideon wurde zu einem der größten Führer Israels.

5. Der Herr sieht das Ende von Anfang her. Er sieht den Samen des Charakters in deinem Leben. Er kann so klare Aussagen über unser Leben machen, weil er schon das Ende kennt. Gott sieht die Ewigkeit. Der ewige Gott hat umfassenden Ein- und Durchblick und absolute Autorität. Er sieht die knospenden Tugenden und hat Macht, sie zur vollendeten Reife zu bringen.

6. Zu Petrus sprach er auf die gleiche Weise. Petrus hat Angst, als ihn die Magd konfrontiert, und deshalb verleugnet er den Herrn. Kurz zuvor hat der Herr Petrus noch „Fels" genannt, den Unerschütterlichen (Matth 16,18). Man könnte jetzt sagen: „Der ist doch kein Fels, denn der ist ja zu Kompromissen bereit!" Der Herr sah die Furcht und die Kompromisse, zudem seine Arroganz und Wankelmütigkeit. Petrus war in mancherlei Hinsicht unbeständig, und doch nannte Jesus ihn „Fels", den nicht zu erschütternden, den, mit dem man rechnen konnte.

G. Wir alle sehnen uns nach „Pflege", nach liebevollem Umsorgtwerden. Warum kommt es zu diesem Sehnen? Gott hat uns mit der Sehnsucht geschaffen, gewollt und begehrt zu sein. Jeder sehnt sich danach. Er hat uns mit dem Bedürfnis erschaffen, von Gott und von anderen gewollt zu sein, dass sie Freude an uns haben. Dieses Bedürfnis spiegelt sich auch in den beiden großen Geboten wider. Gott beantwortet unsere tiefste emotionale Sehnsucht auf tiefste Weise in seinem Sohn, Jesus.

IV. Die Schönheit der Braut Gottes – selbst in ihrer Unreife

„Siehe, schön bist du, meine Freundin. Siehe, du bist schön!" (4,1a,b)

A. Die grundlegende Offenbarung über die Reife der jungen Braut.

„Siehe, lieblich bist du“ oder „... du bist schön“.

1. Das Wort „lieblich“ wird in den meisten Übersetzungen mit „schön“ übersetzt. Diese Bestätigung ihrer Schönheit findet sich wiederholt im Hohelied (Kap. 1, Vs. 8, 15 und 16; Kap. 2, Vs. 10, 13 und 14; Kap. 4, Vs. 1, 7 und 10; Kap. 6, Vs. 4 und 10; Kap. 7, V. 1).

2. Er bricht das Schweigen, nachdem er sie zurechtgebracht hat, und ruft aus: „Du bist schön, meine Geliebte!“ Das ist eine der gewichtigsten Proklamationen Gottes für den menschlichen Geist. Gott macht klar, dass die Gemeinde selbst in ihrer Schwachheit aus seiner Sicht wunderschön ist. Jesu Schönheit spiegelt sich in seiner Gemeinde wider. Das anzunehmen bereitet vielen Christen Schwierigkeiten.

B. Es gibt vier Gründe, warum wir für Gott auch im Stadium geistlicher Unreife wunderschön und liebenswert sind.

1. *Das Geschenk der Gerechtigkeit durch das vollendete Werk am Kreuz.* Sie sieht ihre Lieblichkeit in der Gabe der Gerechtigkeit enthalten (2. Kor 5,21). Wir sind für ihn lieblich wegen dem, was er getan hat, nicht aus uns heraus. Er gab uns Kleider der Gerechtigkeit als Geschenk. Eine der gewichtigsten Feststellungen ist, dass Gott zerbrochene, schwache Menschen schön nennt wegen der duftenden Gewänder der Gerechtigkeit, die auf ihnen liegen. Er hat uns mit den gleichen schönen Gewändern umhüllt, die Jesus auch hat.

2. *Er hat uns bei der neuen Geburt einen willigen Geist gegeben.* Das Werk des Heiligen Geistes bewirkt ein Ja in unserem Geist, und das ist wunderschön für Gott. Dieser willige Geist sagt ja zu Gott, noch bevor wir irgendetwas äußerlich verändert haben. Der Mensch sieht

den willigen Geist, doch wenn der sich nicht durch Taten bewährt, nennt man es Heuchelei. Viele unterschätzen, wie bedeutend der willige Geist für Jesus ist. Die Bewegung unseres Herzens zu Gott hin ist das Werk des Heiligen Geistes. Nachdem David mit Bathseba gesündigt hatte, betete er: „... mit einem willigen Geist rüste mich aus“ (Ps 51,7).

3. *Das Wesen Gottes* – Die Leidenschaften und Freuden des Herzens Gottes bestimmen, wie Gott uns gegenüber fühlt. Schönheit liegt immer in den Augen des Betrachters. Es liegt an der Beschaffenheit des Herzens Gottes, dass wir für ihn schön sind. Unsere Schönheit hängt an Gottes emotionaler Ausstattung. Wäre er ein ärgerlicher Gott, dann wurde uns auch die Tugend eines willigen Geistes noch nicht schön erscheinen lassen. Die Art und Weise, wie er Menschen sieht, ist Ausfluss dessen, was in seinem Herzen ist, das bestimmt unsere Schönheit. Wenn jemand anders sich die gleichen Informationen anschauen würde, würde er uns wohl nicht „schön“ nennen.

4. *Ihre göttliche Bestimmung als die zukünftige Braut seines Sohnes.* Die absolute Gewissheit unserer Bestimmung als eine gekrönte, von Jesus angenommene Braut, die mit ihm auf dem Thron sitzt, ist fester Bestandteil unserer Schönheit.

C. Die Offenbarung seiner Zuneigung für die junge Braut.

„Meine Freundin (oder: *„meine Geliebte“*)“ (4,1)

1. Es gibt nichts Wichtigeres für unsere Reifung, Sicherheit, Ermutigung und unserem Trost als die Offenbarung von Gottes Zuneigung.

2. Der gewaltige Unterschied zwischen Menschen, die sehr schnell geistlich wachsen, und denen, die das eher nicht tun, liegt in der Erkenntnis der Zuneigung und

des herzlichen Erbarmens Gottes in Zeiten unserer Schwachheit. Mit dieser Erkenntnis rennen wir *zu ihm hin* statt *von ihm fort*.

D. Jesus betont die Bedeutung dieser Offenbarung über die Schönheit

„Siehe" (4,1).

1. Zum ersten Mal spricht er sie seit der Zeit der Zurechtbringung in 3,1-5 an. Dabei sagt er zweimal „Siehe", um seine Gefühle für sie zu betonen. Für Jesus ist es wichtig, dass wir sein Herz verstehen. Der Heilige Geist bringt es wie einen Trompetenstoß hervor: „Siehe, du bist wunderschön, du bist seine Geliebte."

2. „Siehe, du bist schön." Was für eine fantastische Art anzuzeigen, dass die Züchtigung vorbei ist. Wir brauchen das, damit unsere Herzen nicht hart werden. Für Gott ist das eine ungeheuer wichtige Aussage. Was folgt, ist die Beschreibung von acht Aspekten der Gerechtigkeit (4,1-5).

V. Die Beschreibung der reifen Gemeinde, seiner Braut (4,1c-5)

A. Jesus stellt prophetisch acht „knospende Tugenden" fest, die Teil seiner Strategie sind, um die unreife Gemeinde gegen die Anschuldigungen Satans auszurüsten. Er segnet diese acht unterschiedlichen Aspekte ihres Lebens, spricht sie so an, als wären sie schon ausgereift. Er gibt ihr einen neuen Namen, damit sie darin wachsen kann.

B. Gott sieht das Ende unseres Lebens schon am Anfang, wenn er uns beruft. Er sieht alles, was wir tun werden, bevor wir es noch getan haben. Schon von Anfang an hat er jede Sünde gesehen, die wir begehen werden.

C. Die Kombination der drei folgenden Erfahrungen bewirkt zusammen, dass sie zu einem völligen Gehorsam gelangt (4,6).

1. Zuerst empfängt sie göttliche Züchtigung und Zurechtbringung (3,1).

2. Dann erhält sie die neue Offenbarung von einem sicheren, zuverlässigen Jesus (3,6-11).

3. Jetzt erlangt sie die liebende Bestätigung von Jesus (4,1-5).

D. Der erste Charakterzug, den er schätzt, sind ihre Augen des Glaubens und der Offenbarung.

„Deine Augen leuchten wie Tauben hinter deinem Schleier hervor“ (4,1c).

1. „Augen“ sprechen von „sehen“, was sich hier auf Glauben und Offenbarung bezieht. Geistliche Augen sprechen von Unterscheidungsvermögen, Verständnis und Weisheit. Paulus sprach von Augen unseres geistlichen Verstehens.

   „... er gebe euch erleuchtete Augen des Herzens, damit ihr erkennt, ... wie reich die Herrlichkeit seines Erbes für die Heiligen ist“ (Eph 1,18).

2. Sie hat die Fähigkeit, die erlösende Wahrheit zu erkennen – das Werk am Kreuz, das leidenschaftliche Herz Gottes und den Wert völligen Gehorsams.

   „In jenen Tagen wird der Mensch blicken auf den, der ihn gemacht hat, und seine Augen werden auf den Heiligen Israels schauen“ (im Engl.: *„seine Augen werden Respekt vor dem Heiligen Israels haben“*) (Jes 17,7).

3. „Taubenaugen“ symbolisieren Reinheit, Unschuld und Treue. Der Heilige Geist wird als eine reine und unschuldige Taube dargestellt. Jesus bezieht sich auch in 1,15 auf ihre Taubenaugen. Sie hat Augen der Offenbarung, Augen des Heiligen Geistes.

    a. Er hätte sie in ihrer Unreife auch mit einer falschen Schlange vergleichen können, doch ist er von ihrer taubengleichen Aufrichtigkeit, Unschuld und Reinheit angetan.

    b. Eine Taube „heiratet“ niemals wieder, wenn ihr Partner gestorben ist. Daher ist sie einmalig in ihrer Treue.

    c. Taubenaugen können sich nicht auf zwei Dinge gleichzeitig richten. Das spricht von Gradlinigkeit in der Gesinnung und in der Ausrichtung – sie fühlt sich nicht in dem einen Moment bei ihm sicher, um dann im nächsten von Verdammnisgedanken übermannt zu werden.

    d. Der Heilige Geist wird bewusst als Taube dargestellt, nicht als irgendein anderes Tier. Einer Taube fehlt die Möglichkeit zum peripheren Sehen. Ihre Augen ruhen nur auf ihm statt auf den betrügerischen Lüsten oder auf ihrem Versagen oder ihrem Erfolg.

    „Das Auge ist das Licht des Leibes. Wenn dein Auge lauter ist, so wird dein ganzer Leib licht sein. Aber wenn dein Auge böse ist, so wird dein ganzer Leib finster sein.. Wenn nun das Licht, das in dir ist, Finsternis ist, wie groß wird dann die Finsternis sein!“ (Matth 6,21-23).

4. „Hinter deinem Schleier“ – absichtlich „versteckt“ sie Aspekte ihrer Offenbarung oder hält sie hinter ihrem Schleier zurück. Demütig verbirgt sie sich vor Gott.

a. Gott half dem Paulus, demütig zu sein, obwohl er eine Fülle von prophetischer Offenbarung „gesehen“ hatte. Ihr Vorhang dient als demütiger Schutz vor Gott. Das spricht von dem verborgenen Leben in Gott, ein Leben hinter einem Vorhang.

„Und damit ich mich wegen der hohen Offenbarungen nicht überhebe, ist mir gegeben ein Pfahl ins Fleisch, nämlich des Satans Engel, der mich mit Fäusten schlagen soll, damit ich mich nicht überhebe ... ‚Lass dir an meiner Gnade genügen; denn meine Kraft ist in den Schwachen mächtig‘“ (2. Kor 12,7-9).

b. Paulus hatte große prophetische Offenbarung, doch auch die Tendenz, sich selbst zu erhöhen, selbst als reifer Apostel.

5. Zusammenfassung: Dieser Vers spricht von Glauben und Offenbarung, bedeckt mit Demut, Reinheit und Treue gegenüber Gott. Sie ist durch Gnade „einfältig“.

E. Hingabe und Auslieferung der jungen Braut an Jesus.

„Dein Haar ist wie eine Herde Ziegen, die vom Gebirge Gilead hüpfen“ (4,1d).

1. Den zweiten Charakterzug beschreibt ihr Haar, was von Heiligung und Hingabe spricht. Das Haar der Nasiräer sprach von ihrer Heiligung und Hingabe (4. Mo 6). Jemand, der das Nasiräer-Gelübde abgelegt hatte, durfte sein Haar nicht mehr schneiden. Als Simson sein Haar schor, brach er das Gelübde. Er machte Kompromisse in seiner Hingabe an den Herrn und verlor seine Kraft. Das Schneiden der Haare zeigte, dass das Gelübde der Hingabe gebrochen war.

2. Haar spricht auch von der Schönheit der geistlichen Abdeckung und Unterordnung, also von ihrer Hingabe. In 1. Korinther weist das Haar auf die Herrlichkeit

der Frau und damit auf ihre Hingabe hin. Haar ist ein Teil der Schönheit einer Frau. Rein äußerlich krönt es sie. Deshalb wird das Haar als ein Bild gebraucht, um die innerliche Krönung mit guten Werken zu zeigen (1. Tim 2,9-10; 1. Petr 3,3-5).

„Eine Frau aber, die betet oder prophetisch redet mit unbedecktem Haupt, die schändet ihr Haupt ... will sie sich nicht bedecken, so soll sie sich doch das Haar abschneiden lassen. Weil's aber für die Frau eine Schande ist, dass sie das Haar abgeschnitten hat oder geschoren ist, soll sie das Haupt bedecken ... aber für eine Frau [ist es] eine Ehre, wenn sie langes Haar hat. Das Haar ist ihr als Schleier gegeben" (1. Kor 11,5-6,15).

3. Der Wandel der jungen Braut ist majestätisch und prächtig.

   „... wie eine Herde von Ziegen" (4,1c).

4. Die Sprüche zeigen uns, dass der Gang der Ziegen majestätisch und prächtig ist. Eine Herde Ziegen geht in stattlicher Ordnung.

   „Es gibt drei Dinge, die einen stattlichen Gang haben, und vier gehen stolz einher ... eine männliche Ziege ..." (Spr 30,29-31)

5. Ihre Hingabe, die der einer Herde Ziegen gleicht, spricht von ihrer Hingabe an Gott, die aus göttlicher Weisheit kommt, gepaart mit Würde und göttlicher Ordnung. Hingabe ohne fleischlichen Eifer ist selten (wie ihre früheren Erfahrungen von 1,5-7).

   a. Das ist nicht diese Art von fleischlichem Eifer, die eine falsche Hingabe an Gott vortäuscht. Fleischlicher Eifer zieht die Aufmerksamkeit auf sich selber. Das berührt weder Gott noch bringt es Menschen zu ihm.

b. Es gibt eine gewisse Stattlichkeit in der Art, wie die junge Braut ihre Hingabe lebt. Wir möchten, dass auch unsere Hingabe so „stattlich und majestätisch" ist.

6. Hingabe im Überfluss.

„... eine Herde Ziegen, die vom Gebirge Gilead hüpfen" (4,1c).

7. Der Gilead war ein fruchtbares Gebiet mit nahrhaften Plätzen, wo Ziegen reichlich fressen konnten. Die Gilead-Ziegen waren wohlgenährt.

   a. Ihre Hingabe kann überfließend sein, weil sie von der Liebe Gottes gut genährt wird.

   b. Wir möchten, dass auch unsere Hingabe reichlich vom Wort Gottes genährt wird. Das ist die wirksamste Diät, die unsere Hingabe stärkt.

8. Zusammenfassung: Dieser Vers spricht von geordneter und erfüllter Hingabe Gott gegenüber, die aus einer guten Ernährung durch die Heilige Schrift spricht.

F. Das Leben der jungen Braut im Wort.

„Deine Zähne sind wie eine Herde frisch geschorener ‹Schafe›, die aus der Schwemme heraufkommen, jeder hat seinen Zwilling, keiner von ihnen ist kinderlos" (4,2).

1. Der dritte Charakterzug wird durch ihre Zähne beschrieben. Wir haben eine dreifache Beschreibung ihrer Zähne, ausgedrückt in der Sprache der Landwirtschaft, denn das war ja der Hintergrund, aus dem die Sulamitin kam. Ihre Zähne sind stark, zahlreich und brauchbar. Der Herr spricht zu ihr in der Sprache, die ihr durch das Hüten der Ziegen und die Pflege der Weinberge vertraut war. Während des ganzen Hohe-

lieds wird die landwirtschaftliche Sprache als Metapher angewandt.

2. Zähne dienen unserem physischen Leib zur Aufnahme der Nahrung. Sie werden dazu benutzt, kräftige Nahrung zu essen, damit der Leib genährt wird. Babys haben noch keine Zähne, um Fleisch zu kauen. Zähne sprechen von der Fähigkeit, Fleisch zu kauen, das „Fleisch des Wortes Gottes" aufzunehmen.

   a. Paulus sagt, dass Babys in Christus das Fleisch des Wortes noch nicht essen können. Sie können es weder kauen noch verdauen. Paulus gebraucht die gleiche Symbolik. Die Korinther konnten nur „Milch" verkraften.

      „Ich konnte nicht zu euch reden wie zu geistlichen Menschen, sondern wie zu ... unmündigen Kindern in Christus. Milch habe ich euch zu trinken gegeben und nicht feste Speise; denn ihr konntet sie noch nicht vertragen" (1. Kor 3,1-2).

   b. Der Weg, wie Gottes Wort unser geistliches Leben ernährt, geschieht durch langes und liebendes Nachdenken über dieses Wort (Joh 5,39-40).

3. Geistliche Unterscheidung ohne fleischlichen Eifer.

   „... wie eine Herde frisch geschorener ‹Schafe›" (4,2a).

   a. Schafe wurden im AT zu den reinen Tieren gezählt.

   b. Geschorene Schafe bringen Wolle von gleicher Länge hervor, während die Wolle ungeschorener Schafe unegal („unausgeglichen") lang ist. Wolle spricht von fleischlichem Eifer.

   c. Die Priester Zadoks waren Priester, die Gott dienten. Sie mussten Leinen tragen und durften keine

Wolle anhaben, denn durch Wolle würden sie schwitzen. Wolle spricht geistlich von fleischlichem Eifer. Diese Priesterschaft musste zur Ruhe kommen. Es gibt eine geistliche Ausgewogenheit, die „Wolle" ist fort. Der fleischliche Eifer ist unter Kontrolle, sie zeigt göttlichen Eifer.

„Aber die levitischen Priester, die Söhne Zadoks, ... die sollen vor mich treten, um mir zu dienen ... wenn sie durch die Tore des inneren Vorhofs gehen wollen, sollen sie leinene Kleider anziehen und nichts Wollenes anhaben, solange sie in den Toren des inneren Vorhofs sind ... und sollen sich nicht mit Zeug gürten, das Schweiß wirkt" (Hes 44,15-18).

4. Die junge Braut hat im Blick auf das Wort Weisheit und Unterscheidungsvermögen.

   „... die aus der Schwemme heraufkommen" (4,2b).

   a. Die Schwemme, also das Waschen, spricht davon, vom Schlamm gereinigt zu sein, indem man das Wort in Weisheit und Ausgewogenheit empfangen hat. Weiß und rein ohne Beimengung von fleischlichen Motiven, das wird durch ein Leben in Gottes Wort ermöglicht.

      „... dass er sie reinigt durch die Waschung durch sein Wort" (Eph 5,26).

      „Jesus sagte zu ihm: ‚... ihr seid rein, aber nicht alle'" (Joh 13,10).

   b. Sie schwingt sich durch das Wort zu einem Leben in geistlicher Tiefe auf.

      „Darum legt ab alle Unsauberkeit und alle Bosheit und nehmt das Wort an mit Sanftmut, das in euch gepflanzt

ist und Kraft hat, eure Seelen selig zu machen" (Jak 1,21).

c. Das Wort Gottes bringt Unterscheidung von gut und böse. Sie weigerte sich, das für gut zu halten, was Jesus hasst. Sie brachte gut und böse nicht durcheinander.

„Und er sprach zu ihnen: ‚Ihr seid's, die ihr euch selbst rechtfertigt vor den Menschen; aber Gott kennt eure Herzen; denn was hoch ist bei den Menschen, das ist ein Gräuel vor Gott'" (Luk 16,15).

„Weh denen, die Böses gut und Gutes böse nennen, die aus Finsternis Licht und aus Licht Finsternis machen, die aus sauer süß und aus süß sauer machen!" (Jes 5,20)

„Und ihr, die ihr längst Lehrer sein solltet, ... habt es nötig, ... dass man euch Milch gebe und nicht feste Speise. Denn wem man noch Milch geben muss, der ist unerfahren in dem Wort der Gerechtigkeit, denn er ist wie ein kleines Kind. Feste Speise aber ist für die Vollkommenen, die durch den Gebrauch geübte Sinne haben und Gutes und Böses unterscheiden können" (Heb 5,12-14).

d. In diesem Prozess legen wir die Ichbezogenheit ab.

„Denn wir predigen nicht uns selber, sondern Christus Jesus, den Herrn" (2. Kor 4,5).

e. Als Paulus das Wort Gottes „aß", waren seine Zähne wie die der Schafe, die von der Schwemme kamen. Seine Motive waren durch das Wort gereinigt, er lebte frei von „Wolle" fleischlichen Eiferns.

5. Sorgfalt im Wort.

   „... jeder hat seinen Zwilling“ (4,2c).

   Zwillinge weisen auf reichliche Frucht hin. Die Schafe, die Zwillinge gebären, sind ein doppelter Segen für ihre Besitzer.

   „... und keiner von ihnen ist kinderlos“ (4,2d) – das spricht von Fruchtbarkeit und fruchtbarem Einfluss auf andere.

G. Zusammenfassung: Dieser Vers spricht vom liebenden Nachdenken über das Wort, das zu einem Leben führt, das rein ist, wie Schafe, die gerade aus der Schwemme kommen. Diese Reinheit der Zähne spricht von ihrer Hingabe an das Wort Gottes, ihrer Bereitschaft, darüber nachzudenken. Ihr Leben ist nicht nur rein und sauber, sondern auch mit reicher Frucht erfüllt, dabei frei von fleischlichem Eifer. Zudem hat sie Einfluss auf andere (1. Tim. 4,6-16).

H. Vom Heiligen Geist gesalbtes Reden.

   „Wie eine karmesinrote Schnur sind deine Lippen“ (4,3a).

1. Der vierte Charakterzug spricht von ihren Lippen bzw. ihrer verbalen Kommunikation.

2. Das Rot des Karmesin spricht vom Blut der Erlösung. Ihre Lippen sind wie eine karmesinrote Schnur.

3. Im AT steht diese rote Schnur für die kommende Erlösung durch das Blut Jesu. Als die Spione nach Jericho kamen, ließ Rahab die rote Schnur aus ihrem Fenster hängen, damit sie Erlösung für ihr Haus empfangen würde.

   „Sie aber band die rote Schnur ins Fenster“ (Jos 2,21).

4. Mose nahm Blut von Kälbern und Ziegen mit Wasser, Scharlach, Wolle und Ysop und besprengte sowohl das Buch des Gesetzes als auch die Menschen damit.

   „... nahm Mose das Blut der Kälber und Böcke mit Wasser und Purpurwolle und Ysop und besprengte sowohl das Buch selbst als auch das ganze Volk“ (Heb 9,19).

5. Unsere Lippen stehen unter dem Einfluss der Erlösung Jesu, d. h., diese rote Schnur beeinflusst unser Reden.

   a. Es geht darum, dass unser Reden Gnade offenbart (Kol 4,6). Ein gereiftes Leben zeigt sich an einem reinen Reden (Jak 2,3).

   b. Heilsames Reden ist ein Zeichen von Gottes Gnade auf unserem Leben (Eph 4,29).

6. An unseren Worten in Gebet und Anbetung sowie an unserer Ermutigung anderen gegenüber hat Gott Wohlgefallen. In Hohelied 2,14 sagt er: „Deine Stimme ist wohllautend, dein Angesicht lieblich.“ Der Grund dafür, dass die Stimme wohllautend ist (2,14), liegt darin, dass das karmesinrote (andere üs.: „scharlachfarbene“) Blut Jesu uns bedeckt und bewirkt, dass unsere Worte bei Gott als ein Wohlgeruch Christi ankommen (2. Kor 2,15).

7. Zusammenfassung: Die Gnade Gottes wird auf ihren Lippen erkannt. Wenn unsere Lippen durch den Heiligen Geist gesalbt sind, dann sind unsere Worte für Gott und die Menschen, denen wir dienen, angenehm.

I. Die enge Gemeinschaft der jungen Braut mit Gott.

„Dein Mund ist lieblich“ (4,3b).

1. Der fünfte Charakterzug beschreibt ihren Mund. Ihr Mund wird nicht gleichgesetzt mit ihren Lippen. Er

wiederholt sich nicht hier. Lippen sprechen im Hohelied vom Reden, der Mund spricht von ihrer Gemeinschaft mit Jesus. Wann immer das Wort „Mund“ im Hohelied gebraucht wird, führt es uns zum ursprünglichen Thema und auf ihre Lebensvision zurück: „Lass mich die Küsse deines Mundes kennen.“ Die Lippen sprechen vom Reden, der Mund vom Küssen, also von Intimität, den tiefsten Dingen Gottes.

2. Sie betet von Anfang an, die „Küsse seines Mundes“ erleben zu dürfen.

3. Er sagt: „Deine Küsse sind mir lieblich.“ Wenn wir Jesus unser Herz geben, erscheint es schwach. Aber Gott sagt: „Meinem Sohn gefällt es.“ Sie verlangte nach den Küssen seines Mundes, er wollte Gemeinschaft mit ihr. Der Mund seiner Braut war lieblich für Jesus. Der Herr liebt intime Gemeinschaft mit seinen Heiligen. Viele Gläubige können nicht verstehen, dass ihnen jemand auf diese Weise zugetan sein könnte. Die Liebe Gottes ist so tief und weit – „wer kann sie erfassen?“

4. Zusammenfassung: Gott erfreut sich daran, wie sie mit seinem Sohn Gemeinschaft hat, indem sie ihm ihr Herz gibt.

J. Die emotionale Beschaffenheit der Braut.

„Wie eine Granatapfelscheibe schimmert deine Schläfe hinter deinem Schleier hervor“ (4,3c,d).

1. Der sechste Charakterzug lässt sich an ihren Wangen ablesen. An ihrem Gesichtsausdruck lassen sich ihre Empfindungen ablesen.

   a. Mehrere Bibelübersetzungen gebrauchen das Wort Wangen statt Schläfen. Das hebräische Wort für Schläfen ist gleichzusetzen mit „Gesichtsausdruck“

oder „Wangen“, spricht auf jeden Fall von ihren Emotionen.

b. Unsere Gefühle werden leicht auf unseren Wangen sichtbar. Wenn jemand seine Gefühle nicht sehr verbirgt, dann kann man Ärger, Freude, Fröhlichkeit und Traurigkeit auf den Wangen erkennen. Die Wangen sind das Fenster der Emotionen.

2. Ihre Emotionen sind lieblich für Gott.

„Wie eine Granatapfelscheibe“ (4,3d)

a. Der Granatapfel war eine verbreitete Frucht, sie wird oft im AT erwähnt. Er zierte auch das Gewand des Hohepriesters. Der Granatapfel ist eine süße Frucht, innen rot. Die Empfindungen der Braut waren süß, ihr Gesichtsausdruck „rot“.

b. Granatäpfel sind rot und sehr süß. Ihre Gefühle sind lieblich, ihr Herz ist also angenehm für Gott.

c. Rot spricht von ihrer Sittsamkeit, ihrer Neigung zu erröten, wenn ihr schamvolle Dinge begegnen. Die Prostituierte hat kein Schamgefühl, errötet auch nicht in ihrer Sünde. Ihr Gesicht aber ist gerötet und lieblich für Gott. Das Rot zeigt eine Sensibilität schambesetzten Dingen gegenüber.

d. Ihre göttlichen Gefühle sind wie ein Stück süßer Granatapfel.

3. Ihr verborgenes Leben der Sittsamkeit und Zartheit ist echt und keine Zurschaustellung für Menschen.

„... hinter deinem Schleier“ (4,3c).

a. Sie führt ein Leben vor Gott im Verborgenen.

   b. Es gibt ein verborgenes Leben der Sittsamkeit und Zartheit. Es ist ursprünglich und keine Show vor Menschen.

4. Zusammenfassung: Ihre Emotionen sind göttlich und deshalb lieblich für Gott. Sie sind „süß" für Gott, aber nicht völlig göttlich. Wenn Gott Negatives und Positives an uns sieht, dann definiert er uns mehr nach dem Positiven, wir dagegen schauen mehr auf das Negative.

K. Der freie Wille der Braut steht entschlossen für Gerechtigkeit ein.

„Dein Hals ist wie der Turm Davids, der in Steinschichten (oder: *„mit Brustwehr"*) ***gebaut ist. Tausend Schilde hängen daran, alles Schilde von Helden"*** (4,4).

5. Der siebte Charakterzug wird von ihrem Hals, ihrem Nacken, der von ihrem freien Willen spricht, beschrieben.

   a. Der Nacken steht in der Heiligen Schrift für den Willen. Der Nacken kann entweder steif sein, was Widerstand bedeutet, oder unterwürfig.

   b. Wenn etwa ein siegreicher König eine andere Nation erobert hatte, setzte er dem unterlegenen Herrscher seinen Fuß in den Nacken. Das galt als Zeichen totaler Unterwerfung.

   c. Der Fuß auf dem Nacken eines geschlagenen Gegners bedeutete totale Unterordnung.

6. Ihr Wille ist gestärkt.

   „... wie der Turm Davids" (4,4a).

   a. Der Turm ist stark, aufrecht, stattlich. Sie war entschlossen.

b. Ihre Unterordnung und die Wahl, die sie getroffen hatte, waren kraftvoll, aufrecht und stattlich wie der Turm Davids.

c. Der Wille der Braut gleicht dem Herzen Davids (Ps 57,8). Das steht im Kontrast zu einem niedergedrückten und wankelmütigen Gläubigen.

7. Eine feste Entschlossenheit, Jesus zu gehorchen.

„*... für eine Rüstkammer gebaut*" (so 4,4b im Engl.)

a. In der Rüstkammer wurden die Waffen für den Krieg aufbewahrt. Ein entschlossener Wille, Gott zu gehorchen, ist wie ein Lagerhaus mit mächtigen Angriffswaffen gegen Satans Königreich. Nehemia 3,19 spricht von der Rüstkammer (dem „Zeughaus"), die neben dem Turm des Königs lag.

b. Ihre feste Entscheidung, Gott zu gehorchen, ist wie ein Waffenlager gegen das Reich Satans. Es war ein langfristiger, schon für spätere Zeiten gehorteter Entschluss, dem Willen Gottes zu gehorchen. In ihrem Gebet sagte sie: „Herr, ich werde dein sein." Das war für sie nichts Neues.

8. Der Wille der jungen Braut – ausgestattet mit Schutz- und Verteidigungsmöglichkeiten gegen den Feind.

„*Tausend Schilde hängen daran*" (4,4c).

„Tausend" steht für Fülle, eine Fülle von Verteidigungs- und Schutzeinrichtungen gegen den Feind.

9. Ihr Wille gleicht einem geübten Krieger.

„*... alles Schilde von Helden*" (4,4d).

a. Die Schilde eines geübten Kriegers sind im Kampf erprobt und bewährt. Das weist auf den Schild des Glaubens hin, der uns zum Schutz dient.

„Über allem aber nehmt den Schild des Glaubens, mit dem ihr fähig seid, die feurigen Pfeile des Bösen auszulöschen“ (Eph 6,16).

b. Diese Entschlossenheit ist der Schlüssel zum geistlichen Sieg. Es gibt keinen Ersatz dafür, unseren Willen einzusetzen, um ja zu Gott zu sagen. Der Herr wird seine eigenen Grenzen der Erlösung nicht verletzen, indem er jemanden zu diesem Ja zwingt.

c. Die Herrlichkeit der Erlösung liegt in freiwilliger Liebe, und unser Ja hat Macht über Satan. Satan kann uns nicht in Abhängigkeit bringen, wann immer er es will. Unser Wille muss mit seinem übereinstimmen. Unser Wille ist ein sehr wichtiges Werkzeug für unsere geistliche Verteidigung.

10. Zusammenfassung: Dieser Vers spricht von der entschlossenen Hingabe unseres Willens, der uns wie ein mächtiger Schild schützt. Der Wille der Braut gleicht dem Herzen Davids, als dieser betete, dass Gott sein Herz festigen möge.

    „Gefestigt ist mein Herz, o Gott, gefestigt ist mein Herz!“ (Ps 57,7)

11. Mitten in der Versuchung gibt es eine Herzensfestlegung. Wenn die dunkle Stimmung aufzieht und keine Gefühle da sind, dann lautet unser Bekenntnis angesichts der Versuchung, dass unser Herz sich darauf festgelegt hat, Gott zu suchen. Das ist ein mächtiger Schutz – wie seinerzeit die Armee Davids.

K. Die Fähigkeit der Braut, andere zu ernähren.

„Deine beiden Brüste sind wie Kitze, Zwillinge der Gazelle, die in den Lilien weiden“ (4,5).

1. Der achte Charakterzug spricht von der Fähigkeit, andere aufzuerbauen und zu nähren. Eine Mutter nährt ihr Baby mit Milch von ihren Brüsten.

2. Rehkitze sind jung und voller Energie, wenn es darum geht, an die Milch zu kommen.

3. Ihre zwei Brüste sprechen von einer doppelten Portion oder einer verdoppelten Fähigkeit zu ernähren, indem sie die Milch des Wortes weitergibt. Das steht im Kontrast zu Hohelied 8,8, wo der unreife Gläubige dargestellt wird als einer, der nicht ausgerüstet ist, andere zu ernähren und aufzuerbauen.

4. Diese Kitze sind fruchtbar und rein.

   „... die in den Lilien weiden“ (4,5c).

   a. Die Kitze sind fruchtbar, weil sie unter den Lilien weiden, was von Reinheit und Unschuld spricht. Die reine, weiße Unschuld der Lilien spricht von der Herrlichkeit Gottes.

   b. In 2,1 weist sie darauf, dass sie die Lilie des Tales ist.

   c. Jesus weidet die ganze Gemeinde, worauf der Plural „Lilien“ deutet (2,16).

5. Zusammenfassung: Jesus bestätigt, dass sie die Fähigkeit hat, andere Menschen zu ernähren. Jesus verspricht, dass er ihr eine Silberkette machen will als Zeichen eines fähigen Dieners des Bundes (1,10).

VI. Ihre Hingabe ist Voraussetzung für einen reifen Dienst

„Wenn der Tag verhaucht und die Schatten fliehen, will ich zum Myrrhenberg hingehen und zum Weihrauchhügel" (4,6).

A. Ein Leben in vollkommener Hingabe ist Voraussetzung für alle. Hier haben wir einen der großartigsten Verse in diesem Buch. An diesem Punkt wendet sich ihr Leben.

„Ich will zum Myrrhenberg gehen" (4,6c).

1. Berge weisen auf Hindernisse hin, die Glauben und Gehorsam hindern. Jesus hat sich selbst ihr offenbart als „Herr über alles", der mühelos über alle Berge des Widerstands springt (2,8-9).

2. Myrrhe ist ein Harz für Begräbnisse, was vom Tod Jesu spricht.

3. Es gibt zwei Teile bei der Botschaft des Kreuzes.

   a. Der erste Teil: Was er für uns tat.

   b. Der zweite Teil: Dass wir uns selber verleugnen, indem wir unser Kreuz aufnehmen und ihm folgen (Luk 9,26).

   c. Es ist der *Berg* der Myrrhe, kein kleiner Hügel. Es kostet ihr Fleisch einiges, Gott radikal zu gehorchen.

B. Das Gebetsleben der jungen Braut

„Ich will zum Weihrauchhügel gehen" (4,6c).

1. Weihrauch spricht von ihrem Gebetsleben. Der Weihrauch vor Gottes Thron spiegelt die Gebete der Heiligen wider. Unser Gebetsleben gibt unserer Seele Kraft, das Kreuz der Selbstverleugnung anzunehmen.

a. David sagte:

„Lass als Rauchopfer vor dir stehen mein Gebet“ (Ps 141,2).

b. Die 24 Ältesten fielen vor Jesus nieder, jeder hatte eine goldene Schale, gefüllt mit Weihrauch: die Gebete der Heiligen.

„... die vier lebendigen Wesen und die 24 Ältesten fielen nieder vor dem Lamm, jeder hatte eine Harfe und eine goldene Schale, gefüllt mit Weihrauch, welches die Gebete der Heiligen sind“ (Offb 5,8).

c. Weihrauch findet sich auch im himmlischen Tempel.

d. Sie sagt ja zu dem „Berg“ der Selbstverleugnung, der aber nur im Gebet zu ersteigen ist. Jesus ermahnt Petrus zu beten, weil er vor der Versuchung steht, dem Fleisch nachzugeben (Matth 26,40).

2. Der Weihrauchhügel ist viel kleiner als der Myrrheberg. Sogar ein kleiner Gebetshügel bereitet uns vor, große Hindernisse zu bejahen. Der Herr belohnt uns so gut. Der Herr hört unsere Gebete, weil unsere Stimmen angenehm für ihn sind. Wir brauchen den Weihrauchhügel, was von Gebet und Fasten spricht, während wir den Herrn suchen.

   a. Der Myrrheberg ist zu hoch, wenn wir nicht auf dem kleineren Weihrauchhügel leben. Der Hügel ist kleiner als der Berg. Die Bedeutung ist, dass wir nicht Tag und Nacht bei jeder Versuchung beten müssen. Ein wenig Gemeinschaft mit dem Herrn hat schon eine große Wirkung.

   b. Ein wenig reicht weit. Gott wird unsere Gebetszeit verlängern. Wir brauchen nicht für alles, was wir tun, eine 24-Stunden-Nachtwache zu halten. Der

Herr lehrte, dass uns das Gebet hilft, Versuchungen zu überwinden (Matth 26,41).

3. Die Entschlossenheit, auf den Myrrheberg zu steigen, wird nie erfolgreich sein, wenn wir nicht auf dem Weihrauchhügel leben.

4. Sie erkennt die Notwendigkeit, sich tiefer mit seinem Tod zu identifizieren.

   „... will ich hingehen“ (4,6).

   a. Sie verpflichtet sich, auf den Myrrheberg zu gehen, also die Bequemlichkeitszone zu verlassen und die Leiden Christi anzunehmen. Das spricht von ihrer Entschlossenheit, alles anzunehmen, was der Herr ihr auferlegt, um in Partnerschaft mit ihm zu leben. Da gibt es nichts, das sie vom Gehorsam abhalten kann.

   b. Sie ist damit einverstanden, sich mit seinem Tod zu identifizieren.

      „... damit ich ihn erkenne ... und die Gemeinschaft seiner Leiden und so seinem Tod gleichgestaltet werde“ (Phil 3,10).

5. Schließlich sagt sie ja zu dem Missionsbefehl von 2,10-13. In 4,6 wiederholt sie das Gebet von 2,17, welches zeigt, dass Ausdauer im Gebet ein Teil des biblischen Musters ist.

6. „Ich will gehen!“ Wie herrlich diese Worte für Gott sind! Er umwarb sie und brachte sie zu einer hundertprozentigen Entschlossenheit des Gehorsams. Er hat ihr gesagt: „Deine Zähne erfreuen sich am Wort Gottes. Du bist geübt, Menschen zu nähren. Deine Gemeinschaft ist mir lieblich.“ Sie antwortet: „Ich werde gehen! Ich will bei dem Einen sein, der mich so sehr

liebt." Sie erhebt sich nun ganz über ihre Furcht. Es liegt eine Freiheit in einem Leben ohne Furcht, darin, herauszukommen aus aller Angst, hinein in den vollkommenen Willen Gottes.

7. Sie macht sich auf den Weg (4,6b). Gottes Weg der Züchtigung ist für jeden von uns anders. Imitiere keinen anderen auf seiner Reise, denn Gott wird dich einen einmaligen, maßgeschneiderten Weg führen.

   a. Burnouts stellen sich dann ein, wenn man sich aufgrund des Wortes eines anderen zum Myrrheberg aufmacht, vielleicht auch noch eingespannt in das Joch eines anderen. Es ist *dein eigener* Weg zum Myrrheberg.

   b. Es ist wichtig, dass es dein Weg ist. Gott ruft jeden Einzelnen auf seine eigene, individuelle Reise. Du kannst nicht den Weg gehen, den dein Freund geht. Es ist sehr wichtig, dass du deinen einmaligen Weg zu dem Myrrheberg gehst – und nicht den Weg, den vielleicht ein anderer gegangen ist, dessen Biographie dich gefesselt hat.

C. Sie verpflichtet sich weiterzumachen, bis alle Kompromisse verschwunden sind.

„Wenn der Tag verhaucht und die Schatten fliehen" (4,6a).

1. Schatten spricht von den Grauzonen der Schwachheit und der Kompromisse. Diese Schatten (oder die „kleinen Füchse"; 2,15) waren immer noch in ihrem Leben. Sie ist hingegeben, weiter auf dem Myrrheberg zu bleiben, bis alle Schatten – Gebiete der Schwachheit – offenbar sind und sie mit ihnen abgeschlossen hat.

2. „Tag" spricht von einer Zeit des Sieges, wenn man in hellerem Licht lebt, ohne Schatten.

3. Das Morgenlicht bringt schließlich einen neuen Tag hervor, eine neue Zeit des Durchbruchs, nachdem man die Nacht über gekämpft hat. Das spricht von einer Zeit der Fülle des Lichts, entweder dem Tag der Ewigkeit, wenn wir in der Gegenwart des vollen Tages leben, oder es spricht von einer Zeit des Sieges, wo wir auf Erden in größerem Licht leben. In beiden Fällen wird sie ja sagen zu dem Myrrheberg, während sie auf dem Weihrauchhügel um Hilfe bittet.

VII. Ein neues Reden Jesu zur Bestätigung

„Alles an dir ist schön, meine Freundin, und kein Makel ist an dir“ (4,7).

A. Jesus lässt ein neues Wort der Bestätigung an sie ergehen.

„Alles an dir ist schön, meine Freundin“ (4,7a).

a. „Schön“, „wunderschön“ – die Bibelübersetzungen geben das Wort unterschiedlich wieder. Dreizehn Mal wird sie im Hohelied so genannt, bislang achtmal.

b. Er fügt das Wort „alles“ hier zum ersten Mal hinzu, nachdem er ihre Entschlossenheit von 4,6 erkannt hat.

2. Jetzt fasst er ihr Leben zusammen.

„... und kein Makel ist an dir“ (4,7b).

3. Wir können nicht daraus schließen, dass sie keine Sünde in sich hat. Sie hat den zweifachen Test von 5,2-8 noch nicht bestanden. Er sieht ihre Willigkeit, das Kreuz anzunehmen. Der Herr definiert sie nach ihrem willigen Geist und nicht nach ihrem schwachen Fleisch. Sie ist noch nicht völlig ausgereift, aber Jesus wert-

schätzt schon ihr Sehnen, in dem Licht zu leben, das sie bisher erlangt hat.

4. Sie ist lieblich für Jesus.

„Euer Schmuck soll nicht äußerlich sein wie Haarflechten, goldene Ketten oder prächtige Kleider, sondern der verborgene Mensch des Herzens im unvergänglichen Schmuck des sanften und stillen Geistes: das ist köstlich vor Gott. Denn so haben sich vorzeiten auch die heiligen Frauen geschmückt, die ihre Hoffnung auf Gott setzten und sich ihren Männern unterordneten“ (1. Petr 3,3-5).

VIII. Der Aufruf zum geistlichen Kampf

„Mit mir vom Libanon, meine Braut, mit mir vom Libanon sollst du kommen, sollst herabsteigen vom Gipfel des Amana, vom Gipfel des Senir und Hermon, weg von den Lagerstätten der Löwen, von den Bergen der Leoparden“ (4,8).

A. Die Offenbarung der Braut (4,8a)

„Meine Braut“ (4,8a).

a. Zum ersten Mal nennt er sie „meine Braut“. Im Hohelied verbindet der Herr oftmals die beiden Anreden „meine Schwester“ und „meine Braut“. Aber in diesem Fall fügt er nicht den anderen Titel „meine Schwester“ hinzu. Sie ist nicht länger das unreife Mädchen. Jetzt fängt sie an, als Braut zu leben. Es ist kein Zufall, dass er sie hier zum ersten Mal als seine Braut bezeichnet.

b. In den nächsten vier Kapiteln sehen wir die Entwicklung der reifen Braut. Nachdem sie gesagt hat: „Ich will gehen“, antwortet er: „Du bist schön.“ Es ist die Reife, die eine Braut zur Braut macht. Dieses große Erbe ist ein ewiger Begleiter, eine von Liebe erfüllte Braut, die mit ihm im gleichen Joch lebt. Die Braut wird die gleiche Intensität der Liebe für Jesus haben, die er für sie hat.

c. Das Kreuz ist nicht das letzte Ende. Durch das Kreuz kommt Jesus zu seiner ewigen Braut, der Vater zu seiner ewigen Familie.

d. Der alles übertönende Ruf und das Bekenntnis, über das sich der Leib Christi definiert, wird der Ruf der Braut sein. Hosea sah schon vor 2.700 Jahren in die Zukunft und proklamierte: „Es wird einen Tag geben, an dem sie zu Jesus sagen werden: ‚Mein Ehemann'" (Hos 2,16). Der Geist und die Braut werden zu einer noch nie da gewesenen Einheit kommen (Offb 22,17). Es wird ein bräutlicher Ruf sein. Vom Geist und der Braut wird der Ruf Gottes an die letzte Generation ausgehen.

2. Jesu Einladung zu zweierlei Art geistlicher Aktivität (4,8).

   a. „Schau von der Höhe herab" (4,8; so im Engl.; REÜ und Luther schreiben „steige herab") – sie soll seine Sichtweise, eine himmlische Perspektive, annehmen. Wenn wir nur die Schwierigkeiten der Umstände vom natürlichen Standpunkt aus sehen, werden wir entmutigt. Wir müssen zu ihm kommen und sie von der Ewigkeitsperspektive aus sehen, um im geistlichen Kampf zu siegen.

   b. „Mit mir ... sollst du kommen" (4,8a) – sie soll sich in die intime Partnerschaft mit ihm begeben. Auf den Höhen des Libanon – wo es Löwen und Leoparden gibt (geistlicher Kampf). Sie gehorcht der ursprünglichen Herausforderung, die ihr in 2,10 u. 13 gegeben wurde.

3. „Vom Libanon" (4,8a) – die Berge des Libanon waren gefährlich, waren aber für ihre Schönheit und dafür, dass dort starke Zedern wuchsen, bekannt. Der Libanon besteht aus einer großen Bergkette im nördlichen Teil Israels. Für israelische Verhältnisse ist das groß, nicht jedoch im Vergleich zu anderen Gebirgsketten.

   a. Jesu Gestalt gleicht dem Libanon (5,15): Der Libanon ist auch voll duftender Blumen (4,11; Hosea 14,6), die Herrlichkeit des Libanon wird in Jesaja 35,2 erwähnt.

   b. Mose sehnte sich danach, den Libanon zu sehen (5. Mo 3,25). Mose bat den Herrn, ihm zu erlauben, die Berge des Libanon zu sehen.

   c. Salomo baute ein Sommerhaus in den Wäldern des Libanon. Er baute dieses Haus, um seine Braut dorthin zu bringen. Manchmal wohnte er auch selbst dort.

4. „Die Gipfel des Amana, vom Gipfel des Senir und Hermon" (4,8b,c) – dies sind zwei hohe Bergspitzen des Libanon. Das spricht davon, in himmlischen Orten mit ihm zu sitzen. Beide Bergspitzen sind fruchtbar und auf der Ostseite des Jordan gelegen. Sie sind hoch und geben einen Blick in das Verheißene Land auf der Westseite des Flusses frei.

   a. Es ist interessant zu sehen, dass mit „Libanon" sowohl ein geographisches Gebiet als auch eine Bergkette bezeichnet wird. Auch ist beachtenswert, dass die Bergspitzen des Libanon auf der Ostseite des Jordans liegen.

   b. Sie waren sehr hoch und gaben Einblick in das Verheißene Land. Wenn man auf den Gipfeln des Libanon stand, konnte man südlich und westlich über den Jordan blicken und das Verheißene Land sehen.

c. „Senir und Hermon“ – ein Berg mit zwei Namen. Senir und Hermon sind zwei unterschiedliche Namen für denselben Berg. Der Hermon wurde von den Amoritern Senir genannt (5. Mo 3,8-9).

d. Als Israel die Ammoniter auf der Ostseite besiegte, kletterten sie auf die Spitze des Berges, um das Land Kanaan auf der Westseite zu sehen, bevor sie dann den Jordan überquerten, um es in Besitz zu nehmen.

e. Israel besiegte zwei Könige der Amoriter (5. Mo 3,1-11) – Og, den König von Basan, und Sihon, König von Hesbon. Der Amoriterkönig musste besiegt sein, bevor Israel den Berg besteigen konnte. Das ist ein Bild dafür, das Fleisch besiegen zu müssen.

f. „Amana“ – der Amana wird sonst nirgendwo in der Bibel genannt, aber man glaubt, dass es die Bezeichnung für einen Höhenzug neben dem Hermon ist.

5. „... von den Lagerstätten der Löwen, von den Bergen der Leoparden“ (4,8d,c).

Satan wird der brüllende Löwe genannt, der verschlingen will (1. Petr 5,8). Sie kämpft gegen die Löwen und Leoparden, die ihr Opfer verschlingen wollen. Das spricht von dämonischen Mächten und Fürstentümern (Eph 6,10-12).

a. Hier haben wir ein Bild von geistlicher Kampfführung. Sie nimmt nach Gottes Absicht ihren Platz als Liebhaberin Gottes ein, aber auch als eine Kämpferin an seiner Seite. Sie, die Braut, ist eine anbetende Kämpferin.

b. Psalm 76,5 nennt diese Berge die „Berge des Raubes“, wegen der wilden Tiere, die dort umherstreifen und Menschen angreifen. Die Höhle der Löwen befindet sich in den Bergen.

c. Habakuk 2,17 spricht davon, dass die Tiere die Kinder Israel auf dem Berg des Libanon zur Beute haben und sie erschrecken.

d. In Psalm 57,5 spricht David von seinen Feinden als von Menschen, die wie Löwen sind, die das Feuer der Gewalt gegen ihn in sich tragen. Sie suchten David zu zerstören. Diese Männer waren so grausam und gefräßig wie Tiere. Sie hatten ein tierisches Herz, das darauf ausgerichtet war, die Diener Gottes zu verderben.

Kapitel 12

Das geraubte Herz des himmlischen Bräutigams (4,9-5,1)

„Du hast mir das Herz geraubt, meine Schwester, meine Braut. Du hast mir das Herz geraubt mit einem einzigen Blick aus deinen Augen, mit einer einzigen Kette von deinem Halsschmuck. Wie schön ist deine Liebe, meine Schwester, meine Braut! Wie viel köstlicher ist deine Liebe als Wein und der Duft deiner Salben als alle Balsamöle! Honigseim träufelt deine Lippen, meine Braut. Honig und Milch ist unter deiner Zunge, und der Duft deiner Gewänder gleicht dem Duft des Libanon.
‚Ein verschlossener Garten ist meine Schwester, meine Braut, ein verschlossener Born, eine versiegelte Quelle. Was dir entsprosst, ist ein Lustgarten von Granatapfelbäumen samt köstlichen Früchten, Hennasträuchern samt Narden, Narde und Safran, Würzrohr und Zimt samt allerlei Weihrauchgewächsen, Myrrhe und Aloe samt allerbesten Balsamsträuchern. Eine Gartenquelle bist du, ein Brunnen mit fließendem Wasser und Wasser, das vom Libanon strömt.‘
‚Wach auf, Nordwind, und komm, Südwind! Lass duften meinen Garten, lass strömen seine Balsamöle! Mein Geliebter komme in seinen Garten und esse seine köstlichen Früchte!‘
‚Ich komme in meinen Garten, meine Schwester, meine Braut. Ich pflücke meine Myrrhe samt meinem Balsam, esse meine Wabe samt meinem Honig, trinke meinen Wein samt meiner Milch. Esst Freunde, trinkt und berauscht euch an der Liebe‘“ (4,9-5,1).

I. Übersicht über 4,9-5,1

Jesus umwirbt seine Braut. Er lud sie ein, mit ihm in bräutlicher Partnerschaft zu leben, als er ihr gebot, mit ihm auf die

Berge zu gehen (2,10). Sie antwortet in 4,6 mit der Absicht zu gehorchen. Jetzt offenbart er ihr seine Leidenschaft, zeigt ihr, wie sehr er sich an ihr erfreut und sich nach ihr sehnt (4,9-10). Er vergleicht sie mit einem blühenden Garten, was von ihrem göttlichen Lebensstil und ihrem fruchtbaren Dienst spricht (4,11-15). Dann bittet sie, dass er zu ihr kommt (4,16).

II. Das geraubte Herz Gottes – Einführung

„Du hast mir das Herz geraubt, meine Schwester, meine Braut. Du hast mir das Herz geraubt mit einem einzigen Blick aus deinen Augen, mit einer einzigen Kette von deinem Halsschmuck“ (4,9).

A. Das „geraubte Herz Gottes“ umwirbt sie während dieser Phase ihrer Reise. Diese Offenbarung rüstet sie zum Gehorsam aus. In 4,6 hat sie schon die Entscheidung zu radikalem Gehorsam getroffen, ein Gehorsam, den sie in 5,2-8 unter Beweis stellt. In Kapitel 4 bereitet er die junge Braut für die Prüfung von Kapitel 5 vor.

B. Wenn ich einen Ausdruck herausnehmen sollte, um dem Hohelied einen Titel zu geben, dann würde ich es „das geraubte Herz Gottes“ nennen. Dieser eine Ausdruck fasst das ganze Buch zusammen.

C. Definition des „geraubten“ Herzens.

1. *Geraubt* (Webster New Collegiate Dictionary): „überwunden sein von Gefühlen der Freude und des Entzückens; außergewöhnlich attraktiv, erfreuend oder beeindruckend“

2. *Geraubt* (Webster's): „vor Freude und Entzücken hingerissen sein; große Freude und Wonne verursachend; hingerissen; Ekstase“

3. Synonyme für „geraubt“: „Wonne, bezaubert, gefangen genommen, angezogen, hingerissen, gefesselt, elektrisiert, entzückt, fasziniert“

D. Jesu Herz ist angefüllt mit außergewöhnlicher Leidenschaft für sein Volk. Es ist großartig zu wissen, dass Gott mit Gefühlen erfüllt ist. Gott beschreibt sein eigenes Herz als eins, das überwunden ist von Empfindungen der Freude über sein Volk, das er außergewöhnlich attraktiv findet. Er fühlt diese Empfindungen sogar noch unreifen Gläubigen gegenüber. Menschen empfinden es als schwierig, diese Wahrheit der leidenschaftlichen Gnade Gottes zu erfassen. Der Heilige Geist will dieses göttliche Umwerben offenbaren (Rö 5,5).

E. Paulus ermutigt die Gemeinde, die Festungen der Gedanken zu durchbrechen (2. Kor 10,4-5). Solch eine Gedankenfestung ist eine Ansammlung von Gedanken, die mit dem Teufel und nicht mit Gott übereinstimmen, falsche Gedanken, die sich gegen die Wahrheit erheben, wer Gott ist und wer wir für Gott sind. Wir zerstören Festungen, indem wir damit übereinstimmen, wie Gott denkt und fühlt. Falsche Gedanken über Gotteserkenntnis zerstören die Intimität mit Gott. Diese Erkenntnis über Gottes Herz befähigt uns, ihm mit leidenschaftlicher Liebe und Dankbarkeit zu begegnen.

F. Beim letzten Abendmahl (Joh 13-17) bereitet Jesus seine Jünger vor, Gott leidenschaftlich zu lieben – auch unter dem Druck innerer Enttäuschungen, Verfolgungen, Versuchung. Bei dieser Gelegenheit sprach er wiederholt von Gottes liebendem Sehnen nach ihnen. Doch er sagte ihnen auch, dass sie ihn in jener Nacht *alle* verleugnen würden (Matth 26,31). Mit anderen Worten, diese Bestätigung seiner Liebe wurde schwachen, doch aufrichtigen Gläubigen gegeben – und nicht nur starken und gereiften. Jesus betonte beim Letzten Abendmahl, dass Gottes liebendes Sehnen ihnen gegenüber nicht geringer war als das Maß der Liebe, das der Vater für den Sohn hat:

1. Das „Maß an liebender Zuneigung und Freude des Vaters“ für Jesus ist der Standard von *der Zuneigung des Sohnes zu uns.* Jesus erklärte: „Wie der Vater mich liebt, so liebe ich euch“ (Joh 15,9a).

2. Ebenso ist dieses „Maß an liebender Zuneigung und Freude des Vaters“ für Jesus gleich der *Zuneigung des Vaters für uns.* Jesus betete: „Dass die Welt erkennt, dass der Vater die Gemeinde genauso liebt, wie er Jesus geliebt hat“ (Joh 17,23d).

3. Ebenso hat das „Maß liebender Zuneigung und Freude des Vaters“ für Jesus die *Qualität der Zuneigung, die der Gemeinde zugeteilt ist.* Jesus betete: „Dass die Liebe, mit der der Vater ihn geliebt hat, auch in der Gemeinde sei“ (Joh 17,26c).

G. Gottes geraubtes Herz ist das Zentrum der Endzeitgemeinde.

1. Die Herrlichkeit des Reiches Gottes ist die Person Jesus Christus selbst. Die Erkenntnis über seine Empfindungen ist wichtig für ein starkes Fundament der Gnade. Die Herrlichkeit des Evangeliums wird uns größer durch das Verständnis einer außergewöhnlichen Leidenschaft, die in der Persönlichkeit Gottes liegt. Es genügt nicht zu wissen, *was* er für uns am Kreuz getan hat, auch reicht es nicht zu erkennen, *was* er bei der kommenden Erweckung oder in Ewigkeit tun wird. Der Heilige Geist möchte, dass wir erkennen, *wie er fühlt und wonach er sich tief in seinem Herzen sehnt.*

2. Das gibt uns Einblick darin, *warum* er tut, was er tut. Wenn wir wissen, wie er fühlt, dann verstehen wir das Kreuz, die kommende Erweckung und auch unsere ewige Herrlichkeit im Himmel besser.

3. Gottes außergewöhnliche Leidenschaft wird uns durch den Heiligen Geist in der Generation, in der der Herr wiederkommt, neu offenbart.

4. Das Hohelied offenbart uns diese göttliche Leidenschaft, das ist der Mittelpunkt. Das Verständnis über die Leidenschaft wird zur Quelle der Gnade für unser persönliches Wachstum in heiliger Leidenschaft. *Es ist es wert, diese Leidenschaften in der Persönlichkeit Gottes eifrig zu studieren.*

III. Das christliche Modell („Paradigma“) von Gott – ein Gott mit tiefen Empfindungen

A. Der Gott, wie er uns im Neuen Testament gezeigt wird, war damals ein neuer Gedanke in der Glaubensgeschichte. Seit Jesu Auftreten liegt darauf die Betonung.

1. In der jüdischen Tradition wurde vorrangig betont, dass Gott heilig war in dem Sinn, dass er vollkommen getrennt war von Sünde. Sie verstanden auch seine *Heiligkeit* so, dass er vollkommen anders war als alles, was existierte. Das AT zeigt klar, dass die Juden in ihrer gedanklichen Ausrichtung Gott nicht in der Art verstanden, wie er sich ihnen selber offenbart hat. So dachten etwa die Schriftgelehrten im AT mit keinem Gedanken daran, dass ein heiliger Gott unsere menschlichen Erfahrungen teilt. Sie gingen sogar davon aus, dass er dazu gar nicht in der Lage sei, einfach deshalb, weil er Gott war. Allein schon sein „Gottsein“ ließ den Gedanken nicht zu, er könne unser menschliches Dilemma mit uns teilen.

2. Manche griechischen Philosophen hatten eine noch verkehrtere Sicht von Gott. Sie sahen ihn als einen, der sich emotional zu andern auf Abstand hielt. Zu den bekanntesten griechischen Denkern zählten die Stoiker. Sie sahen Gott als *apatheia* an, womit sie mein-

ten, dass Gott unfähig war, überhaupt zu empfinden. Wenn wir von einem Stoiker sprechen, dann denken wir an jemanden, der keine Emotionen hat oder sie zumindest nicht zeigt. Deshalb war die Logik folgende: Wenn Gott etwas fühlen würde, dann würde er ja beeinflusst werden von dem, was er fühlte, und könnte davon sogar kontrolliert werden. Die Stoiker argumentierten, dass jemand, der Sorge oder Freude spürt, empfindsam ist für Verletzungen und dadurch kontrolliert werden könnte durch die, für die er diese Empfindungen hegt. Deshalb musste der, der Freude oder Schmerz verursachte, jedenfalls für den Moment, größer sein als der, den es betraf. Wenn man Gefühle für jemanden hat, kann es sein, dass man von ihm verletzt wird – und deshalb kann man in gewisser Weise von ihm kontrolliert werden.

a. Deshalb glauben die Stoiker, dass es keinem Menschen möglich war, Gottes Empfindungen zu beeinflussen, denn das würde ihn ja – zumindest für den Moment – größer machen als Gott. Sie folgerten, dass, so wie Gott ist, er nicht kontrolliert und deshalb emotional nicht beeinflusst werden kann. Er hatte keine Gefühle, stand jenseits derartiger Empfindungen.

b. Für sie wäre ein Gott, der, wie ein Mensch, traurig oder froh sein konnte, ein kontrollierbarer Gott. Deshalb kamen sie auf den Gedanken der Apathie – ein Gott, der nicht in der Lage ist zu empfinden. Um ein Gott zu sein, der alles unter Kontrolle hat, musste er vollkommen anders sein.

c. Ein angesehener griechischer Philosoph namens Plutarch predigte, es sei eine Blasphemie zu denken, Gott würde sich so erniedrigen, dass er sich sorgt oder beeindruckt ist von den Dingen dieser niedrigen Welt.

3. Eine andere griechische Schule war die der Epikuräer. Sei glaubten, dass die Götter in ewiger Freude und Wonne leben. Sie lebten irgendwo in einer Welt zwischen den Welten. Deshalb waren sie sich der Vorgänge auf unserer Welt nicht bewusst. Sie waren vollkommen abgeschnitten von menschlichen Dingen und lebten in ihrer Sphäre in großer Freude und Herrlichkeit, abgeschottet von allem Menschlichen.

B. Die Juden hatten das Bild des heiligen Gottes, die Stoiker glaubten an den einen teilnahmslosen, „apathischen“ Gott und die Epikuräer glaubten an Götter, die völlig losgelöst von unserer Welt waren. In dieses Klima religiöser Verstellungen brach das christliche Paradigma eines Gottes ein, der freiwillig die menschlichen Erfahrungen teilt. Das war ein unglaublicher Gedanke – ein Gott, der freiwillig jede menschliche Erfahrung auf sich nahm und sich selbst Schmerz, Schwachheit und Versuchung aussetzte.

C. Für die herrschende religiöse Meinung, besonders für die Juden des ersten Jahrhunderts, war das unvorstellbar: ein heiliger Gott, der sich in das Gewand der Menschlichkeit hüllt und der dann selbst den Zorn Gottes am Kreuz erträgt.

1. Es ist für uns kaum zu ermessen, wie radikal diese Gedanken waren, mittels derer sie ihre Sicht über Gott ändern sollten. Für uns ist es schwer vorstellbar, wie dramatisch das christliche Paradigma Gottes mit all dem, was es beinhaltet, ist.

2. Jahrhundert für Jahrhundert wurden die Menschen mit dem Gedanken an einen unberührbaren Gott konfrontiert und betrogen. Dann entdeckten sie den Einen, der durch all das ging, durch das er gehen musste. In Jesus beten wir den Einen an, der alles ertrug, was Menschen erdulden müssen.

D. Die beiden wesentlichen Umdenkungsprozesse bezogen sich auf Gottes Erbarmen und die Qualität seines Mitleidenkönnens. Eine völlig neue Denkweise über Gott!

E. Einige Menschen haben eine weniger stark ausgeprägte Gefühlswelt, während andere starke Sehnsüchte mit feuriger Leidenschaft entwickeln, was zuweilen zu Kämpfen führt. Mancher leidet weit weniger unter Belastungen und sündigen Neigungen als sein Nachbar. Jemandem, der von seinem Wesen her eher gemäßigt und weniger leidenschaftlich ausgestattet ist, fällt es schwer, den zu verstehen, der leicht sündigt und viele Kämpfe durchzustehen hat. Vielleicht ist er sogar entsetzt darüber und verurteilt jene, die er nicht versteht. Aber unser Gott der Barmherzigkeit und des Mitgefühls versteht!

IV. Jesu leidenschaftliche Zuneigung zu seiner Braut

„Du hast mir das Herz geraubt mit einem einzigen Blick aus deinen Augen, mit einer einzigen Kette von deinem Halsschmuck. Wie schön ist deine Liebe, meine Schwester, meine Braut! Wieviel köstlicher ist deine Liebe als Wein“ (4,9-10c).

A. Die Liebesgeschichte des Evangeliums.

„Du hast mir mein Herz geraubt“ (4,9a).

1. Jesus offenbart, wie lieblich und begehrenswert sie für ihn ist. Das ist eine Aussage über sein Wesen. Auf der Basis seines Wesens definiert er Schönheit und Lieblichkeit. Er bewertet unser Leben mit solch einer Freundlichkeit – weil ihm sein Herz geraubt wurde.

2. Jemand anderes, der nicht so gütig und liebevoll ist wie Jesus, würde keine Lieblichkeit in uns sehen, doch unsere Schönheit in seinen Augen wird niemals vergehen.

B. Jesus wird von ihrem Herzen gefangen genommen, nicht von dem Erfolg ihres Dienstes.

„Du hast mir das Herz geraubt“ (4,9a).

1. Er sagt: *Du* – nicht dein Dienst, nicht dein Kirchengebäude, nicht das Geld, das du gabst, auch nicht die Liste all deiner Erfolge. Er weiß, wie sich Schönheit definiert, denn er ist ihr Schöpfer.

2. Sie hat nur gesagt: „Ich will mit auf die Berge gehen“, sie ist noch nicht gegangen. In Kapitel 4 verspricht sie zu gehen. In Kapitel 5 zieht sie dann schließlich mit auf die Berge. Doch schon die Absicht, mit ihm zu gehen, begeisterte den Herrn.

C. Die göttliche Liebesgeschichte: zwei bedeutende Formen der Anrede.

„Meine Schwester, meine Braut“ (4,9b,c).

1. „Meine (Ehe-)Frau“ wird meist mit „meine Braut“ übersetzt. Das erste Mal, dass sie Schwester oder Braut genannt wird, ist in 4,8. Jesus nennt uns mit einem neuen Namen, seine Braut. Dass wir seine Braut genannt werden, spricht von einer liebenden Partnerschaft mit uns. Sein Herz ist nur von seiner Braut gefangen. Heilige Empfindungen haben ungestüm sein Herz in Beschlag genommen. Das führt ihn dazu, Dinge zu planen, die in unserem besten Interesse liegen.

2. „Meine Schwester“ spricht von Jesu menschlichem Wesen. Dass er uns seine Schwester nennt, bedeutet, dass wir zur gleichen Familie gehören. Er hätte uns vor seiner Fleischwerdung nicht so nennen können. Er war nicht unser Bruder, bis er die Gestalt eines Menschen auf sich nahm. Er bezieht sich auf die Bruder-Schwes-

ter-Beziehung, weil er unserer Menschlichkeit teilhaftig wurde.

„... darum schämt er sich auch nicht, sie Brüder zu nennen ... Weil nun die Kinder von Fleisch und Blut sind, hat auch er es gleichermaßen angenommen ... Denn er nimmt sich nicht der Engel an, sondern der Kinder Abrahams nimmt er sich an. Daher musste er in allem seinen Brüdern gleich werden, damit er barmherzig würde und ein treuer Hohepriester vor Gott, zu sühnen die Sünden des Volkes ...“ (Heb 2,11-17)

a. Jesus ertrug unbeschreibliche Demütigungen, um in der Fleischwerdung an der menschlichen Natur teilzuhaben. Das war notwendig, damit er „in allen Dingen wie seine Brüder würde“. Damit wir seine Schwester würden, musste er uns eine neue Natur geben. Das Ergebnis ist, dass wir in den Stand von Erlösten erhoben wurden. Er musste sich weit hinabbeugen und wir müssen hoch aufsteigen, um ihm als seine Schwester mit der gleichen Natur zu begegnen.

b. Er schämte sich nicht, sich völlig mit uns zu identifizieren, um uns vor seinem Vater angenehm zu machen. Wir können gar nicht völlig begreifen, wie wesentlich das ist, weil wir nicht wirklich begreifen können, von welcher Position er herabkam. Er war erfüllt und umgeben mit göttlicher Schönheit und Herrlichkeit, wurde von den Engeln angebetet. Und er schämte sich nicht, unser Bruder genannt zu werden (Heb 2,11)! Die Engel mögen vielleicht gedacht haben, er würde sich dessen schämen. Jesus tritt nicht nur für uns ein, er legte die Gestalt Gottes beiseite und nahm den Zorn Gottes für uns auf sich, um uns in Ewigkeit zu seinen Miterben zu machen. Ein Engel hätte das wahrscheinlich nicht getan.

c. Er beansprucht die volle Familienbeziehung zu denen, die ihm folgen. Er hat uns eine Stellung in der Familie zugewiesen. Jesus nennt seine Jünger Brüder und Schwestern (Matth 12,49-50).

d. Er gibt uns eine unbeschreibliche Hilfe, die mit unendlichem Mitgefühl erfüllt ist. Von Ewigkeit her ist Jesus unser göttlicher Herr, durch die Fleischwerdung jedoch wurde er unser menschlicher Bruder. Er kann uns „helfen", weil er wurde wie wir.

„... damit er barmherzig würde und ein treuer Hohepriester vor Gott, zu sühnen die Sünden des Volkes. Denn worin er selber gelitten hat und versucht worden ist, kann er denen helfen, die versucht werden" (Heb 17,18).

3. Zusammenfassung: Diese Wahrheit spricht von zwei starken, beispiellosen Realitäten. Dass wir „Schwester" genannt werden, zeigt seine Identifikation mit uns als Menschen, indem er all unsere Leiden trägt. Die Bezeichnung „Braut" betont sein sehnsüchtiges Verlangen nach einer „ehegleichen" Partnerschaft.

D. Er ehrt jeden hingegebenen Blick.

„... mit einem einzigen Blick aus deinen Augen" (4,9d).

1. Die *New American Standard*-Bibel übersetzt: „... mit dem Aufblitzen deiner Augen hast du mir mein Herz geraubt."

2. Er sieht jede Bewegung unseres Herzens zu ihm hin. Wir kämpfen damit, das zu verstehen, denn wir registrieren nicht jede Herzensrührung anderer uns gegenüber. Doch ihn rührt jeder hingegebene Blick, den wir ihm zuwerfen.

a. Jesus kann selbst dem Blick eines niedergedrückten Gläubigen nicht widerstehen, der ernsthaft gewillt ist, ihm zu gehorchen.

b. Das ist seine Antwort an die Erlösten, die einst, in der Welt, töricht, schwach, niedrig und verachtet waren (1. Kor 1,26-29). Niemand liebt so wie Gott! Er ist hingerissen von diesen törichten, schwachen, geringen, verachteten Menschen aus dieser Welt. Niemand sonst wählt sich eine Braut von diesem Rang, aber Gott tut es, weil er das Leben so anders sieht, als ein Mensch es täte. Seine Definition von Schönheit ist so anders als unsere. Ist das nicht wunderbar?

   „Seht doch, liebe Brüder, auf eure Berufung. Nicht viele Weise nach dem Fleisch, nicht viele Mächtige, nicht viele Angesehene sind berufen. Sondern was töricht ist vor der Welt, das hat Gott erwählt ..., und was schwach ist vor der Welt, das hat Gott erwählt, damit er zuschanden mache, was stark ist; und das Geringe vor der Welt und das Verachtete hat Gott erwählt, ... damit sich kein Mensch vor Gott rühme“ (1. Kor 1,26-29).

3. Der Herr zählt die verachteten und schwachen Menschen zu seiner ewigen Braut. Dieses Zeugnis zeigt die Schönheit, die Jesus in solchen Menschen wie etwa dem Bettler Lazarus sieht. Von anderen verachtet, nahm ihn der Herr freudig auf und versetzte ihn in die höchstmögliche Position.

   „Und es war ein Armer mit Namen Lazarus, der lag vor seiner Tür voll von Geschwüren und begehrte, sich zu sättigen mit dem, was von des Reichen Tisch fiel. Dazu kamen auch die Hunde und leckten seine Geschwüre. Es begab sich aber, dass der Arme starb, und er wurde von den Engeln getragen in Abrahams Schoß. Der Reiche aber starb auch und wurde begraben“ (Luk 16,20-22).

a. Lukas 16 ist kein Gleichnis. Es gab wirklich einen armen Mann namens Lazarus. Er hatte echte Geschwüre und die Hunde leckten ihn. Es ist nicht die Sprache der Gleichnisse, es erzählt eine wahre Begebenheit. Jesus empfand so stark mit Lazarus, dem Bettler.

b. Das zeigt das einmalige Wesen Jesu, der selbst dem Blick solch eines Ausgestoßenen nicht widerstehen kann, weil er durch sein Blut erlöst werden sollte. Selbst die schwachen Augen des armen Lazarus nahmen das Herz Jesu gefangen.

c. Wenn ein einziger Blick sein Herz so bewegt, was wird dann ein steter Blick bewirken?

E. Er ist von jeder Bewegung unseres Herzens zu ihm hin gefangen genommen.

*„... **mit einer einzigen Kette*** (oder: *einem einzigen Glied der Kette*) ***von deinem Halsschmuck*“** (4,9e).

1. Ihr Hals oder Nacken spricht von ihrem untergeordneten Willen, was auf ihr aufrichtiges Sehnen hinweist, sich seiner Autorität unterzuordnen (vergl. 1,10). In diesem Buch spricht der Nacken von der Einübung ihres Willens durch das Buch Hohelied hindurch. Die Kette um ihren Nacken spricht vom Willen selbst.

2. *„... mit einer einzigen Kette (oder: einem einzigen Glied der Kette*)“ – jede einzelne Antwort, die aufrichtig ist, ist ein Glied dieser goldenen Kette, wie sie in 1,10 beschrieben wird. Es ist nicht die gesamte Kette, nur ein Glied, doch jedes Glied ihrer Hingabe bewegt sein Herz. Er erinnert sich an jede Bewegung unseres Herzens zu ihm hin. Sein Herz ist gefangen genommen von jedem Glied, jedem neuen Gebiet unserer Hingabe.

a. *Jesus wird so leicht überwunden durch sein schwaches Volk, das einen willigen Geist hat und das ihn aufrichtig liebt.* Sogar die unreifsten Herzen, die aufrichtig bereit sind zu gehorchen, haben großen Einfluss auf ihn, weil er weiß, dass diese Ernsthaftigkeit schließlich doch wachsen und das Herz der zukünftigen Braut beherrschen wird. Er macht bei ihr keinen Unterschied zwischen ihrer augenblicklichen Schwachheit und der zukünftigen, vollen Herrlichkeit.

b. Gott übersieht auch nicht ein Anzeichen des Gehorsams.

„Denn Gott ist nicht ungerecht, dass er vergäße euer Werk und die Liebe, die ihr seinem Namen erwiesen habt ...“ (Heb 6,10)

c. Er wird sich auch an scheinbar unbedeutende Taten der Hingabe erinnern, sogar an ein Glas kaltes Wasser. Jede einzelne Entscheidung, die wir treffen, bleibt ihm in Erinnerung. Welch wunderbare Art zu leben!

„Und wer einem dieser Geringen auch nur einen Becher kalten Wassers zu trinken gibt, weil es ein Jünger ist, wahrlich ich sage euch: es wird ihm nicht unbelohnt bleiben“ (Matth 10,42).

F. Die Schönheit unserer Liebe aus der Sicht Gottes.

„Wie schön ist deine Liebe“ (4,10).

1. Das ist der gleiche Gedanke wie in 4,3: „Dein Mund ist lieblich.“ Er sagt: „Wie wunderbar ist deine Liebe.“ Diese Liebe verschönert die Braut Christi. Er verkündet der erlösten menschlichen Rasse: „Du bist genau das, was ich möchte. Wunderschön ist deine Liebe für mich.“ Diese Liebe bewirkt, dass die Braut sich an ihm

erfreut und um mehr Gnade bittet, um ihm noch mehr zu gefallen.

2. Er sehnt sich mehr nach unserer Liebe als nach unseren Werken.

   „Doch ich habe dieses gegen dich, du hast deine erste Liebe verlassen" (Offb 2,4).

3. Er sehnt sich mehr nach Liebe als nach Opfer (Hos 6,7). Wenn wir Gott unsere Leiber als Opfer gäben, dass sie verbrannt würden, ihn aber nicht liebt, würde es wertlos sein (1. Kor 13,3).

4. Wir sind sein göttlicher Schatz. Wir sind sein Schatz, und sein Herz ist bei uns.

   „Denn wo dein Schatz ist, da wird auch dein Herz sein" (Matth 6,21).

G. Er bekräftigt seine Beziehung zu ihr auf zweifache Weise.

„Meine Schwester, meine Braut" (4,10b).

1. Jesus möchte diese doppelte Offenbarung bekräftigen, deshalb wiederholt er sie siebenmal (4,8a, 9b, 10b, 11a, 12b; 5,1b, 2d).

2. Zur Bekräftigung wiederholt er es, denn es ist wichtig, dass sie die doppelte Offenbarung versteht, dass sie seine Schwester und seine Braut ist. Diese beiden Titel sind bedeutsam in Bezug auf ihre Identität.

H. Die Liebe der jungen Braut wird von Gott für immer geehrt.

„Wieviel köstlicher ist deine Liebe als Wein" (4,10c).

1. Er kehrt jetzt ihre Aussage von 1,2b um, wo sie sagt:

„Er küsse mich mit Küssen seines Mundes, denn deine Liebe ist köstlicher als Wein“ (1,2).

2. Die junge Braut sagte vorher, dass Jesu Liebe für sie besser sei als aller Wein der Welt. Der Wein spricht von den größten Dingen, die die Welt zu bieten hat. Wein ist hier sehr positiv besetzt. Er sieht die weite Herrlichkeit Gottes in der Schöpfung und sagt: „Deine Liebe ist für mich schöner als alles, was meine Hand geschaffen hat. Ich möchte lieber, dass dein Herz sich mir zuwendet, als dass alles in der Welt meiner Autorität unterstellt ist. Deine Liebe ist besser als alles andere, an dem man sich erfreuen kann.“ Er kehrt ihre Aussage um. Wir brauchen es, dass der Herr dies auf unser Herz schreibt, nicht wahr?!

3. Jesu Herz ist gefüllt mit der Freude über ihre Antwort des Gehorsams. Alles, was sie in Vers 6 gesagt hat, ist dies: „Ich will auf den Berg der Myrrhe gehen.“ Diese Liebe ist stärker als der Wein dieser Welt, stärker als alle Werke seiner Hände. Diese Liebe macht, dass sie sich nach ihm sehnt, sich an ihm erfreut und um mehr Gnade betet, dass sie ihm noch mehr gefallen möge.

4. Wein erfrischt und macht froh. Psalm 104,15 sagt:

   „Wein erfreut das Herz eines Menschen.“

V. Jesus beschreibt seine Freude über ihren Charakter

„Wie viel köstlicher... ist der Duft deiner Salben als alle Balsamöle! Honigseim träufelt deine Lippen, meine Braut. Honig und Milch ist unter deiner Zunge, und der Duft deiner Gewänder gleicht dem Duft des Libanon“ (4,10d-11).

Jesus lobt und bestätigt ihre Gedanken, Worte und Taten.

A. Ihr gedankliches Leben trägt den Duft göttlicher Offenbarung.

„Wie viel köstlicher ... ist der Duft deiner Salben als alle Balsamöle" (4,10d).

1. „Deiner Salben" (Parfüm). Ein Parfümduft ist unsichtbar, spiegelt aber die innere Qualität eines gewissen Holzes oder einer Pflanze wider. Ihre Gedankenwelt wird hier als ihr „Duft" beschrieben. Das ist das, was sich zwar unsichtbar in ihrem Inneren abspielt, das er jedoch erkennt. Ihre aufrichtigen Gedanken und die Absicht, zu gehorchen, ihre Gebete um Hilfe und sogar ihre schwache Anbetung werden hier als ihr Duft dargestellt. Der Duft deines Parfüms ist besser als aller Gewürzduft, der je verströmt wurde.

2. Der „Duft" ist ein göttliches Aroma, das von ihr zu Gott hin ausgeht (2. Kor 2,14-16). Es ist der Wohlgeruch Christi. Paulus sprach davon zu den fleischlich gesinnten Christen in Korinth!

3. „Als alle Balsamöle". Seltene Gewürze und Essenzen waren teuer und wurden als kostbare Geschenke benutzt, die zwischen den Königen ausgetauscht wurden. Die Königin von Saba gab dem König Salomon Gewürze (2. Kö 10,2). Die weisen Männer brachten Jesus Gewürze, weil sie glaubten, er sei ein König (Matth 2,11). Gewürze wurden bei den priesterlichen Opfern benutzt (2. Mo 30,23-24).

B. Ihre Worte erhalten und nähren die Erlösten.

„Honigseim träufelt deine Lippen, meine Braut. Honig und Milch ist unter deiner Zunge" (4,11c).

1. „Deine Lippen" nimmt, wie in 4,3, Bezug auf ihr Reden. Ihre Worte zu Gott und zu anderen sind „süß wie Honig".

2. „Meine Frau, meine Braut“ – Jesus bemerkt jedes Wort, das von den Lippen seiner Braut kommt. Das gehört dazu, wenn man jemanden liebt. Jesus wird diese Worte belohnen, die seine Braut gesprochen hat (Heb 6,10). Dagegen wird jedes unnütze Wort, das von den Bösen gesprochen wird, am letzten Tag gegen diese verwandt werden (Matth 12,36-37).

3. „Träufelt Honigseim“ – angenehme Worte sind wie Honigseim, süß für die Seele und gesund für die Knochen. Unsere Worte sind lieblich vor Gott (2,14).

4. „Träufeln“ im Gegensatz zu einem Erguss. Das richtige Maß im Gegensatz zu exzessiver Sprache. Das spricht einer von ausgewogenen, nicht übertreibenden, lauteren Redeweise. „Der Weisen Zunge bringt gute Erkenntnis, aber der Toren Mund speit nur Torheit“ (Spr 15,2). Gnade zeichnete ihr Reden aus (s. Kol 4,6).

5. „Honig und Milch“ – diese beiden Elemente nähren ein Baby. Das ist das Thema, das immer wiederkehrt im Hohelied, zum Guten für die anderen zu leben und sie zu nähren. Es ist das Muster eines Lebens in heiliger Leidenschaft. Das waren die beiden Elemente, die den Wohlstand Kanaans beschrieben. Es flossen Milch und Honig darin, um alle zu ernähren.

   a. „Milch“ stärkt die Neugeborenen in Christus (1. Petr 2,1).

   b. „Honig“ – das Erzeugen von Honig erfordert von den Bienen viel Zeit und harte Arbeit. Honig ist das, was das Herz erfreut und für den Gaumen süß ist.

6. „Sind unter deiner Zunge“ – das spricht von Übereinstimmung zwischen Worten und dem Herz.

a. „Sein Mund ist voll Fluchens, voll Lug und Trug; seine Zunge richtet Mühsal und Unheil an“ (Ps 10,7). Das heißt, er spricht auf eine Weise, die seinen Feinden schmeichelt, aber unter seiner Zunge, in seinem Herzen, plant er Unheil und Betrug, wie später beschrieben wird (Ps 10,8-9).

b. Die Braut bewegt die Wahrheit „unter ihrer Zunge“, bevor sie spricht, und zeigt dabei volle Übereinstimmung zwischen dem, was sie denkt und dem, was dann wie „Milch und Honig“ ausgesprochen wird. Die Bösen haben süße Worte wie Honig, aber ein vergiftetes Herz (Rö 3,13). Jesus merkt, dass bei der Braut Denken und Reden übereinstimmen, während sie danach trachtet, Gott zu gefallen.

C. Ihre Taten sind gefüllt mit göttlichem Duft.

„… der Duft deiner Gewänder gleicht dem Duft des Libanon“ (4,11e).

1. Kleider sprechen von den Taten der Gerechtigkeit (Offb 19,6-8). Ihre Kleider schützten sie vor der Scham der Nacktheit (Offb 16,15; 3,18 und 19,6-8). Jesus übersieht auch nicht die kleinste Tat des Gehorsams, die unserem Herzen entspringt, und er belohnt reichlich aus dem Schatz seines Herzens.

a. Er sieht sogar den kleinsten Dienst wie den Becher Wasser, der im Namen Jesu gegeben wurde (Matth 10,42). Das ist wie der Becher Wasser für König David, der ihm von seinen Helden gereicht wurde und den er vor dem Herrn ausgegossen hat (2. Sam 23,16).

b. Er ist der ausgesprochen sensible Bräutigam, der nichts übersieht. Ganz gleich, wie klein der Dienst ist, er sieht und wertschätzt ihn und belohnt aus seinem weiten Herzen und seiner Fülle. Dieser Aspekt seines Wesens wird uns vielleicht im Himmel überraschen, wenn wir sehen, wie er sich an alles erinnert und auch die kleinste Tat des Gehorsams belohnt (Mk 12, 41-44).

2. „Deine Gewänder", die die Braut bedecken, sprechen von ihren gerechten Taten (Offb 19,8). Jesus ermahnt uns, „unsere Kleider zu bewahren", damit wir nicht nackt dastehen und die anderen uns in unserer Scham, ohne Werke für Gott (Offb 16,15) sehen. Kleider stehen immer als Symbol für Taten. Jesus riet der Gemeinde von Laodicäa, „weiße Kleider" von ihm zu kaufen, damit sie bedeckt seien und die Scham ihrer Nacktheit nicht offenbar würde (Offb 3,18).

3. „... gleicht dem Duft des Libanon." Der Libanon war erfüllt mit Duft der Zedern und Blumen. Ihre Taten, ihre Kleider glichen diesem Duft. Das steht im Gegensatz zum Leben der Menschen, die all ihr Geld und ihre Zeit für sich selber verbrauchen, was eher nach Fäulnis und Verdorbenheit riecht. Jesus wies die Pharisäer für solch einen Lebensstil zurecht (Matth 23,25-28). Er sagte, dass ihr Leben voller Erpressung, Heuchelei, Gesetz- und Zügellosigkeit sei, weil sie anderen nicht aus einem reinen Herzen dienten.

4. „Duft" – Paulus sprach davon, dass er die finanzielle Unterstützung, die er seitens der Philipper empfing, als „duftendes Aroma" ansah, das Gott wohlgefällt.

VI. Die tiefe Hingabe der Braut an Jesus

„Ein verschlossener Garten ist meine Schwester, meine Braut, ein verschlossener Born, eine versiegelte Quelle" (4,12).

Diese Beschreibung des Herzens der Braut zeigt ihren Charakter und ihren Dienst. Er hat gerade ihre Gedanken, Worte und Taten bestätigt. Jetzt beschreibt er ihr Herz und ihren

Dienst. Sie wird als ein Garten beschrieben, aus dem ein fruchtbarer und vielfältiger Dienst entspringt. Dieses tiefere Leben und dieser Dienst entspringen der geistlichen Kampfführung, derer es unweigerlich bedarf, nachdem sie die Bequemlichkeitszone verlassen hat.

A. Ihr Leben ist eine Quelle der Freude für Jesus.

„Ein verschlossener Garten ist meine Schwester, meine Braut“ (4,12a,b).

1. „Ein Garten ... ist meine Schwester.“ Zuerst nennt er sie einen „Garten“. Ein königlicher Garten dient der Freude, ist ein Ort der Abgeschiedenheit und der Ruhe. Gewöhnlich ist der Garten ein Stück vom Palast entfernt. Der König sucht ihn von Zeit zu Zeit auf, um sich zu erfreuen. Der Sinn des Gartens ist nicht, dass dort Korn gesät oder Vieh geweidet wird. Ein königlicher Garten war kostbar und erforderte viel Arbeit, um gut gepflegt zu werden. *Der Duft, der ihm entströmte, ließ den König sehr stolz sein. Sein Garten war etwas, was er seinen Freunden mit Freude und Wonne zeigte.*

    a. Die meisten Menschen verfügen nicht über einen solchen Garten, weil das Geld dazu fehlt. Man benötigt viele Gärtner und Arbeiter, um ihn in Ordnung zu halten. Hin und wieder führte er andere Könige durch diese Gartenanlage. Es war schon etwas Einmaliges, das sich nur Fürsten und hoch gestellte Persönlichkeiten leisten konnten.

2. Der Leib Christi als der „Garten Gottes“ ist abgesondert (1. Kor 3,6-9). Gott hat diesen Garten unter Inkaufnahme hoher persönlicher Kosten kultiviert. Es ist der Garten seiner Wonne. Es ist kein Getreidefeld, kein Gemüsegarten. Der Garten des Herrn spricht von seiner Gemeinde und den individuellen Gläubigen, die über die ganze Welt verteilt, aber von der Welt abgesondert sind. Er nährt jeden einzelnen Gläubigen mit-

ten in seiner Gemeinde, seinem Garten (6,2,3; 2,16). Dreimal wird dieser Gedanke erwähnt. Eines der kostbarsten Worte aus seinem Mund lautet: „Meine Braut ist ein verschlossener Garten."

a. „Verschlossener Garten" – der König errichtete einen Zaun oder eine Mauer um den Garten, um Fremde davon abzuhalten, etwas daraus zu stehlen oder zu zerstören. Dieser Zaun hält auch Tiere davon ab, ihn zu verunreinigen oder zu durchwühlen.

b. Diese Umfriedung bestand gewöhnlich aus einer Steinmauer. Ein verschlossener Garten war ein privater Garten, für die Öffentlichkeit unzugänglich.

3. Sie hält sich auf zweifache Weise verschlossen:

a. Sie hält sich selber verschlossen. Das spricht davon, dass ihr Geist wachsam ist (Apg 20,28). Sie behütet ihr Herz vor dem Geist der Welt und schützt sich so vor deren Schmutz.

b. Sie ist auch in der Weise „eingezäunt", als der Herr sie beschützt. Sie ist ein privater Ort besonderer Freude für den König.

c. Es gibt keine kraftvollere Aussage, die der Herr über einen Menschen machen könnte, um seine Hingabe zu bestätigen, als ihn einen „verschlossenen Garten" zu nennen. Er sagt: „Du bist ein Platz der Erfrischung für mich, und du hast ein verschlossenes Herz. Du gibst es nicht dem Geist der Welt."

d. Hiob machte einen Bund mit seinen Augen, dass er nicht auf irgendetwas anderes schauen würde, das sein Herz mit Unmoral beflecken würde (Hiob 31,1). Hiobs Herz war ein verschlossener Garten, sein Leben geschützt durch eine Einzäunung des Herrn.

4. Einige Übersetzungen, etwa die *New American Standard*, schreiben hier „ein abgeschlossener Garten“. Das gefällt mir: „abgeschlossener Garten“.

B. „Du bist nicht nur ein eingezäunter, verschlossener Garten, sondern auch eine Quelle.“

„... eine versiegelte Quelle“ (4,12c).

1. „Eine Quelle“ – Die Wasserversorgung für diesen „heiligen Garten“ war reichlich gesichert. In einem warmen Land wie Israel war Quellwasser rar und kostbar. Es musste extra eine Wasserquelle eingerichtet werden, um einen Garten üppig erblühen zu lassen. In Jesaja 58,11 versprach er, dass seine Gemeinde ein „gut bewässerter Garten“ sein würde, dessen Quelle nie versiegt, wenn wir ein Leben des Gehorsams ihm gegenüber leben.

2. „Eingezäunt, versiegelt“ – die Begriffe verfolgen den gleichen Gedankengang, bedeuten: geschützt sein vor Verschmutzung. Das Herz wird vor Befleckung bewahrt. Die „Quelle“ und der „Brunnen“ sprechen von verschiedenen Wegen, wie unser Herz vom Heiligen Geist beeinflusst wird.

3. Quellen sind selten und wertvoll, deshalb wurden sie versiegelt und geschützt, damit sie nicht durch das Vieh verunreinigt wurden. Auch sie will sich nicht vom Geist der Welt verunreinigen lassen.

C. Ihre reinen Gefühle

„Ein versiegelter Born“ (4,12d)

1. „Brunnen“ – Ehemänner sollen aus ihren eigenen Zisternen trinken, was heißt, dass sie sich an ihren eigenen Ehefrauen erfreuen sollen (Spr 5,15). Jesus trinkt aus

seiner eigenen Zisterne, welches seine Braut ist. Er möchte reines Zisternenwasser trinken.

a. In Sprüche 5 spricht der Brunnen von den Empfindungen eines Mannes oder einer Frau. Es heißt: „Lass mich deine Empfindungen segnen, indem ich sie für mich bewahre."

b. Wir sind ein heiliger und geheiligter Brunnen, ausschließlich für Christus Jesus reserviert. In Kapitel 2,1 werden wir die „Lilie des Tales" genannt. Das ist das einzig Reine in dieser gefallenen Welt, das sein Herz erfreut. Ein eingezäunter, versiegelter Brunnen bedeutet das Gleiche.

2. „Versiegelt" – Ein öffentlicher Brunnen war offen für jede Verschmutzung. Ein offenes Wasser ohne Abdeckung konnte man als verschmutzt ansehen (4. Mo 19,15).

3. Jesus versiegelt die Gemeinde durch den Heiligen Geist (Eph. 4,30). In Kapitel 8,6 ist Jesus das Siegel auf ihrem Herzen. Dieses Siegel spricht von der Autorität des Königs, zu schützen und zu versorgen. Daniel wurde in der Löwengrube versiegelt (Dan. 6,17). Jesu Grab war versiegelt und von der römischen Wache unter des Königs Autorität gestellt. Die Gemeinde der Endzeit ist durch den Heiligen Geist auf eine ganz spezielle Weise versiegelt (Offb 7,4).

a. Jesus wacht über seiner Braut mit großer Sorgfalt, um sie zu schützen und zu versorgen.

b. Die Braut wacht über ihrem Herzen mit großer Sorgfalt, damit sie dem Herrn heilig ist.

VII. Beschreibung des Lebens der jungen Braut

„Was dir entsprosst, ist ein Lustgarten von Granatapfelbäumen samt köstlichen Früchten, Hennasträuchern samt Narden, Narde und Safran, Würzrohr und Zimt samt allerlei Weihrauchgewächsen, Myrrhe und Aloe samt allerbesten Balsamsträuchern“ (4,13-14).

A. Die Gemeinde wird als ein göttlicher Garten mit verschiedenen Pflanzen beschrieben.

1. „Ein Lustgarten“ – das steht im Gegensatz zum spärlichen Grün der Wüste. Mit andern Worten, er schaut sie an und sagt: „Dein Leben ist wie ein Garten mit all den unterschiedlichen Bäumen, Sträuchern und Gewürzkräutern.“ Das spricht von einem fruchtbaren Dienst in Fülle und Vielfalt. Der Gläubige hat viele Erfahrungen und Ausdrucksformen der Gnade Gottes – eben wie ein Garten, in dem viele Arten von Bäumen und Pflanzen stehen (Gal 5,22-23). Die Verschiedenartigkeit, Menge und Qualität der Gnade Gottes wird in diesem Ausdruck eingefangen: „die verschiedenartige Gnade Gottes“ (1. Petr 4,10).

2. „Granatäpfel“ – das Innere dieser Frucht ist rot und sehr süß. Ihr Dienst ist „süß“ für Gott.

3. „Mit köstlichen Früchten“ – guter Einfluss auf andere als Frucht ihres Lebens (Joh 15,8).

4. „Hennasträucher samt Narden“ – Das deutet auf das kostbare und teure Werk Gottes in ihrem Leben hin.

5. „Narde und Safran, Würzrohr und Zimt“ – stehen für die verschiedenen Gnaden, die in ihrem Leben und Dienst zu sehen sind.

6. „Samt allerlei Weihrauchgewächsen“ – der Dienst des Gebets.

7. „Myrrhe und Aloe“ – deuten auf Kreuz und Tod hin.

8. „Samt allerbesten Balsamsträuchern“ – das bedeutet die Gnade, die aus diesem Garten, ihrem inneren Leben, fließt (2. Kor 2,14-16).

VIII. Eine dreifache Beschreibung des Dienstes der jungen Braut

„Eine Gartenquelle bist du, ein Brunnen mit fließendem (wörtl.: *lebendigem*) ***Wasser und Wasser, das vom Libanon strömt“*** (4,15).

Er wendet sich jetzt drei verschiedenen Quellen zu, die er in seiner Gemeinde gesehen hat. Das weist auf drei Arten von Wasserversorgung hin. Das sind die unterschiedlichen Dienste des Heiligen Geistes, die in ihr ihr Werk tun. Einige sprudeln über wie ein Brunnen, andere fließen wie eine Quelle. Es ist von diesen drei verschiedenen Arten des Wassers die Rede, wie sie unterschiedlich fließen; das sind die verschiedenen Wege des Geistes in ihrem Leben.

A. Sie bezieht ihr Leben aus ihren inneren Erfahrungen mit dem Heiligen Geist.

   „Eine Gartenquelle bist du“ (4,15a).

   Eine Quelle ist ein verborgenes Wasser, das unter der Oberfläche hervorkommt. Das Wasser ist verborgen, aber es fließt. Das spricht von Christus in uns als ein verborgener Brunnen. Dieser Brunnen ist eine frische, verborgene Wasserquelle als Ursprung der Bewässerung für den Garten. Das spricht von der *inneren Quelle der Versorgung,* dem in uns wohnenden Christus (Kol 1,27).

   1. Die Gärten stehen im Plural im Gegensatz zu dem eingezäunten Garten von 4,12, der im Singular steht. Diese „Gärten“ sprechen von der Salbung Gottes, die

anderen Segen bringt. Ihr Leben ist überfließend, um andere aufzubauen.

B. Sie lebt von ihrer vergangenen Geschichte in Gott.

„Ein Brunnen mit lebendigem Wasser“ (4,15b).

1. Ein Brunnen spricht von der Fähigkeit, Wasser aufzubewahren, um davon zu geben, wenn man es braucht. Dieser Brunnen versorgt uns in trockenen Zeiten. Das spricht von unserer Geschichte mit Gott. Wir können aus unserer Geschichte mit ihm etwas nehmen. Wasser aus dem Brunnen ist gespeichertes Wasser. Wenn wir zurückschauen, erkennen wir, dass es eine Fülle von Versorgung in unserem Leben mit Gott gibt. Unsere Geschichte in Gott gibt uns reifen Glauben, von dem wir leben können. Das spricht von einer *gespeicherten Quelle der Versorgung.*

C. Sie ist gesalbt, anderen zu dienen

„Wasser, das vom Libanon strömt“ (4,15c).

1. Ströme sprechen von einem sichtbaren Fluss an Wasser, der für alle zur Verfügung steht, dass sie kommen und trinken können. Ein Strom ist über dem Boden, eine Quelle liegt unterhalb der Erdoberfläche. Ströme sprudeln Wasser hervor, was von einem kräftigen Fluss des Lebenswassers im sichtbaren Bereich spricht! Ströme bedeuten eine Fülle an Gnade. Es ist kein kleiner Bach oder Rinnsal, sondern ein Strom. Er fließt vom Libanon, von der Höhe. Das spricht von dem Geist, der aus der Höhe kommt.

2. Der Libanon ist ein hoher Berg. Die Wasserversorgung kommt von „oben“. Die Gnade, die die Gemeinde fruchtbar macht, kommt *vom Herrn Jesus* auf uns – und nicht aus uns selbst.

3. Das spricht von einer *äußeren Quelle der Versorgung.* Der Heilige Geist fiel auf Menschen, als Petrus und Johannes ihnen die Hände auflegten (Apg 8,18).

D. Der Gläubige wird in Psalm 1,3 beschrieben als ein Baum, der an Wasserbächen gepflanzt ist. Ein verhärtetes Herz wird als ein Herz beschrieben, das kein Wasser hat (Jes. 1,30). Jesus verheißt in Joh. 7,38 und 4,14, dass er der Quell lebendigen Wassers ist.

E. Das Wasser, das in uns wohnt, ist die Quelle. Dann gibt es den Brunnen, was für unsere aufgespeicherte Geschichte mit Gott steht. Dann gibt es den Strom, der aus der Höhe kommt, von den Bergen des Libanon.

IX. Ihr Sehnen nach mehr Salbung

„Wach auf, Nordwind, und komm, Südwind! Lass duften meinen Garten, lass strömen seine Balsamöle! Mein Geliebter komme in seinen Garten und esse seine köstlichen Früchte!“ (4,16).

Er beschreibt die Quelle des göttlichen Flusses in ihrem Leben, den vielfältigen Garten. Sie ist ermutigt. Sie hat Vertrauen in Gottes Güte, so dass sie ein zweifaches Gebet sprechen kann: Zuerst betet sie für den Nordwind der Widerwärtigkeiten, dann für den Südwind der Segnung. Sie weiß, dass beide wichtig sind, damit die ein wohlduftender Garten zu Gottes Freude sein kann. Sie heißt sogar noch mehr Gotteszucht willkommen, weil sie solch ein Vertrauen hat, dass das, was er tut, zu wahrem Leben führt. Sie möchte, dass aus ihrem Garten Leben für andere hervorsprosst (2. Kor 2,15). Sie heißt mehr „Training“ vom Herrn willkommen, weil sie vertraut, dass seine Art des Handelns sie schließlich zu vollkommenem Leben führt.

A. Ihr erstes Gebet ist, dass Jesus dem kalten Wind der Schwierigkeiten erlaubt, sie zur Reife zu bringen.

„Wach auf, Nordwind!" (4,16a)

Das spricht vom bitterkalten Wind schwieriger Umstände. Dieses Gebet wird in 5,3-7 beantwortet. Sie unterläuft jetzt den, wie ich es nenne, „letzten ultimativen Zweifach-Test". Wenn Gott uns in unserem Leben züchtigt, können einige Dinge nur als Ergebnis schwieriger Umstände in uns herausgearbeitet werden. Tief versteckter Stolz, Ehrgeiz und Ärger etc. werden aufgedeckt, wenn wir unter schwierigen Umständen leben.

B. Ihr zweites Gebet ist, dass Jesus den erfrischenden Wind des Segens sendet, um sie zur Reife zu bringen.

„Und komm, Südwind!" (4,16b)

C. Ihr persönliches Leben und Dienst.

„... lass duften meinen Garten" (4,16c).

1. Sie möchte, dass Jesus kommt und ihrem Leben und Dienst Kraft verleiht. Sie sagt: „Ja! Ich möchte nur mit Gott gehen. Kommt, ihr Nordwinde!" Und sie sagt auch: „Ich vertraue dir vollkommen. Nichts kann mich scheiden von der Liebe Gottes!"

2. Jesus beantwortet dieses Gebet in 5,1: „Sende die richtige Zusammenstellung und die richtige Intensität von Schwierigkeit und Gutem." Einige denken, je mehr wir leiden, desto besser. Andere wollen nur vordergründigen Segen. Es gibt eine Kombination von Nord- und Südwind, die notwendig ist, und nur Gott kennt die Intensität von beidem in jeder Phase unseres Lebens. Denn nur Gott kennt unsere Beschaffenheit und unsere Bestimmung, wie es um unsere Emotionen bestellt ist, was wir verkraften können und was wir gerade durchzustehen haben. Er macht es uns immer so leicht wie möglich, um uns zu den tiefsten Plätzen zu führen, die er für uns vorgesehen hat. Ich glaube nicht, dass er

jemals den Nordwind heftiger senden wird als unbedingt notwendig, um das in uns zu bewirken, was er vorhat.

D. Ihr Sehnen, mit der duftenden Gegenwart Gottes erfüllt zu sein.

„Lass duften meinen Garten, lass strömen seine Balsamöle!“ (4,16d)

1. Dieses bräutliche Sehnen spricht von ihrem Wunsch nach einem Leben, das mit der Kraft und Gegenwart Gottes so erfüllt ist, dass sein Duft es vollkommen durchdringt. Sie möchte, dass ihr Leben mit noch mehr göttlichem „Aroma“ durchdrungen ist. Sie möchte in der Liebe wachsen.

2. Jesus wird Schwierigkeiten zulassen, aber er verspricht, dass sie immer ein Leben hervorrufen, das reicher an Liebe ist. Wenn er uns Sicherheit und Schutz verheißt, dann bedeutet das, dass er uns vor der Bindung an Sünde schützt. Er verspricht nicht, dass keine Schwierigkeiten mehr unser Leben berühren werden. Der Schutz bezieht sich darauf, dass er nicht erlauben wird, dass wir von Sünde, Bitterkeit und Hass eingefangen werden. Josef war jahrelang im Gefängnisverlies. Der Herr hält uns nicht aus dem Gefängnis fern, aber er wird uns davor bewahren, dass unser Herz durch Bitterkeit, Hass und dämonische Mächte mit Satans Wesen übereinstimmt. David war zehn Jahre lang in der Wüste und wurde von Saul verfolgt. Der Herr sagte: „Wenn du zu mir rufst, dann werde ich dir ein anbetendes Herz geben. Ich werde dein Liebhaberherz schützen.“

E. Jetzt wechselt sie dahin, *dass sie sein Garten ist.*

„Mein Geliebter komme in seinen Garten“ (4,16e).

1. Sie sehnt sich nach einer größeren Salbung, um Gott ganz zu gehören. Sie möchte die Salbung, Gott geweiht zu sein. Zum ersten Mal sieht sie ihr Leben und ihrem Dienst als „seinen“ Garten statt ihren.

2. An dieser Stelle findet ein Schnitt in diesem Buch statt. Wir befinden uns jetzt in der Mitte des Hohelieds. Vier Kapitel lang war es *ihr* Garten, *ihr* Erbe. Jetzt tritt sie in die Phase ein, dass sie sein Erbe wird. Ab jetzt ist alles seins.

F. Sie möchte, dass Jesus Gefallen findet an den Entscheidungen ihres Lebens. Sie ist jetzt darauf ausgerichtet, als Jesu Erbe zu leben.

„*... und esse seine köstlichen Früchte*“ (4,16f).

1. Sie möchte, dass Jesus das genießt, was der Geist in und durch seine Braut getan hat. Jesus hat ein Erbe in der Gemeinde (Eph 1,18).

2. Sie möchte, dass er Gefallen an ihr hat.

X. Jesus genießt sein Erbe, welches eine Braut ist

„Ich komme in meinen Garten, meine Schwester, meine Braut. Ich pflücke meine Myrrhe samt meinem Balsam, esse meine Wabe samt meinem Honig, trinke meinen Wein samt meiner Milch. Esst Freunde, trinkt und berauscht euch an der Liebe“ (5,1).

A. Hier beginnt das Eigentum Jesu.

1. Hier ist der Wendepunkt ihrer Reife im Hohelied. Jesus hat große Freude an seiner Braut. Er beginnt, sein Erbe zu genießen. Das Erbe der Braut in Jesus findet sich in den ersten vier Kapiteln; jetzt, in den letzten vier Kapiteln, liegt das Erbe Jesu in der Braut.

2. Neunmal bezeichnet er sein Eigentum an ihrem Leben. Jesus sagt „mein“ und bezeichnet damit sein Eigentumsrecht an ihrem Leben und Dienst. *Mein* Garten, *meine* Schwester, *meine* Braut, *meine* Myrrhe, *meine* Gewürze, *meine* Honigwabe, *mein* Honig, *mein* Wein, *meine* Milch.

B. Sein völliger Besitz an ihrem Leben

„Ich komme in meinen Garten, meine Schwester, meine Braut“ (5,1a).

1. Jesus beantwortet ihr Gebet von 4,16, wo sie ihn bittet zu kommen und zu essen. In Kapitel 5 sendet er den Nordwind. Er sendet ihn, um völligen Besitz zu nehmen von ihrem Leben. Er beweist ihr sein ganzes Eigentumsrecht an ihr.

2. Das ist eine Zeit der Nähe Gottes für sie. Und steht im Gegensatz zu ihrem Erleben von 3,1-3.

„Ich trinke meinen Wein“ (5,1b)

3. „Mein Garten“

4. „Meine Schwester, meine Braut“

C. Jesus pflückt und sammelt ein, was der Heilige Geist durch die Gemeinde getan hat.

„Ich pflücke meine Myrrhe samt meinem Balsam“ (5,1b).

1. „Meine Myrrhe“ – spricht von der Bejahung des Kreuzes.

2. „Samt meinem Balsam“ – die Gnade Gottes, die sie in ihrem Leben erlebt hat, die Segnungen von seinem Garten, die Jesus für sich selber sammelt.

D. Jesus genießt die Frucht der reifen Gemeinde.

„... ***esse meine Wabe samt meinem Honig***“ (5,1c).

1. In 4,16 bittet sie ihn zu kommen und zu essen. Jesus erfreut sich an dem, was der Geist in der Gemeinde getan hat.

2. Der Honig spricht von genussvollem Essen; Jesus ergötzt sich an ihrem Leben.

E. Er feiert die Liebe, die die Braut für ihn hat.

„... ***trinke meinen Wein samt meiner Milch***“ (5,1d).

1. Wein ist zum Feiern da und Milch dient als Kraftspender. Jesus feiert ihre Reife und sein Herz freut sich darüber. Er feiert die Liebe, die die Braut für ihn hat.

2. Der Apostel Paulus sagt: „Der Tod arbeitet in mir, damit das Leben zu anderen fließen kann (2. Kor 4,10-12). Paulus hatte die Offenbarung, dass der Herr ihm Widerwärtigkeiten anbietet, damit die „Würze“ seines Lebens zunehmen kann. Gott opferte ihn als ein Liebesopfer für den Rest des Leibes Christi. Paulus ging durch unendliche Schwierigkeiten – und der Wohlgeruch seines Lebens nahm zu. Sie wird ein Opfer, an dem der Herr sich ergötzt, aber der Herr ernährt auch den Rest der Gemeinde wegen dem, was sie in Gott ist.

F. Jesus möchte, dass die Gemeinde die Fruchtbarkeit gereifter Gläubiger genießt.

„Esst Freunde, trinkt und berauscht euch an der Liebe (oder: *oh, Geliebte*)*!*“ (5,1g)

1. „Esst“ – uns fehlt es sehr an einer Dimension der Gnade, bis wir von anderen Gläubigen gegessen und getrunken haben.

2. „Trinkt und berauscht euch" – wir stärken und ernähren einander mit der Gnade, die Gott jedem Einzelnen von uns gibt.

3. „Oh, Geliebte" – diese geliebten Freunde sind andere Gläubige.

G. Zusammenfassung: Die fünf verschiedenen Aktivitäten Jesu in 5,1: Er kommt in den Garten, sammelt die Myrrhe, er isst von der Honigwabe, er trinkt, dann bittet er sie, sich selber anzubieten, damit andere sich reichlich an ihr laben können.

1. Er *kommt* in seinen Garten – das ist für sie eine Zeit der Nähe Gottes.

2. Er *sammelt* seine Myrrhe und Balsam – Jesus sammelt, was der Geist durch die Gemeinde gewirkt hat.

3. Er *isst* aus der Honigwabe – Jesus ergötzt sich an der Frucht einer gereiften Gemeinde. Jesus genießt, was der Heilige Geist in der Gemeinde freigesetzt hat.

4. Er *trinkt* Wein und Milch – Jesus feiert ihre Reife und ist in seinem Herzen erfreut darüber.

5. Er *lädt* seine Freunde *ein* zu essen – Jesus möchte, dass die Gemeinde die Früchte gereifter Gläubiger genießt.

Das „International House of Prayer"/IHOP

Das „Internationale Haus des Gebets" (*International House of Prayer/IHOP*) ist ein Dienst, der interdenominationell 24 Stunden am Tag dem Leib Christi in Kansas City und der Umgebung dient. Er wird nach dem Modell der Stiftshütte Davids ausgeübt – mit Sängern und Musikern, die in Fürbitte und Anbetung 24 Stunden am Tag vor Gott stehen. Mike Bickle und Noel Alexander, beide Pastoren in Kansas City, leiten das Internationale Haus des Gebetes.

Im Mai 1983 hat der Herr verheißen, dass er solch einen stadtweiten 24-Stunden-Gebetsdienst gemäß der Stiftshütte Davids freisetzen würde (Apg. 15,14-18). Am 7. Mai 1999 haben wir dann durch klare Führung Gottes ein Gebäude hierfür eingeweiht.

Damit verfolgen wir mehrere Ziele:

- um ganz persönliche Begegnungen mit Gott zu haben, die uns verändern.
- Wir beten um einen geöffneten Himmel, damit sich die geistliche Atmosphäre der Städte weltweit verändert, und damit unsere Evangelisation unter größerer Salbung steht, damit wir den Missionsbefehl ausführen können.
- um mit zur Einheit in der Kirche in unserer Stadt beizutragen.

Was ist die Stiftshütte Davids?

Der Prophet Jesaja sagte einen weltweiten Dienst des Heiligen Geistes für die Generation voraus, in der Jesus wiederkehrt, der die ganze Erde erfüllen würde. Dieser Gebetsdienst wird als charakteristisches Merkmal die Freude haben (Jes. 56,7). Der Prophet Amos beschreibt auch diesen Gebetsdienst und bezieht sich dabei auf die Stiftshütte Davids (Amos 9,11). Der Apostel Jakobus betont Gottes Verheißung, die gefallene Stiftshütte Davids wieder herzustellen und bezieht sich dabei darauf, dass alle Nationen das Evangelium in apostolischer Kraft hören werden.

Dieses Gebetsmodell beinhaltet gleichzeitig Anbetung (Musik) und Gebet, so wie es zuerst von König David eingesetzt wurde.

Unsere geschulten Musikerteams bestehen aus 7 bis 10 Musikern bzw. Sängern aus den unterschiedlichsten Gemeinden von Kansas City. Wir wünschen uns, dass jede Gemeinde in dieser Umgebung, die Jesus gemäß der Heiligen Schrift anbetet, teilnimmt, ganz gleich, zu welcher Denomination oder Richtung sie gehört.

Unser Ziel ist es, Missionare zu schulen, um sie auszusenden, bis jede größere Stadt der Welt ihr eigenes „Internationales Haus des Gebets" gemäß der Stiftshütte Davids hat.

www.ihopkc.com